Tony Buzan/Tony Dottino/Richard Israel

Gehirngerecht führen

Tony Buzan/Tony Dottino/Richard Israel

Gehirngerecht führen

Die eigenen Potenziale und die der Mitarbeiter
entdecken und ausschöpfen

Aus dem Amerikanischen übersetzt
von Rainer Hastedt

verlag
moderne industrie

Die Deutsche Bibliothek – CIP-Einheitsaufnahme

Buzan, Tony:
Gehirngerecht führen : die eigenen Potentiale und die der Mitarbeiter entdecken und ausschöpfen /Tony Buzan/Tony Dottino/Richard Israel. Aus dem Amerikan. übers. von Rainer Hastedt. –
Landsberg/Lech : mi, Verl. Moderne Industrie, 2000
Einheitssacht.: The brainsmart leader <dt.>
ISBN 3-478-38450-8

Internet: http://www.mi-verlag.de

Titel der amerikanischen Originalausgabe: The BrainSmart Leader

Umschlaggestaltung: Farenholtz – Büro für Gestaltung
Satz: abc Media-Services GmbH, Buchloe
Druck: Himmer, Augsburg
Bindearbeiten: Thomas, Augsburg
Printed in Germany 380 450/100003
ISBN 3-478-38450-8

Inhaltsverzeichnis

Vorwort

Der BrainSmart Leader behandelt ein wichtiges Thema: Ein Thema, das Sie mit der aktuellen Intelligenzforschung und ihrer Bedeutung für Unternehmen bekannt macht. Das Buch behandelt keine Theorie, sondern reale BrainSmart Leader und ihr tägliches Berufsleben. Das Buch behandelt dokumentierte, als Benchmark dienende Fallstudien über einige der weltweit erfolgreichsten Unternehmen. Das Buch behandelt Methoden zum Geld und Zeit sparen – und erläutert, wie man Menschen zum Denken anregt.

BrainSmart Leader sind die modernen Organisatoren ihrer Unternehmen. Sie werden geachtet, binden ihre Mitarbeiter an das Unternehmen und fördern Redlichkeit und Loyalität. Sie kultivieren und nutzen die Fähigkeiten ihrer Mitarbeiter, um die langfristigen Unternehmensziele zu erreichen. Am wichtigsten ist aber, dass sie den Gewinn ihres Unternehmens erhöhen.

Sie werden mit dem vorliegenden Buch lernen, wie Sie all das selber erreichen!

Dies ist für uns ein bedeutendes Werk. Das Verstehen, Entwickeln und Verfeinern der hier behandelten Themen hat unser gesamtes Berufsleben in Anspruch genommen und ist das Resultat von ungezählten Stunden, die wir mit Klienten und Geschäftspartnern aus der ganzen Welt verbracht haben. Unser Buch enthält Beiträge von sehr vielen Leuten, die hier wegen ihrer großen Zahl nicht einzeln genannt werden können, die uns aber ausgezeichnet unterstützt und an unser Vorhaben geglaubt haben. Wir danken ihnen allen und insbesondere zwei außergewöhnlichen Leuten: Michael Dottino, dessen Hilfe unser Buch Realität werden ließ und Vanda North, die unser Cheerleader, Korrektor und BrainSmart Leader war.

Was das Wichtigste ist: Dieses Buch eröffnet ein neues Verständnis der Intelligenz im Geschäftsleben – in einer Welt, in der geistiges Kapital den ultimativen Wettbewerbsvorteil verschafft.

Tony Buzan
Richard Israel
Tony Dottino

Eröffnungstest

Bearbeiten Sie bitte den folgenden Test, um Ihre Stärken und Schwächen einzuschätzen. Folgen Sie nach Berechnung Ihrer Punktzahlen den Instruktionen im Abschnitt „Analyse“.

Der Eröffnungstest ist ein Diagnose-Tool, das Sie zu den Kapiteln des vorliegenden Buchs führen soll, die Sie wahrscheinlich zuerst bearbeiten möchten, um schneller zu lernen. Um ein echter Brain-Smart Leader zu werden, müssen Sie allerdings sämtliche Kapitel lesen und alle im Buch enthaltenen Aufgaben bearbeiten.

		J	N
1	Glauben Sie, dass Sie lernen können, kreativer zu sein?	X	
2	Glauben Sie, dass Ihr Gedächtnis Informationen zu mehr als 90 Prozent behalten kann?	X	
3	Glauben Sie, dass Sie alles erreichen können, was Sie sich ernsthaft wünschen?	X	
4	Haben Sie eine Erfolgsformel, um Ihre Ziele zu erreichen?		X
5	Macht es Ihnen mehr Spaß, wenn Sie in Ihrem bevorzugten Arbeitsgebiet lernen?	X	
6	Suchen Sie in Ihrem Interessengebiet den Kontakt zu Experten?		X
7	Akzeptieren Sie, dass Sie für Ihre gegenwärtige Lebenssituation die Verantwortung tragen?	X	

8 Nutzen Sie das Wissen und die Kreativität Ihrer Teammitglieder so gut wie möglich?

9 Ermutigen Sie Leute, günstige Gelegenheiten sogar dann zu nutzen, wenn hiermit das Risiko zu versagen einhergeht?

10 Sind Ihre Teammitglieder sehr engagiert, tatkräftig und haben sie Spaß bei der Arbeit?

11 Werden Sie von Leuten nach Ihrem Fachgebiet gefragt?

12 Haben Sie das notwendige Wissen, um eine Beförderung zu rechtfertigen?

13 Benutzen Sie Computer zur Informationsbeschaffung?

14 Haben Sie eine Methode zum Organisieren von Ideen, so dass Sie hierauf leicht zurückgreifen können?

15 Haben Sie ein Tool, mit dem Sie Ihre Fähigkeit zum Speichern von Informationen verbessern können?

16 Haben Sie und Ihr Team Feedback durch Messung der Kundenzufriedenheit?

17 Haben Sie den Eindruck, dass Ihr Personal oder Team danach strebt, eine Hochleistungskultur zu entwickeln?

18 Sehen sich Ihre Mitarbeiter oder Teammitglieder als Katalysatoren, die den Wandel vorantreiben?

19 Haben Sie eine klare Vorstellung von Ihren Zielen, die Sie in den nächsten zwei, fünf und zehn Jahren erreichen möchten?

20 Haben Sie den Eindruck, dass Ihre Werte (was Sie für richtig halten) mit Ihren Taten (was Sie machen) im Einklang stehen?

21 Gibt es etwas, das Sie erreichen möchten und das wert ist, auf Komfort und Bequemlichkeit zu verzichten?

22 Glauben Sie, dass Ihnen Kreativität angeboren ist?

23 Ist menschliche Intelligenz nach Ihrer Einschätzung der wichtigste Wettbewerbsvorteil?

24 Glauben Sie, dass geistiges Kapital die treibende Kraft der Organisationsentwicklung ist?

25 Können Sie fünf Ihrer geistigen Fähigkeiten aufzählen?

26 Wenden Sie Zeit auf, um andere bei guten Leistungen zu bestärken?

27 Denken Sie, dass Ihnen eine Vision dabei hilft, hervorragende Ergebnisse zu erzielen?

28 Wissen Sie, wie Farben dazu beitragen, Ihr Gedächtnis zu verbessern?

29 Haben Sie ein Verfahren, mit dem Sie Ihre Gedanken organisieren, um Informationen besser im Gedächtnis behalten zu können?

30 Können Sie Ideen spontan verknüpfen, um Ihre Aufgaben oder Probleme zu lösen?

31 Gibt es einen Unterschied zwischen Information und Wissen?

32 Glauben Sie, dass Sie Ihr Tempo beim Lesen verdoppeln können, wenn Sie die richtige Unterweisung erhalten und angemessen üben?

33 Sind Sie in der Lage, Ihre monatlich zu verrichtenden Arbeitsaufgaben schriftlich aufzuzeichnen?

34 Wissen Sie genau, wie Ihre Arbeit die Person beeinflusst, die Ihr Produkt oder Ihre Dienstleistung benutzt?

Auswertung

Geben Sie für jede mit „Ja" beantwortete Frage zwei Punkte.

Analyse

- Addieren Sie Ihre Punkte für die Fragen 21, 22, 23, 24 und 25. Ist die Summe niedriger als 10 Punkte, so lesen Sie bitte Kapitel 2: „Geistiges Kapital".
- Addieren Sie Ihre Punkte für die Fragen 1, 3, 7, 10 und 18. Ist die Summe niedriger als 10 Punkte, so lesen Sie bitte Kapitel 3: „Unser kreatives Gehirn".
- Addieren Sie Ihre Punkte für die Fragen 14, 15, 28, 29 und 30. Ist die Summe niedriger als 10 Punkte, so lesen Sie bitte Kapitel 4: „Anfertigung von Gedächtniskarten".
- Addieren Sie Ihre Punkte für die Fragen 4, 19, 20, 21 und 27. Ist die Summe niedriger als 10 Punkte, so lesen Sie bitte Kapitel 5: „Die Kraft der Vision".
- Addieren Sie Ihre Punkte für die Fragen 3, 4, 9, 19, 20 und 21. Ist die Summe niedriger als 12 Punkte, so lesen Sie bitte Kapitel 6: „Die Erfolgsformel TEFCAS".
- Addieren Sie Ihre Punkte für die Fragen 8, 9, 10, 17 und 26. Ist die Summe niedriger als 10 Punkte, so lesen Sie bitte Kapitel 7: „Der BrainSmart Leader".
- Addieren Sie Ihre Punkte für die Fragen 5, 7, 10, 17 und 18. Ist die Summe niedriger als 10 Punkte, so lesen Sie bitte Kapitel 8: „Menschliche Kraft".
- Addieren Sie Ihre Punkte für die Fragen 6, 11, 12, 13 und 31. Ist die Summe niedriger als 10 Punkte, so lesen Sie bitte Kapitel 9: „Informationsmanagement I".
- Addieren Sie Ihre Punkte für die Fragen 2, 11, 12, 15 und 32. Ist die Summe niedriger als 10 Punkte, so lesen Sie bitte Kapitel 10: „Informationsmanagement II".
- Addieren Sie Ihre Punkte für die Fragen 8, 16, 22, 33 und 34. Ist die Summe niedriger als 10 Punkte, so lesen Sie bitte Kapitel 11: „Prozessinnovationen durch Teams".

Einführung

Dieses Buch basiert auf den aktuellen Ergebnissen der Intelligenzforschung. Entwickelt werden Intelligenzprinzipien und Techniken, die Ihnen helfen, ein BrainSmart Leader zu werden.

Obwohl die beschriebenen Methoden Ihnen im Privatleben zweifellos Vorteile bringen, werden wir uns im vorliegenden Buch darauf konzentrieren, dieses Wissen auf das Geschäftsleben anzuwenden. Hierzu entwickeln wir ein praktisches und leicht anwendbares Programm, das dazu dient, Ihnen und Ihrer Firma einen Wettbewerbsvorsprung zu geben. Wir erläutern außerdem, wie sich geistiges Kapital in erhöhte Gewinne umwandeln lässt.

Wir schlagen vor, dass Sie zunächst das vorliegende Buch überfliegen, um einen Überblick über seinen Inhalt zu gewinnen. Sie werden sehen, dass jedes Kapitel außer Kapitel 1 einen ähnlichen Aufbau hat, um Ihnen die Aufnahme des Materials zu erleichtern.

Ab Kapitel 2 finden Sie am Anfang jedes Kapitels eine Reihe von Fragen, die Ihren Denkprozess anregen sollen. Anschließend bieten wir neben relevanten Informationen und Orientierung auch Berichte über Leute, die unsere Ideen anwenden und hiermit erfolgreich sind. Wir schließen jedes Kapitel mit einer Reihe von Aufgaben, die Ihnen helfen sollen, Kurzbiografien von Führungskräften, Fallstudien, Intelligenzprinzipien, zusammenfassende Gedächtniskarten und andere Hilfsmittel in Ihren Denkprozess zu integrieren.

Was ist ein BrainSmart Leader und wie werden Sie einer?

BrainSmart Leader wissen, dass Menschen in jeder Organisation der wichtigste Aktivposten sind und dass es ihrem Unternehmen im heutigen globalen Wettbewerb hilft, sich vom Mittelmaß abzusetzen und wettbewerbsfähig zu bleiben, wenn die kreativen und innovativen Fähigkeiten der Mitarbeiter nutzbar gemacht werden.

Wir werden zeigen, wie BrainSmart Leader Mitarbeiter anregen, ihre angeborene Kreativität zu entdecken, Ideen frei zu artikulieren und sich zur unbeschränkten Nutzung der eigenen Kreativität zu motivieren. Wir werden zeigen, wie BrainSmart Leader ihre Arbeitskräfte führen, so dass sie sich geachtet und als Teil eines Teams fühlen und wie BrainSmart Leader Synergieeffekte von Gruppen nutzen. Wir werden auch zeigen, wie BrainSmart Leader von Burnout betroffene Teammitglieder motivieren.

Mit dem vorliegenden Buch wollen wir Sie provozieren, anders über Ihre Rolle als Führungskraft zu denken. Wir möchten Ihnen helfen, neue Möglichkeiten zu entdecken, die Sie zu einem Beschleuniger des produktiven Wandels machen. Sie sollen verstehen, wie Sie Ihre eigene Kreativität und Intelligenz entwickeln und zugleich auch die von anderen Mitarbeitern.

Im Laufe unseres Arbeitslebens identifizierten wir Fragen, die selten gestellt und noch nie beantwortet wurden, Fragen wie:

- Warum mühen sich so viele Unternehmen dabei ab, Teams effektiv zu nutzen? (Lesen Sie Kapitel 6: „Die Erfolgsformel TEFCAS“)
- Warum waren so viele Veränderungsprogramme (wie TQM, Reengineering) in Unternehmen kurzlebig und erfolglos? (Lesen Sie Kapitel 11: „Prozessinnovationen durch Teamarbeit“)
- Warum scheitern plötzlich Unternehmen, die über viele Jahre hinweg erfolgreich waren? (Lesen Sie Kapitel 5: „Die Kraft der Vision“)
- Wie können Unternehmen in einer Welt mit einem Überangebot an Information dazu befähigt werden, Informationen effektiver zu verarbeiten? (Lesen Sie Kapitel 9: „Informationsmanagement I“)
- Was muss ein Manager machen, um in der heutigen Welt erfolgreich zu reformieren? (Lesen Sie Kapitel 1: „Rich Bannon, Erfolgsgeschichte“ und den Epilog „Tony Angelo“)

Wir bieten Antworten auf diese Fragen und behandeln auch andere Führungsthemen, die unsere Arbeit zutage gefördert hat. Unsere Absicht besteht darin, Sie mit den geistigen Hilfsmitteln auszustatten, die Sie für Ihren Erfolg benötigen: Es geht um die Fähigkeit, Ihr kreatives Gehirn effektiver anzuwenden. Unsere Reise beginnt mit der Erfolgsgeschichte von Rich Bannon – einem BrainSmart Leader, der alle Prinzipien und Techniken verinnerlicht hat, die Sie in diesem Buch finden.

I. Die Erfolgsgeschichte von Rich Bannon

Wir fragten einige Vorstandsvorsitzende und Generaldirektoren: „Worum geht es heutzutage im Geschäftsleben?" Sie antworteten: „den Shareholder Value maximieren", „den Marktanteil erhöhen", „die Arbeitshaltung verbessern", „die Kundenorientierung erhöhen", „einen Prozess implementieren, in dem produktiver gearbeitet wird", „Mitarbeiter, Mitarbeiter, Mitarbeiter", „bessere Erträge für unsere Investitionen in Mitarbeiter" und „die Kosten senken", „Innovation".

Wir fragten einige Personalleiter: „Was sind Ihre größten Herausforderungen?" Sie antworteten: „Talente anwerben und an das Unternehmen binden", „mit dem Verlust an Loyalität der Arbeitskräfte umgehen", „lernende Arbeitsgruppen schaffen", „die Bindung der Mitarbeiter an das Unternehmen erhalten", „die Belegschaft bei der Unternehmensplanung berücksichtigen", „eine Leistungskultur schaffen", „die Verantwortlichkeit der Mitarbeiter für die Ergebnisse ihrer Arbeit steigern" und „eine Gemeinschaft durch arbeitsfähige Teams schaffen".

Wir fragten einige Angestellte: „Was erwarten Sie von einem Unternehmen?" Sie antworteten: „Offen mit uns reden", „uns zuhören", „Erfolgsbeteiligung", „die Gerüchte aus der Welt schaffen", „unsere Arbeit lohnend machen, ihr einen Sinn geben", „Vertrauen schaffen", „uns etwas neues lernen lassen", „uns in die vorderste Reihe bringen", „wir wollen anders behandelt werden" und „Arbeitsplatzsicherheit".

Vielleicht können Sie sich mit einigen der angeführten Ansichten in Verbindung bringen. Dies sind die Fragen unserer Zeit. Wir glauben, dass die Antworten in einem Begriff gefunden werden können: Führung. Aber Führung ist nichts Neues. Das Neue ist die heutzutage benötigte Art von Führungskräften: Vorgesetzte, welche die obigen Fragen aufgreifen und zusammenfügen. Sie denken möglicherweise: „Das ist leicht zu schreiben. Ist dies nur ein weiteres Buch über Theorie, Mutmaßungen und Wunschdenken?" Nein. Dieses Buch behandelt *reale Leute* – reale Führungskräfte, die hier leben und es jeden Tag praktizieren. Führungskräfte, welche die neuesten Ergebnisse der Intelligenzforschung in ihren Unternehmen anwenden und außergewöhnliche Ergebnisse erzielen. Das ist es, worum es in diesem Buch geht.

Wir verwenden den Begriff BrainSmart Leader, um diejenigen zu beschreiben, die Intelligenzprinzipien im Wirtschaftsleben anwenden. Wir möchten Sie mit unserem ersten BrainSmart Leader bekannt machen – Rich Bannon.

BrainSmart in der Praxis

Wenn Sie Rich Bannon fragen, warum er ein Vertreter der im vorliegenden Buch erläuterten Prinzipien ist, hat er eine einfache Antwort: „Weil sie funktionieren!“

Bannon ist zurzeit ein Senior Vice President und Corporate Controller bei Entex Information Services. Entex ist eines der größten PC-Netzwerkunternehmen in den USA mit einem Umsatz in Höhe von 2,5 Milliarden US-$, das mehr als 600 000 PCs der 1 000 größten Unternehmen aus der Liste des Fortune-Magazins betreut. [A.d.Ü.: Gemeint ist die Liste „Fortune 1 Thousand Ranked Within Industries“, die auch im Internet unter www. fortune.com zu finden ist.] Es war allerdings einige Jahre früher während seiner Zeit bei IBM, als Bannon damit begann, Intelligenzprinzipien bei seiner täglichen Arbeit anzuwenden. Es war auch während der Zeit bei IBM, als seine Arbeit dazu beitrug, dass seine Organisation den Preis des CFO-Magazins für die größte Kostensenkung durch Reengineering in den USA erhielt.

Kurz: Bannon ist ein amerikanischer Top-Manager und ein Beispiel für das, was passieren kann, wenn die im Buch erläuterten Prinzipien in die Praxis umgesetzt werden:

„Als ich anfing, sie anzuwenden, identifizierte ich Probleme. Als meine Teammitglieder anfingen, sie anzuwenden, identifizierten sie Probleme. Ich erhielt schnelle, konkrete und messbare Ergebnisse.“

Der letzte Punkt war kritisch, weil das für Bannon zuständige IBM-Management-Team zur damaligen Zeit sehr skeptisch war:

„Sie waren nicht besonders interessiert, das Zeug zu nutzen. Ich musste sie überzeugen, es zu tun. Ich versprach ihnen, dass wir messbare Ergebnisse erzielen oder es sein lassen.“

Bannon war gerade einer neuen Organisation bei IBM zugeordnet, die geschaffen wurde, um die Finanzbuchhaltung des Gesamtunternehmens zu zentralisieren. Er war für mehr als 500 IBM-Mitarbeiter und Auftragnehmer verantwortlich:

„Zur damaligen Zeit war IBM in einer Downsizing-Phase, so dass es viel Stress und Paralyse gab. Die Mitarbeiter waren risikoscheu und wir brachten nicht viel zu Stande. Was die Sache schlimm machte, war, dass ich für die viele Arbeit zu wenig Personal hatte, was eine stressgeladene Atmosphäre erzeugte und die Fehlerquote erhöhte."

Bannon erkannte, dass seine erste Aufgabe darin bestand, seinen Mitarbeitern den Umgang mit Veränderungen beizubringen:

„Ich hatte eine Besprechung mit meinen Top-Managern und wir fingen damit an, Ziele für unsere Organisation zu entwickeln, wozu wir zuerst unsere Mission und eine Vision formulierten. Wir verbrachten hiermit zwei Tage. Es stellte sich heraus, dass unsere Mitarbeiter mehr Hilfsmittel und mehr Training benötigten. Es gab zu viel Arbeit und wir hatten nicht genügend Zeit, alles zu erledigen. Wir mussten nicht nur unsere Arbeitstechniken verbessern, sondern auch lernen, bei unserer Arbeit bessere Prioritäten zu setzen."

Ziele entwickeln, Erfolg definieren, Prioritäten setzen – wie Führungskräfte ihr Team an einem Ziel ausrichten, wird in Kapitel 6 „Die Erfolgsformel TEFCAS" behandelt.

Bannon fragte Tony Dottino und entwickelte zusammen mit ihm eine Strategie. Sie sprachen sich mit den in der Hierarchie über Bannon stehenden Führungskräften ab, dann mit den untergebenen Führungskräften und schließlich mit den übrigen Mitarbeitern. Bannons erster Schritt bestand darin, das Management-Team für seine Vision zu gewinnen. Er erhielt aus den Reihen der Führungskräfte nicht nur Zustimmung und Unterstützung, sondern erreichte auch die aktive Teilnahme des gesamten Management-Teams. Bannon und Dottino verwendeten einen detaillierten Fragebogen, um herauszufinden, welche Teilaufgaben auf der Stelle jedes einzelnen Mitarbeiters am wichtigsten waren. Sie versuchten herauszufinden, ob jeder in Bannons Organisation im Einklang mit der vereinbarten Mission steht. Wie erwartet war dies nicht der Fall:

„Die Arbeit war mit Sicherheit nicht synchronisiert. Wir dachten, dass das Schiff in eine Richtung segelt und entdeckten viele in andere Richtungen rudernde Mitarbeiter."

Früher im gleichen Jahr hatte Bannon Führungskräfte und Mitarbeiter gebeten, ihre Arbeitsabläufe zu hinterfragen, damit Aufgaben gefunden werden konnten, die sich reduzieren oder beseitigen ließen. Dieser Versuch war nur zum Teil erfolgreich: „Wir konnten Sachen identifizieren, denen nachzugehen war. Sie zu beseitigen oder zu korrigieren war aber extrem schwierig."

Bannon und Dottino riefen Prozessinnovationen durch Teams (PITT) ins Leben, Workshops zum erkunden von Möglichkeiten zur Verbesserung der Team-Performance, in denen Arbeitsaktivitäten analysiert, die Kommunikation verbessert und kreative Ideen freigesetzt werden. Lesen Sie hierzu Kapitel 11 „Prozessinnovationen durch Teams". Während der Team-Workshops entwickelte Bannon eine von allen Teilnehmern geteilte Vision von Spitzenleistungen. Diese Vision wurde in einen Arbeitskodex aufgenommen:

Spitzenleistungen durch Teamarbeit.

Bannon bat seine Führungskräfte, die Vision in ihren Abteilungen mit allen Mitarbeitern zu teilen und positives sowie negatives Feedback zu erbeten. Das Resultat dieser Vorgehensweise bestand darin, dass die Führungskräfte der höheren Ebenen, die Bannon unterstellten Manager und die gesamte Belegschaft einen Konsens über das zentrale Organisationsziel erreichten:

„Wie jede Führungskraft habe ich Vorstellungen von dem, was meine Mitarbeiter machen sollten. Aber in Wirklichkeit weiß ich, dass ich die konkreten Arbeitsaufgaben nie so gut verstehe, wie der hiermit unmittelbar konfrontierte Mitarbeiter." (Wir werden dies im Kapitel 7 diskutieren.)

Bannon erläutert die Vorteile beim Nutzen eines Team-Ansatzes zum Anfertigen von Gedächtniskarten: „Ich definierte weite Themenbereiche wie die Summe der Gehälter im Gesamtunternehmen und in Teilorganisationen. Ich leitete die Mitarbeiter an, solche Bereiche hart zu prüfen, um Schwachpunkte und Lösungsansätze zu identifizieren. Die Mitarbeiter entdeckten sehr schnell, dass sie in manchen Fällen glaubten, an einem Problem zu arbeiten, um nach der Anfertigung von Gedächtniskarten mit anschließendem Brainstorming den eigentlichen Hinderungsgrund für Fortschritte ganz woanders zu lokalisieren. Hierin besteht der Nutzen von Team-Gedächtniskarten und Brainstorming mit vier oder fünf Mitarbeitern." (Die Anfertigung von Gedächtniskarten wird in Kapitel 4 behandelt.)

Bannon fasst es treffend zusammen: „Wenn Sie die Fertigkeiten zur Prozessanalyse und Verständnis für Ihre Kunden und Lieferanten nehmen, Kreativität hinzufügen und Mitarbeiter kommunizieren und in

Teams arbeiten lassen, dann passt alles zusammen. Dies ist die Erfolgsformel."

Dies war selbstverständlich keine leichte Veränderung: „Die Mitarbeiter waren am Anfang paralysiert", so Bannon. „Sie hatten Angst vor Veränderungen. Wir mussten uns überlegen, wie wir ihnen helfen konnten."

Herr oder Opfer des Wandels?

Bannon teilte den Workshop-Teilnehmern mit, dass sie alle den Wandel vorantrieben und dass sie Techniken lernten, mit denen sie dies umsetzen würden. Der Wandel habe viele Gesichter:

„Beim Umgang mit Veränderungen haben wir in unserem Leben zwei Möglichkeiten. Ob es uns gefällt oder nicht: Wir werden nicht in der Lage sein, uns vor ihm zu verstecken. Entweder werden wir Wegbereiter des Wandels und treiben ihn voran oder wir werden seine Opfer. Ich versicherte gewöhnlich allen, dass wir innerhalb von sechs Monaten entweder etwas Anderes machen oder das Gleiche anders machen. Die im PITT-Workshop vermittelten Tools sind daher notwendig, wenn wir unsere Arbeit auch nach der nächsten größeren Veränderung machen wollen.

Ich redete mit ihnen über unser Management-Team und ich bat sie, unser gesamtes Führungsteam zu beurteilen, weil wir uns ebenfalls verändern müssten. Wir müssten uns vom Verwalten und Überwachen zum Führen und Unterstützen bewegen. Ich fragte sie, in welcher der vier Transformationsphasen sich unser Management-Team befindet:

- Unbewusst inkompetent
- Bewusst inkompetent
- Bewusst kompetent
- Unbewusst kompetent

Alle lachten. Dann konnten wir diskutieren, welche Phase das Management erreicht hat."

Bannon ist ein engagierter Vertreter der effektiven Nutzung von Messwerten, was in Kapitel 10 „Informationsmanagement II" besprochen wird: „Wenn Sie Ihren Fortschritt nicht bewerten oder messen können, dann tapsen Sie im Dunkeln und dienen Ihren Kunden nicht effektiv. Messwerte sind für vieles was wir tun sehr wichtig, Tag für Tag, für Arbeit und Freizeit. Wer spielt Golf und ignoriert das Endergebnis? Sie messen permanent, um Anpassungen durchführen zu können, damit Sie Ihr Ziel erreichen. Sehen Sie sich z.B. ein Baseballspiel an. Die Spieler beachten den Zwischenstand und passen ihre Strategie auf Basis dieser Bewertung an. Sie prüfen den Zwischenstand während des gesamten Spiels. Ich glaube wirklich: Wenn es wert ist, getan zu werden, dann ist es wert, gemessen zu werden."

Bannon merkt an, dass Messwerte sinnvoll genutzt werden müssen: „Wenn die von Ihrem Manager erbetenen Messwerte nicht dazu beitragen, Ihre Performance einzuschätzen, dann müssen Sie ihn fragen, was in aller Welt der Grund für solche Bewertungen sein soll. Manchmal sind Bewertungen nicht nur nutzlos, sondern auch der Zielerreichung abträglich: Ein Team hatte einen monatlichen Performance-Bericht erarbeitet, der 70 Seiten lang war. Diese Aufgabe erforderte im zweiten Anlauf einen ganzen Arbeitstag."

Dies war mit Sicherheit ein Fall von Informationsüberflutung, den wir im Kapitel 9 „Informationsmanagement I" diskutieren werden.

„Wenn Bewertungen nicht zur Verbesserung der Performance genutzt werden können, dann ist zu prüfen, ob diese Bewertungen wirklich notwendig sind. Das Team mit dem 70-Seiten-Bericht machte genau dies. Nachdem die Mitarbeiter ihre im Bericht enthaltenen Bewertungen überprüft hatten, berücksichtigten sie nur noch solches Material, das einen konkreten Nutzen für die Verbesserung der Performance bot, so dass 50 von 70 Seiten gestrichen werden konnten und vier Mitarbeitern jeden Monat ein unproduktiver Arbeitstag erspart blieb. Bei späteren Berichten fragte ich, warum immer noch 20 Seiten für den Bericht notwendig sind."

Bannon folgte seinen eigenen Vorstellungen, indem er Bewertungskarten entwickelte, mit denen die Arbeit der Team-Workshops gemessen werden konnte: „Wir entwarfen die Bewertungskarte, als wir uns im Workshop über unsere Ziele verständigten. So konnte ich mich an meine Manager wenden und sagen: ‚Hier sehen Sie, wie viel Stunden ich durch diesen Workshop eingespart habe.'"

Die Anfertigung von Gedächtniskarten ist nur eine der Techniken, die Bannon und seinen Mitarbeitern dabei geholfen haben, mit den zur Neuausrichtung seiner Organisation notwendigen Veränderungen umzugehen. Bei seiner Vorgehensweise investierte Bannon bewusst in das Humankapital seines Unternehmens, was im Kapitel 2 „Geistiges Kapital" diskutiert wird. Er schaffte ein Umfeld, das Lernerfolge förderte, Kreativität ermutigte, Kommunikationskanäle öffnete und erfüllte alles durch Teamarbeit mit Leben.

Der Kern der Sache

Beim Implementieren der neuen Ideen nutzte Bannon das Intelligenzprinzip der Beharrlichkeit (Kapitel 3 „Unser kreatives Gehirn"): „Ich benutze die Formel: ‚Wiederholung ist der Kern der Sache.' Sie können keine neue Idee einführen und sicherstellen, dass sie von allen Mitarbeitern sofort in die Praxis umgesetzt wird. Die Mitarbeiter bleiben ihren tagtäglichen Belastungen und Krisen ausgesetzt und finden einfach nicht die Zeit, das Neue anzuwenden. In seltenen Fällen wird die Idee einmal genutzt und dann einfach vergessen."

Bannon nahm an allen 18 innerhalb von zwei Jahren durchgeführten Team-Workshops teil. Bei jedem dieser Workshops war Bannon auch während des gesamten letzten Tages anwesend und sah sich die Präsentationen der Teilnehmer an. Diese umfassten eine Diskussion ihrer Aktivitäten, die Auswahl der zu analysierenden Aktivität, die Gedächtniskarte des konkreten Problems, die vorgeschlagene Lösung und einen Aktionsplan. Im Rahmen der Workshops sagte Bannon den Vortragenden, dass die große Zahl der gefundenen Verbesserungsmöglichkeiten eine gleichzeitige Lösung der entsprechenden Probleme ausschließt:

„Es wird zu viel betrieben. Ich muss herausfinden, wie ich Ihnen helfen kann, das Notwendige zu tun. Sie sind meine Kunden. Erzählen Sie mir, wie ich Ihnen dabei helfen kann, Ihre Aktionspläne in die Praxis umzusetzen."

Das folgende Beispiel stammt von einem Team aus Spezialisten für die Lohn- und Gehaltsabrechnung, welches einen der von Bannon geförderten PITT-Workshops besuchte. Geleitet wurde das Team von Mary Rose Cerrone. Die Mitglieder des Teams wollten ein Kompatibilitätsproblem lösen. (Siehe Abbildung 1 auf Seite 23.)

Das 980/981-Kompatibilitätsprojekt zielt darauf ab, für jede im Hauptbuch registrierte Lohn- und Gehaltsabrechnung sicherzustellen, dass die Werte im Hauptbuch mit den an die Mitarbeiter ausgezahlten Beträgen übereinstimmen. Im Workshop war das Team zunächst frustriert, weil niemand bislang in der Lage war, das Problem zu lösen. In der Zeit vor Beginn des Workshops konnten die Teammitglieder weder die volle Bedeutung dieser Frage artikulieren noch Lösungsvorschläge empfehlen. Als Bannon die im Workshop präsentierte Gedächtniskarte sah, war seine spontane Antwort: „Ich verstehe jetzt, was das Team versucht hat zu sagen und ich weiß, was unternommen werden sollte, um dem Team zu helfen."

Er nutzte die Team-Gedächtniskarte, um das EDV-Systemunterstützungsteam zu informieren und konkrete Verbesserungsvorschläge anzuregen. Das Ergebnis war eine deutliche Verringerung der Arbeitsbelastung im Bereich der Lohn- und Gehaltsabrechnung, wodurch das Team ermuntert wurde, die neuen Hilfsmittel auch auf andere Vorhaben anzuwenden. Bannon nutzte die neuen Fertigkeiten und Hilfsmittel, insbesondere Gedächtniskarten, auch persönlich: „Als ich damit anfing, die jeweils letzten Tage der Workshops zu besuchen, hatte ich gewöhnlich fünf oder sechs Seiten mit Notizen für meine geplanten Redebeiträge. Ich wühlte mich durch meine Notizen und machte beim Präsentieren keine gute Figur. Als ich mich mit Gedächtniskarten beschäftigte, entwarf ich mir schließlich selber eine Gedächtniskarte. Ihr zentrales Bild erinnerte mich permanent, weniger zu reden und mehr zuzuhören. Ich kam, um meinen Managern und den anderen Mitarbeitern zu zeigen, dass ich dieselben Hilfsmittel nutzte, die in der Gruppe erlernt wurden."

Bannons Gedächtniskarte hatte als zentrales Bild ein großes „K", das die von Bannon bedienten Kunden repräsentierte: seine Mitarbeiter. „Ich dankte immer allen und ich stellte sicher, dass jedem klar war, dass er für mich ein wichtiger Kunde ist. Ich ersuchte meinen Vorgesetzten, keinen Termin mit mir zu machen, wenn einer dieser Workshops stattfand, weil dies die einzigen Termine in meinem Kalender sind, die nie verändert werden können!

Es war wichtig, die Workshopteilnehmer darüber zu informieren, dass ich mehr zum Zuhören und weniger zum Reden da war. Ich erzählte ihnen, meine Mutter hätte mir während meiner Schulzeit gesagt: ‚Keine Nachrichten sind gute Nachrichten.' Sie war nie darauf aus, meinen Lehrer zu befragen. Als ich älter und weiser wurde, änderte ich meine Philosophie im Hinblick auf das Geschäftsleben. Keine Nachrichten sind *nicht* gute Nachrichten. Wenn Sie nicht mit mir reden, deutet dies gewöhnlich auf ein Problem hin. Es ist meine Aufgabe, ein Umfeld zu schaffen, das für Sie alle offen genug ist, mir zu erzählen, was vorgeht, auch wenn es negativ ist. Wenn ich einen Workshop ohne neue Informationen verlasse, bin ich enttäuscht und habe das Gefühl versagt zu haben. Im Großen und Ganzen bin ich nie ohne neue Informationen

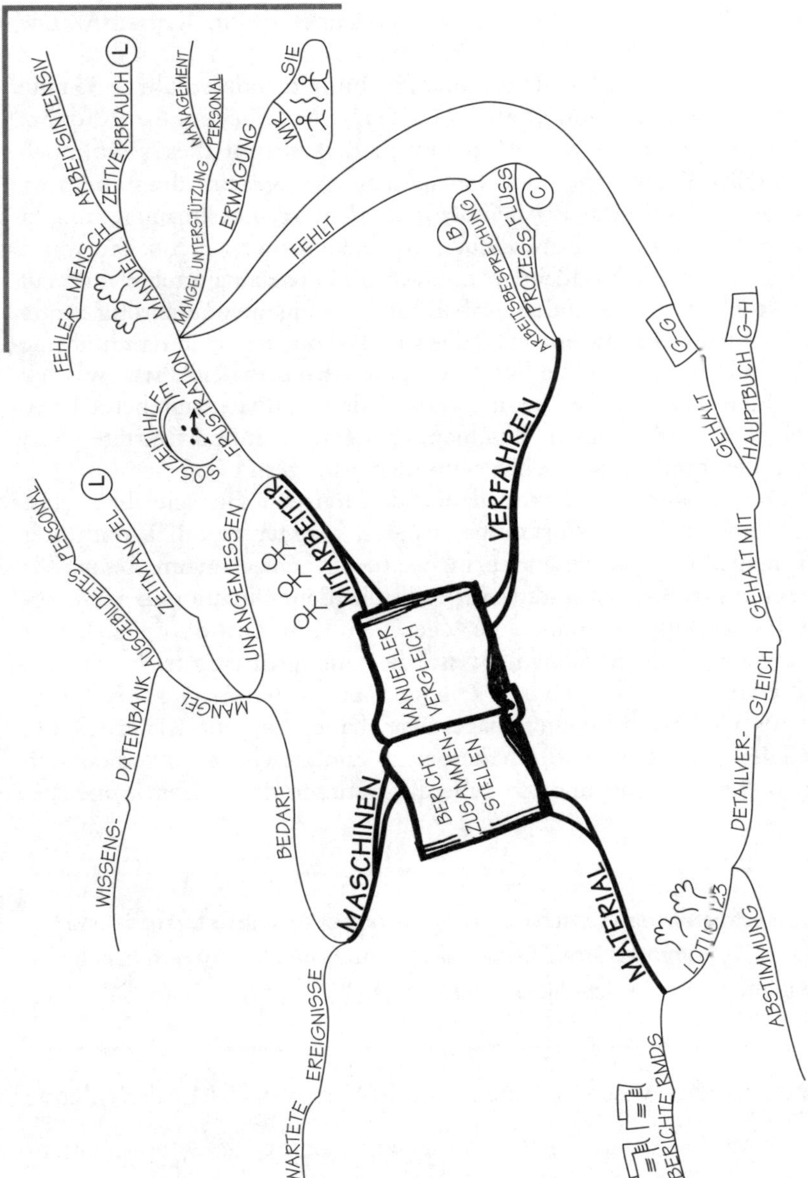

Abbildung 1: Die 980/981 – Kompatibilitäts-Gedächtniskarte

gegangen." Dies ist das Prinzip des Feedbacks, das in Kapitel 6 „Die Erfolgsformel TEFCAS" diskutiert wird.

Bannon gibt zu, dass Kreativität für ihn und andere Führungskräfte gewöhnlich eine Herausforderung war: „Die Mitarbeiter sagen: ‚Schön, ich bin aber nicht kreativ.' Verdammt, ich sagte mir dies gewöhnlich selber. Ich erkannte aber, dass eine solche Aussage ein Hemmnis war. Ich setzte mich hiermit auseinander und erkannte, dass kreativ sein nicht notwendigerweise die Entwicklung von neuen Ideen beinhalten muss. Es ist ebenfalls kreativ, Ideen von anderen Leuten aufzugreifen und auf neue Probleme anzuwenden. Anhand meiner eigenen Erfahrung zeigte sich, dass ich bekannte Ideen verbessern konnte, bevor ich sie auf eine neue Situation anwendete. Ich habe einen Kunstgriff für das, was ich ‚Verbinden der Punkte' nenne: Verschiedene Situationen betrachten, verschiedene Erfahrungen, verschiedene Ideen, sie auf einzigartige Weise verknüpfen und – Blitz – eine neue Idee erzeugen."

Dies passiert in Teams dauernd: „Ich sah die gleiche Sache gewöhnlich in den Workshops. Es war elektrisierend. Wegen der Verschiedenheit der Teams springen Ideen einfach vom Tisch. Sie nehmen etwas hiervon und davon – verschiedene Situationen, verschiedene Backgrounds, verschiedene Ideen. Die Kombination dieser Inputs erzeugt neue Ideen. Für mich ist dies die großartigste Form von Kreativität.

Als ich erster Linienmanager war, hatte ich fünf Kriterien, um beurteilen zu können, ob Mitarbeiter erfolgreich sein werden. Ich schrieb dies 1976 auf und ich habe die Liste seit dieser Zeit immer bei mir:

> **„Ein erfolgreicher Mensch ist intelligent, fleißig, organisiert, kreativ und kann gut kommunizieren. Das ist der Mensch, den Sie um sich haben möchten und mit dem Sie arbeiten wollen."**

Bannon wendet diese Prinzipien auch bei Entex an: „Mit der Bildung von Prozessverbesserungsteams starteten wir nicht vor November 1997. Bis zu dieser Zeit hatten wir zahlreiche Workshops abgehalten und hiermit gute Ergebnisse erzielt. Die Workshops verbessern die Arbeitsmoral und sensibilisieren die Mitarbeiter für die Bedeutung von Entschlusskraft und Interesse beim Identifizieren und Lösen von wichtigen Aufgaben. Es ist unglaublich! Sie verstehen tatsächlich, dass sich das Top-Management dafür interessiert, was sie denken. Sie dürfen sich im Workshop die Projekte auswählen, an denen sie arbeiten möchten. Manchmal glaube ich nicht, dass das von ihnen gewählte Projekt wichtig ist. Aber selbst in diesem Fall verbessern sie ihre Fertigkeiten. Ich nehme an, dass sie erfolgreich sein werden und ich ihre Erfahrungen dann bei einem größeren Projekt nutzen kann.

Bei Entex habe ich mit dem Top-Management den Unterschied zwischen einer Aktivität und einem Prozess geklärt (Kapitel 11). Wir betonen, dass wir zunächst anfangen müssen, die Dinge von den Prozessen her zu sehen. Sie müssen daher die organisatorischen Grenzen überwinden. Ich interessiere mich nicht wirklich dafür, ob ein bestimmtes Problem den Einkauf betrifft oder die Lieferantenbuchhaltung; es ist immer noch ein Teil des Beschaffungsprozesses.

Wir stellen sicher, dass wir in unseren Teams Mitarbeiter aus verschiedenen Unternehmensbereichen haben. Wenn wir z. B. Ärger mit Rücksendungen an einen unserer Lieferanten haben, setzen wir jemanden aus der Lagerhaltung ein, jemanden aus dem Vertrieb – einen Verkäufer oder jemanden aus einer Zweigniederlassung – und jemanden aus dem Finanzwesen. Ich würde auf keinen Fall nur Mitarbeiter aus dem Finanzwesen an einem Problem arbeiten lassen.

Teams helfen Ihnen, die Punkte zu verbinden. Bei IBM bildeten wir gewöhnlich mehrere Teams: Ein Mitarbeiter aus der Lohn- und Gehaltsabrechnung, einer aus der Reisekostenbuchhaltung, einer aus der Lieferantenbuchhaltung, einer aus dem internen Rechnungswesen und einer aus unserer internationalen Wirtschaftsprüfungsgesellschaft. Es gab dort immer unterschiedlich zusammengesetzte Teams, die jeweils an verschiedenen Aufgaben arbeiteten.

Was wirklich allen geholfen hat, war das Anhören der Probleme sämtlicher Workshop-Teilnehmer und der Vorträge über Herausforderungen und Möglichkeiten. In einem Fall hatte ein Team ein Problem bei der Gehaltszahlung per Scheck. Ein anderes Team hatte ein Problem mit der Lieferantenbuchhaltung und es wurde diskutiert, wie Ausnahmen bei den Prozessabläufen gemacht werden können und wo Angelegenheiten manuell zu bearbeiten sind. Es ist eine Frage der Synergie."

Die im vorliegenden Buch erläuterten Prinzipien sind nicht dazu da, einmal genutzt und dann beiseite gelegt zu werden. Bannon kann einschätzen, wie wichtig es ist, Dinge konsequent zu Ende zu führen. Er sprach die Workshop-Teams zu einem späteren Zeitpunkt wieder an und fragte nach, was sie umgesetzt hatten. Anschließend stellte er die Teams seinem Chef vor und ließ sie von ihren Erfolgen berichten:

„Ich machte meine Nachprüfungen so formlos wie möglich, weil niemand denken sollte, ich würde meine Mitarbeiter prüfen. Dies war nie ein Problem. Sie *wollten* die Möglichkeit, mir zu zeigen was sie machen. Sie entwickelten ihre eigenen Methoden zur Messung ihrer Fortschritte. Sie entwickelten konkrete messbare Zielgrößen und erhielten Messwerte, die sie mir unbedingt zeigen wollten. Die Veränderung der Unternehmenskultur war hier sehr wichtig. Wir eröffneten den Teams die Möglichkeit, ihre Aktionspläne meinem Chef zu präsentieren, weil ich nicht die Lorbeeren für ihre Arbeit ernten wollte. Es war mein Wunsch, den Mitarbeitern die Anerkennung zukommen zu lassen, die sich tatsächlich die Arbeit gemacht haben.

Das erste Treffen mit meinem Chef war sehr schwierig, weil er nicht geneigt war, sich Gedächtniskarten anzusehen. Ein Teammitglied, Rosanne Grano, erhob sich aber und demonstrierte ein Führungsverständnis, das ich nie von ihr erwartet hätte und das ich bislang auch noch nie bei jemandem auf ihrer Hierarchieebene beobachten konnte. Sie stand aufrecht und blieb überzeugt, wenn unser Chef ihre Ansichten hinterfragte. Plötzlich fingen auch die übrigen Teammitglieder, die bislang nur zugehört hatten, an, sie zu unterstützen. Das Aufbäumen war unglaublich. Hier wurde direkt vor meinen Augen eine Führungskraft geboren. Einmal motivierte ich sie und sagte ihr, was sie geleistet hatte. Sie entwickelte sich auch zu dieser Zeit weiter. Sie ist eine bemerkenswerte junge Frau. Das war nur ein Beispiel von vielen.“

Bannon war mit vielen Hindernissen konfrontiert, kam aber immer voran: „Was mich zum Weitermachen motivierte war das vom Entwickeln einer Vision, einer Landkarte ausgehende Gefühl der Kraft. Ich war in der Lage, für mich eine Bewertungskarte zu entwickeln, die mir erlaubt, meine Fortschritte einzuschätzen. Anhand meiner Bewertungskarte konnte ich auch sehen, ob das Tempo, mit dem ich meine Fortschritte erreichte, zu- oder abnahm. Daher konnte ich mein Verhalten jederzeit ändern und den Erfordernissen anpassen.

Ein anderer Punkt ist, dass ich keine Probleme damit habe, zu versagen. Sie werden hin und wieder Fehlschläge erleben. Sie müssen einfach nur aufstehen, den Staub von Ihrer Kleidung abschütteln und es noch einmal probieren. Wichtig sind nicht nur die Ideen, die Sie als Führungskraft haben. Zum Erfolg führen Beharrlichkeit und Entschlossenheit (siehe Kapitel 3 und 6). Wenn mir jemand sagt, ich hätte versagt oder keine Fortschritte erzielt, so würde ich mich fragen: ‚Was habe ich aus dieser Erfahrung gelernt?‘ Sie müssen das Positive hervorheben und nicht das Negative. In bestimmten Phasen meines Lebens wurde mir gesagt, ich wäre nicht in der Lage, bestimmte Sachen zu bewältigen: Ich könnte nicht eine bestimmte Schule besuchen, weil ich nicht intelligent genug sei. Ich könnte einen bestimmten Sport nicht treiben, weil ich zu schmächtig sei. Ich könnte nicht tanzen, weil mir der Rhythmus fehlte. Diese Propheten, die mich nur verurteilten, haben mir nie geholfen, etwas zu erreichen. Heutzutage suche ich den Kontakt zu Leuten, die sagen: ‚Wenn Sie es wirklich machen wollen, dann können Sie das. Glauben Sie an sich!'"

Sarah Wilson, eine Managerin im Bereich der Finanzbuchhaltung, und ihr Team hatten die gleiche Einstellung, als Bannon seine Vision bei Entex in einem Workshop vorstellte. Sarah Wilson und ihr Team wählten im Workshop als erstes Projekt das Automatisieren einer vorwiegend manuell zu bearbeitenden Aufgabe: Die zweimal pro Monat erfolgende Versendung von Gewinn- und Verlustrechnungen an die Abteilungsleiter. Hierzu notwendiges Zahlenmaterial wurde der EDV entnommen. Ein Angestellter benötigte dann einen Tag, um das Material zu drucken, die Zahlen aufeinander abzustimmen, Kopien anzufertigen und die Inhalte zu prüfen. Die Berichte wurden dann persönlich übergeben oder bei abgelegenen Standorten per Post verschickt.

Im Workshop beschloss das Team, die Gewinn- und Verlustrechnungen so aufzubereiten, dass sie per E-Mail zu den Computern der Mitarbeiter gesendet werden konnten. Um die Aufmachung der elektronischen Berichte benutzerfreundlicher und ansprechender zu gestalten, entschied sich das Team für eine Formatierung im *Excel*-Tabellenkalkulationsformat. Weil viele Empfänger die Daten aus dem ursprünglich in Papierform gelieferten Berichten ohnehin zu Analysezwecken in ihre Kalkulationstabellen eingegeben hatten, ersparte ihnen die Übersendung einer elektronischen Version Zeit und Arbeit. Wer bislang auf eine Analyse der Gewinn- und Verlustrechnungen verzichtet hatte, wurde außerdem durch die elektronische Version ermuntert, sein Verhalten zu ändern.

„Insgesamt ergab sich bei Berücksichtigung des Treffens mit Rich Bannon ein Arbeitsaufwand, der in etwa vier Arbeitstagen eines einzelnen Mitarbeiters entspricht." Wilson merkt an: „Weil die Stabsmitarbeiter zwei Tage pro Monat für die manuelle Zusammenstellung der Papierberichte benötigt hatten, amortisierte sich das Projekt schon nach zwei Monaten. Diese zwei Arbeitstage pro Monat sind für den Mitarbeiter jetzt verfügbar, um Dinge zu erledigen, die wichtiger sind. Außer Arbeitszeit konnten auch Papier- und Versandkosten eingespart werden."

Die Empfänger der neuen elektronischen Berichte freuten sich sehr und erkannten sofort die Vorteile. Wilson: „Wir wurden gefragt, ob wir mehr Informationen in die Berichte aufnehmen könnten (und aktuelle Zahlen mit Vorjahresdaten vergleichen). Außerdem sollten wir auch Vergleiche mit den aktuellsten Prognosen integrieren. Dies ist genau das, was wir uns erhofft hatten: Durch die elektronischen Berichte wurden die Mitarbeiter ermuntert, die Daten mit anderen Augen zu sehen, sie zu analysieren und die übermittelten Sachverhalte zu verstehen. Wir werden diese Vorschläge in unseren zukünftigen Berichten berücksichtigen.

Wir beabsichtigen außerdem, den von uns entwickelten Prozess (siehe Kapitel 11) zum Verteilen der Gewinn- und Verlustrechnungen auch für andere Berichte zu nutzen. Die mit unserer bereits geleisteten Arbeit verbundene Hebelwirkung bringt uns dann mit wenig Mühe zusätzliche Verbesserungen."

Wilson berichtet, dass die von Bannon eingeführten neuen Ideen einen sehr positiven Einfluss auf die Mitarbeiter von Entex hatten: „Alle hatten hierbei ein gutes Gefühl. Sie freuten sich über unsere Fähigkeit, unsere Ziele zu erreichen und sie freuten sich über das positive Feedback, das für uns mit den neuen Prozessen verbunden war. Ich denke daher, dass die Mitarbeiter motiviert sind, das nächste Projekt anzupacken. Sie wollen unbedingt an der nächsten Sache arbeiten."

Die von Bannon mit den Intelligenzprinzipien, der Anfertigung von Gedächtniskarten und TEFCAS gesammelten Erfahrungen führten dazu, dass er von bestimmten Vermutungen über das Geschäftsleben der Zukunft zutiefst überzeugt ist.

Blick in die Zukunft

Rich Bannon hat einige Tipps für die Führungskräfte der Zukunft: „Ich denke, dass sich die Führungskräfte der Zukunft beim Management vom ‚Kommando-und-Kontroll-Stil', der von ihnen auf jedem Gebiet ein hohes Maß an Sachkenntnis erfordert, verabschieden müssen. Es wird für sie unmöglich sein, jederzeit den Fortschritt ihrer Mitarbeiter bei jeder einzelnen Aktivität genau einzuschätzen. Sie müssen stattdessen ein Betriebsklima schaffen, das Kreativität, Wachstum, Lernen, Verantwortung und Teamarbeit fördert.

Das Geschäftsleben hat sich so dramatisch verändert, dass Sie nicht überall Experte oder auf dem neuesten Stand sein können. Sie müssen ein Umfeld schaffen, in dem sich die Mitarbeiter auch wohl fühlen, wenn sie Ihnen Probleme aufzeigen oder Fehler zugeben. Die Verantwortlichkeit besteht darin, dass Sie von ihnen lernen und nicht dieselben Fehler wiederholen. Dies ist eine der Sachen, die wir vom TEFCAS-Modell und den anderen im Buch beschriebenen Intelligenzprinzipien gelernt haben."

Rich Bannon ist sicherlich ein BrainSmart Leader. Sein Erfolgsrezept, mit dem er diesen Status erreicht hat, wird in den folgenden Kapiteln offengelegt. Nun, was passierte mit Bannons Teams, als er IBM verließ – und zu Entex ging? Wir werden hierauf später zurückkommen.

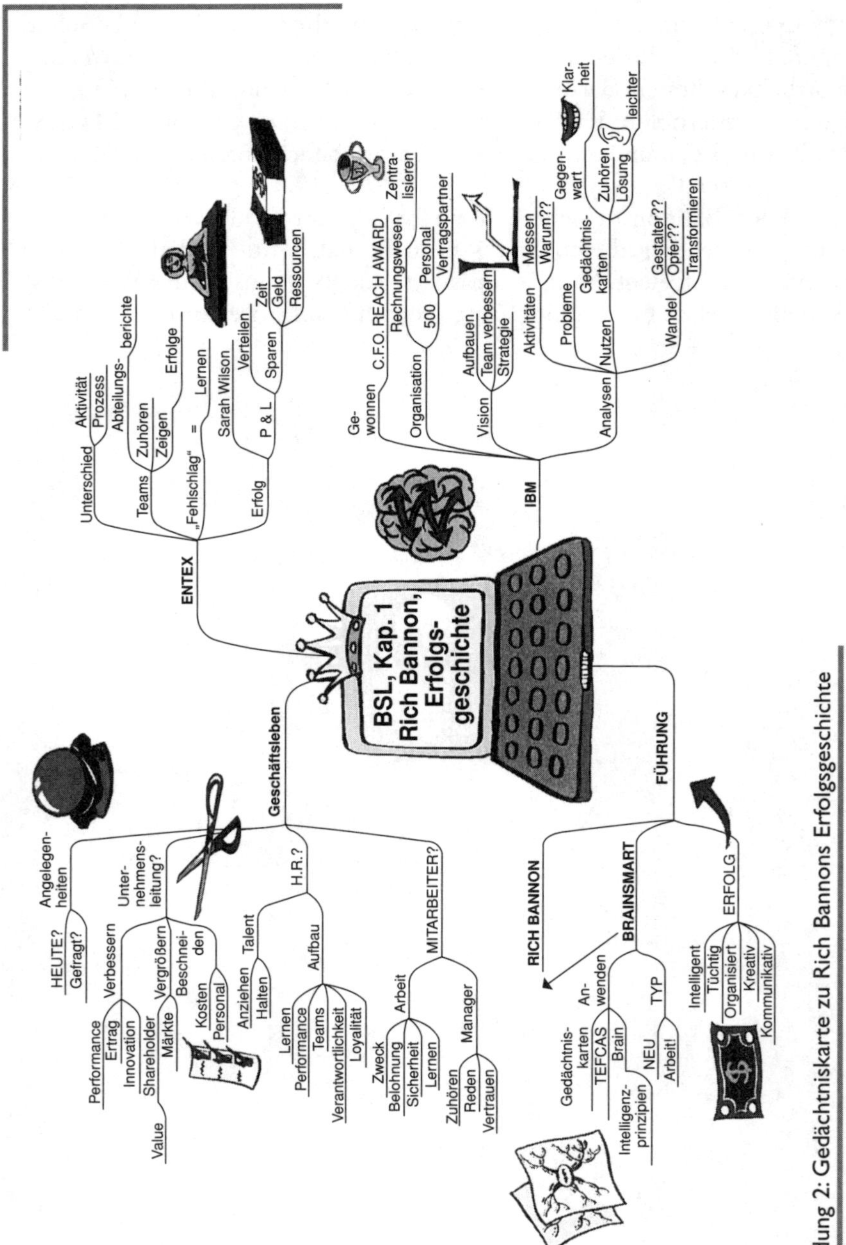

Abbildung 2: Gedächtniskarte zu Rich Bannons Erfolgsgeschichte

2. Geistiges Kapital

Unternehmen sind besonders stark vom grundlegenden Wandel im Denken betroffen. Wir sehen uns einige der Vorteile von Unternehmen an, die erkennen, dass menschliche Ressourcen in einem globalen, komplexen und wettbewerblichen Umfeld der Schlüssel für langfristige Erfolge sind.

Test

		Richtig	Falsch
1	Menschliche Intelligenz ist die wichtigste Triebkraft des Wandels.	☐	☐
2	Das Ausmaß des Wandels in Ihrer Firma oder Branche wird sich in den nächsten fünf Jahren erhöhen.	☐	☐
3	Sie können Ihren Wettbewerbern voraus sein, auch wenn Sie nicht in menschliche Intelligenz investieren.	☐	☐
4	Für das Management Ihrer Karriere und die Entwicklung Ihrer Kenntnisse und Fertigkeiten sind Sie selber verantwortlich.	☐	☐
5	Sie können einige Ihrer schwierigsten Aufgaben im Schlaf lösen.	☐	☐
6	Während der letzten 25 Jahre hat sich die Anzahl der Mitarbeiter im Bereich der Intelligenzforschung von 500 auf über 30 000 erhöht.	☐	☐
7	90 Prozent unseres Wissens über die menschliche Intelligenz wurde in den letzten zehn Jahren erforscht.	☐	☐
8	Die Fähigkeit Farben zu nutzen verbessert Ihr Gedächtnis.	☐	☐

9 Sie sind kreativ geboren. Kreativität ist keine Gabe, die Sie entwickeln können.

10 Bildungssysteme betonen die Bedeutung des Denkens mit dem gesamten Gehirn.

Bewertung

Geben Sie sich für jede richtig beantwortete Frage 2 Punkte. Abgesehen von Frage 3, 9 und 10 lautet die korrekte Antwort immer „Richtig". Wenn Sie 18 oder mehr Punkte erreicht haben, dann wird Ihnen dieses Kapitel helfen, Ihre einem BrainSmart Leader angemessenen Fertigkeiten zu verfeinern. Wenn Sie weniger als 18 Punkte erreicht haben, dann wird dieses Kapitel dazu beitragen, dass Sie damit beginnen, Ihre Entwicklung zum BrainSmart Leader zu definieren.

Vermögen in Milliardenhöhe

Stellen Sie sich vor, Ihre Firma hätte einen Computer, der die verschiedenartigsten Informationen aufnehmen und verarbeiten könnte. Hierzu mögen auch visuelle, akustische und auf dem Tastsinn beruhende Signale gehören. Dieser Computer hat unbegrenzte Speicherkapazitäten und eingebaute Filter, damit wichtige Informationen jederzeit gefunden und wieder abgerufen werden können. Wie viel wäre ein solcher Computer wert, wenn er seine umfassenden Fähigkeiten zur Aufnahme von Informationen mit seiner unbegrenzten Speicherkapazität kombinieren könnte, um seine Wissensdatenbank kontinuierlich auszubauen? Wie viel wäre der Computer wert, wenn er sein durch Erfahrungen gewonnenes Wissen zum Verbessern seiner Software nutzen könnte, so dass die Wahrscheinlichkeit von Fehlern reduziert wird? Und wie viel wäre der Computer wert, wenn er andere Computer programmieren könnte, damit sie ebenfalls von seinen Erfahrungen lernen können? Wie viel wäre dieser Computer Ihrem Unternehmen wert? Millionen? Milliarden?

Während Sie diese Sätze lesen, nutzen Sie das mächtigste Tool, das es je gegeben hat. Unser Gehirn ist dieser Computer – mit einem Wert in Milliardenhöhe! Unsere Forschung und Erfahrung haben eindeutig gezeigt, dass die Fähigkeiten des menschlichen Gehirns zu einem sehr großen Teil ungenutzt sind. Wir haben auch die sehr großen Fortschritte erlebt, die durch eine bessere Nutzung der menschlichen Intelligenz möglich werden.

Würde es Sie belasten, wenn Ihr Unternehmen Vermögenswerte in Milliardenhöhe besitzt und Sie erkennen, dass hiervon nur ein Prozent genutzt wird? Wie stark würde die Rendite Ihres Unternehmens wachsen, wenn sich die Effizienz beim Nutzen des betreffenden Aktivpostens verzehnfachte?

Intelligenz – der Hebel, der die Welt bewegen kann

Ist es möglich, dass Jack Welch, der General Electric während der letzten 15 Jahre geleitet hat, einen derartigen Computer nutzte? GE konnte trotz ausgereifter Branche eine wesentlich bessere Performance als seine Konkurrenten aufweisen, weil sich das Unternehmen auf seine Produktivität, das Verbessern der Handelsware und die Suche nach Möglichkeiten zur Einsparung von Kosten konzentrierte. Das Erfolgsgeheimnis von Welch wird in einem seiner Kommentare aus dem Jahre 1994 enthüllt: „Für Einsparungen gibt es ein unbegrenztes Potenzial. Die menschliche Intelligenz ist immer in der Lage, einen Weg zu finden, um Dinge besser zu machen."

GE und anderen erfolgreichen Unternehmen ist klar, dass Technologie allein nicht genug ist. Diese Unternehmen erkennen, dass die Ursache für überdurchschnittliche Kapitalerträge in der Fähigkeit der Mitarbeiter besteht, ihre natürliche Intelligenz zum Entwickeln und Anwenden von Technologie zu nutzen. Diese Unternehmen verstehen, dass Technologie aus der Anwendung menschlicher Intelligenz resultiert.

Wir glauben, dass erfolgreiche Unternehmen schon immer von menschlicher Intelligenz abhängig waren und dass Denken, Kreativität und Kommunikation innovative Unternehmen auch weiterhin zum Erfolg führen, sie im Wettbewerb bestehen, sich entfalten und als erfolgreiche Innovatoren auftreten lassen – und ihnen ermöglichen, sich von allen Konkurrenten abzuheben.

Scharfsinnige Führungskräfte wissen, dass zukünftiger Erfolg auf einer intangiblen Ressource beruht – dem *geistigen Kapital* im Unternehmen. Erfolgreiche Unternehmen der Zukunft werden intelligenzgetrieben sein und Intelligenz nicht nur als eine Kapazität in Form von gespeichertem Wissen sehen, sondern auch als Fähigkeit, mit dem gespeicherten Wissen möglichst viel anzufangen. Diese beiden Teilaspekte der Intelligenz machen das geistige Kapital des Unternehmens aus, dessen Nutzung den Wettbewerbsvorteil erzeugt.

Es ist für Sie an der Zeit, in Ihrem Unternehmen das geistige Kapital zu erfassen. Sie müssen lernen, wie Sie es wachsen und sich weiterentwickeln lassen. Wenn Sie die Intelligenz Ihrer Mitarbeiter entfesseln, werden Sie u.a. die folgenden Vorteile haben:

- motivierte Angestellte;
- erhöhte Kreativität;
- die Fähigkeit zum Hervorrufen von Veränderungen anstatt nur auf den Wandel zu reagieren;
- das Ergreifen von Möglichkeiten, die mit der Informationsflut verbunden sind;
- effektive Nutzung von Technologien;
- für die Ergebnisse ihrer Arbeit verantwortliche Mitarbeiter.

Fallstudie

Gonzalo Somarriba

Das Besprechungszimmer war mit angespannten Bewerbern gefüllt. Zehn von ihnen hatten gerade einen Einstellungstest hinter sich. Der Arbeitgeber ist Rinker, ein Hersteller von Baumaterial, der alles vom Zement bis hin zu fertigen Betonplatten herstellt und in seinen vier Hauptabsatzmärkten China, Australien, den USA und Pakistan insgesamt 21 000 Mitarbeiter hat.

Die Kandidaten hatten sich als Anfänger um Stellen für ungelernte und wenig qualifizierte Hilfskräfte mit nicht mehr als den gesetzlichen Mindestlöhnen beworben. Sie hatten nur wenig Schulbildung, und viele von ihnen hatten noch nie einen Computer gesehen. Jetzt waren sie aber mit dem rauen Wind des modernen Geschäftslebens konfrontiert. „Unsere Firma ist eine denkende Organisation. Wir möchten, dass Sie mitdenken und in der Lage sind, Fragen zu stellen. Außerdem sollen Sie keine Angst vor moderner Technik haben, für deren Handhabung Sie ausgebildet werden. Dies betrifft insbesondere Computer, die heutzutage sehr wichtig für unser Unternehmen sind", sc Gonzalo Somarriba beim Austeilen der Bewerbungsformulare. Gonzalo war zu dieser Zeit Manager im Personalwesen bei Rinker Miami.

Gonzalo wendet sich an Richard Israel und sagt: „Richard, wir sind permanent mit neuer Technik konfrontiert. Allein in den nächsten zwölf Monaten werden wir in Miami für das Anpassen und Modernisieren unserer Maschinen und Ausrüstung mehr als 800 Millionen US-$ ausgeben. Wir müssen Mitarbeiter einstellen, die selbstständig denken können und den Umgang mit Computern lernen."

Die Wirkung seiner Sätze äußerte sich in der Stille im überfüllten kleinen Besprechungszimmer der Personalabteilung in Miami. Hier ging es um niedrigbezahlte Jobs in Dade County, wo auf eine ausgeschriebene Stelle 80 Bewerbungen entfielen. Und Rinker verlangte von seinen Mitarbeitern fließendes Englisch und Spanisch sowie Computerkenntnisse!

„Wir sind ein hervorragender Arbeitgeber. Wir erwarten von Ihnen, dass Sie hart arbeiten und loyal sind. Im Gegenzug können Sie erwarten, dass wir auch Ihnen gegenüber fair sind." Gonzalo geht über den niedrigen Eingangslohn hinweg und konzentriert sich auf die positiven Aspekte: „Wir haben ein exzellentes Gesundheitsprogramm. Wir besetzen Führungspositionen aus den eigenen Reihen und wir ermuntern Sie zur Weiterbildung, indem wir Ihnen hierfür die Kosten erstatten."

Richard war beeindruckt, weil Gonzalo das Erwerben von Computerkenntnissen hervorhob. Rinkers Maschinen und Lkws waren allesamt computergesteuert, weshalb sogar Lastwagenfahrer ihre Kenntnisse und auch ihr geistiges Kapital weiterentwickeln mussten.

Unser wunderbares Gehirn

Unser Gehirn ist die komplizierteste und erstaunlichste Erfindung, die je entwickelt wurde und die mehr Informationen speichern kann als der mächtigste Supercomputer. Das menschliche Gehirn arbeitet allerdings nicht wie ein Computer. Wir schalten es nicht ein, wenn wir unseren Arbeitsplatz erreicht haben und auch nicht aus, wenn wir gehen. Hierfür finden wir in unserem Leben jeden Tag Beweise. Wie oft haben Sie schon eine Idee zur Lösung einer wichtigen Arbeitsaufgabe gehabt, obwohl Sie gar nicht im Betrieb waren? Vielleicht kam Ihnen die Idee, als Sie gerade einem Regenschauer ausgesetzt waren oder plötzlich Nachts um drei erwachten. Dies passiert, weil unser Gehirn 24 Stunden am Tag arbeitet, um die Ziele zu erreichen, die wir für wichtig halten. Stellen Sie sich vor, wie viel mehr Sie erreichen könnten, wenn Sie lernen würden, seine Arbeitsweise zu verbessern. Was wäre, wenn Ihnen bereits zusätzliches Wissen über die Arbeitsweise des menschlichen Gehirns dabei helfen könnte, sowohl im Privat- als auch im Berufsleben zu wachsen?

Mehr als 95 Prozent von dem, was wir über die menschliche Intelligenz wissen, wurde in den letzten zehn Jahren erforscht. Fortschritte der medizinischen Forschung haben es erstmals möglich gemacht, die internen Arbeitsweisen des menschlichen Gehirns zu studieren. 1980 glaubten Forscher, dass wir fünf Prozent der Fähigkeiten unseres Gehirns nutzen. Gegen Ende des Jahrzehnts argumentierten viele Wissenschaftler, dass dieser Anteil ein Prozent beträgt. Heute glauben viele Wissenschaftler, dass wir sogar einen noch geringeren Bruchteil der Fähigkeiten unseres Gehirns nutzen. Alle sehen riesige Verbesserungspotenziale.

Nach Ronald Kotulak, dem Autor von *Inside the Brain*, ist die Mitarbeiterzahl im Bereich der Intelligenzforschung während der letzten 25 Jahre von 500 auf über 30 000 angewachsen. Das menschliche Gehirn erschien in den 90er Jahren öfter auf den Titelseiten von Magazinen als in jedem anderen Zeitraum. Die Leitartikel in Publikationen wie *Time*, *Newsweek*, *New Scientist*, *Omni Discover* und *National Geographic* haben viele Durchbrüche und gelöste Fragen aufgezeichnet.

Was wäre, wenn auf Grund dieser Forschung neue Hilfsmittel kreiert werden könnten, um unsere Sicht der Arbeit zu revolutionieren? Was wäre, wenn wir alle mit natürlicher Kreativität auf die Welt gekommen wären? Was wäre, wenn lernen umso leichter würde, je mehr wir schon gelernt hätten? Was wäre, wenn die Leute, die uns eingeredet haben, wir könnten bestimmte Sachen nicht lernen, falsch lägen?

Gut, in diesem Buch wird argumentiert, dass die angeführten Fragen allesamt positiv zu beantworten sind. Das Ergebnis unserer Forschung sind Techniken, mit denen wir unser geistiges Kapital erhöhen können. Wie bei jeder neuen Herangehensweise mag es für die Gesellschaft zunächst schwierig sein, sich auf die neuen Techniken und hiermit einhergehende Veränderungen einzustellen. Einige wenige Pioniere werden sich überwinden, das Neue auszuprobieren. Nachdem sich ihre Entdeckungen als lohnend erwiesen und herumgesprochen haben, wird sich ein Schneeballeffekt ergeben, so dass schließlich die Mehrheit der Bevölkerung die neuen Techniken anwendet.

Im Laufe der gegenwärtigen Pionierphase im Bereich der Intelligenzforschung kann es viele Hindernisse, Widerstände und Rückschläge geben, die allesamt zu überwinden sind. Wer durchhält, wird trotzdem sehr große Vorteile haben.

Was ist PITT und wie wurde es entwickelt?

Tony Dottino erkannte während seiner Schulung zum lizenzierten Ausbilder für die Mental Literacy Principles von Tony Buzan, dass Unternehmen hiermit die Möglichkeit geboten wird, einen Teil des riesigen Potenzials der menschlichen Intelligenz für das Erreichen des ultimativen Wettbewerbsvorteils zu erschließen. Tony Dottino entwickelte einen umfassenden Lehrgang, der auf Tony Buzans Intelligenzprinzipien (Mental Literacy), dem Prozessmanagement sowie der synergetischen Energie von Teams beruht, was alles im vorliegenden Buch beschrieben wird. Dottino kreierte mit Prozessinnovationen durch Teams (PITT) einen neuen Workshop, der Bestandteil des Lehrgangs ist. PITT-Workshops wurden von Dottino zusammen mit Arbeitsgruppen aus erstklassigen Unternehmen abgehalten, damit sich das sehr große Potenzial der menschlichen Intelligenz besser nutzen lässt, kreative Energien freigesetzt werden und der ultimative Wettbewerbsvorteil entsteht. Diese Arbeitsgruppen erzielen auch weiterhin bemerkenswerte messbare Ergebnisse. Noch wichtiger: Ganze Divisionen erzielen zunehmend bessere Ergebnisse, weil sich die Erfolge der PITT-Workshops im Unternehmen herumsprechen und andere Arbeitsgruppen zur Nachahmung anregen.

Die in den Workshops gesammelten Erfahrungen haben immer wieder gezeigt, dass Unternehmen im Normalfall ungefähr 25 bis 30

Prozent ihrer Ressourcen zum Bearbeiten von Problemfällen und zur vielfachen Korrektur von Fehlern aufwenden, um im ungünstigsten Fall alles über den Haufen zu werfen und neu anzufangen. Was aber wäre, wenn die kreative Teamarbeit innerhalb eines Unternehmens darauf abzielen würde, Wege zu entwickeln, mit denen diese Verschwendung beseitigt und die frei werdenden Kapazitäten zur Erschließung von neuen Absatzmöglichkeiten genutzt werden? Was würde dies für das von den Umständen diktierte Downsizing bedeuten? Kapitel 11 behandelt PITT im Detail.

Rich Bannon, Senior Vice President und Corporate Controller bei Entex (siehe Kapitel 1), fasst seine eigenen Erfahrungen mit diesen Techniken zusammen: „Die vom PITT-Ansatz gebotenen Hilfsmittel sind das, was wir benötigen, um unser Unternehmen für die nächste Erhöhung der Wettbewerbsintensität zu rüsten. Das Anwenden von Intelligenzprinzipien (siehe Kapitel 3), Gedächtniskarten (siehe Kapitel 4) und Prozessinnovationen (siehe Kapitel 11) zum Erschließen des unbegrenzten Potenzials des menschlichen Denkens verschafft einen echten Wettbewerbsvorteil."

Die globale Wirtschaft erzeugt den Zwang zur Kostensenkung

Der durch den zunehmenden internationalen Kampf um Marktanteile entfesselte intensive Wettbewerb hat zur Folge, dass Unternehmen permanent gezwungen werden, ihre Preise bei gleichzeitiger Verbesserung von Qualität und Service zu senken. Auf Grund dieser Gegebenheiten haben die Konsumenten bei weltweit vertriebenen Produkten mehr Wahlmöglichkeiten als je zuvor. Der Zwang zur Sicherung der Wettbewerbsfähigkeit hat eine Welle des Downsizing, der Umstrukturierung und der Kostensenkung erzeugt. Wir glauben allerdings, dass die Maximierung des geistigen Kapitals eine Alternative zum Downsizing bietet. Die Aufrechterhaltung der Wettbewerbsfähigkeit wird in Zukunft von Investitionen in die Entwicklung der geistigen Fähigkeiten abhängen.

Die Auswirkungen des Downsizing auf die Kreativität

Das Downsizing von Unternehmen resultiert häufig in einer mit starkem Personalabbau einhergehenden unbedeutenden Abnahme der zu bewältigenden Arbeitsaufgaben. Die verbleibenden Arbeitnehmer haben dann mehr zu tun als je zuvor und sind unter diesen Umständen zu stark überlastet, um darüber nachdenken zu können, wie sich ihre Arbeitsweise verbessern lässt.

Eine bekannte Klage lautet: „Ich habe keine Zeit zum kreativen Denken. Ich habe zu viel zu tun." Das kreative Denken wird einem anderen Mitarbeiter überlassen – der unglücklicherweise wohl ebenso überlastet ist. Empfinden Sie das auch so? Haben Sie diese Worte gehört – oder sogar selber ausgesprochen?

Ein weiteres durch Downsizing hervorgerufenes Problem besteht darin, dass die verbleibenden Mitarbeiter dazu neigen, weniger Risiken einzugehen. Nachdem sie den Entlassungen einstweilen entronnen sind, vermeiden sie Aufsehen zu erregen oder Risiken einzugehen. Sie haben Angst, neue Ideen zu entwickeln, weil sie lächerlich gemacht oder als unpraktisch angesehen werden könnten – oder noch schlimmer: Die Ideen sind möglicherweise schlecht. Sie glauben, dass jemand, der nicht ausgelastet wirkt, für zusätzliche Arbeitsaufgaben oder die nächste Entlassungswelle vorgesehen wird. Um kreativ zu sein benötigen Sie in Wirklichkeit Zeit zum Nachdenken, die es Ihrem Gehirn ermöglicht, kreative Antworten zu entwickeln.

Die Ironie besteht darin, dass in einer Zeit, in der kreatives Denken und Innovation wichtiger sind als jemals zuvor, beides in vielen Fällen so wenig vorhanden ist wie noch nie.

> Technologie und Downsizing erfordern
> mehr persönliche Verantwortung.

Die heutigen Realitäten des Wirtschaftslebens haben jeden Ansatz für ein „Arbeitsverhältnis auf Lebenszeit" zunichte gemacht. Die Individuen sind jetzt selber für das Management ihrer Karriere und Ausbildung verantwortlich. Wie viele Menschen haben sich mit diesen neuen Realitäten angefreundet? Wie viele sind hierfür gewappnet? Dies wirft eine zentrale Frage auf: Wo wurde uns beigebracht, das meiste aus unseren geistigen Fähigkeiten zu machen? Sicherlich nicht in den meisten Schulen der Westlichen Welt. Problem Nummer Eins der heutigen Gesellschaft ist die schlechte Qualität des Erziehungssystems und der hieraus resultierende Mangel an Qualifikation unter den Arbeitnehmern.

Die Einkommensdifferenz zwischen qualifizierten und weniger qualifizierten Arbeitnehmern hat sich in den letzten zehn Jahren vergrößert und wird wahrscheinlich noch weiter zunehmen. Mitarbeiter, die nicht in ihr eigenes geistiges Kapital investieren, sehen einer düsteren Zukunft entgegen. Die Knappheit der qualifizierten Arbeitskräfte wird zu Engpässen beim Faktor Arbeit führen und die Möglichkeiten von Unternehmen, die auf ihren heimischen und internationalen Märkten expandieren möchten, stark beschränken.

Die Vorteile der Anwendung von Intelligenzprinzipien

In den meisten Fällen ist die zurzeit praktizierte Unternehmensführung nicht in der Lage, das Wissen über die Informationsverarbeitung des menschlichen Gehirns zu nutzen. In vielen, wenn nicht in den meisten Fällen arbeiten Menschen, ohne ihre natürliche Intelligenz optimal zu nutzen. Organisatorische Strukturen und Unternehmenspolitik arbeiten tatsächlich oft gegen grundlegende Intelligenzprinzipien. Zum Beispiel:

- Management-Teams entwickeln kein klares Ziel oder keine Vision;
- Führungskräfte wollen keine „schlechten Nachrichten“ empfangen oder werden hiervon abgeschirmt;
- Arbeitsteams werden ohne ein ausgewogenes Verhältnis zwischen Fachkenntnis, interpersonellen Fähigkeiten und Erfahrung gebildet;
- Informationen werden gegenüber den Mitarbeitern zurückgehalten, die sie am meisten benötigen.

Jedes Unternehmen, das lernt, diesen Herausforderungen durch das Anwenden von Intelligenzprinzipien zu begegnen, wird sich einen deutlichen Wettbewerbsvorteil sichern.

Profil einer Führungskraft: Bruce Wagner

Nehmen Sie z.B. Bruce Wagner, zurzeit Manager des Accounting Consolidation and Measurements Department bei IBM Nordamerika. Bruce war zuerst mit den im vorliegenden Buch erläuterten Prinzipen konfrontiert, als er bei IBM Manager der World Trade Accounting Services Organization war. Sein Zuständigkeitsbereich beinhaltete zu dieser Zeit den unternehmensinternen Handel im Gesamtkonzern, der Güter und Dienstleistungen im Wert von weltweit 26 Milliarden US-$ umfasste.

Bruce erkannte, dass es für seine Organisation wichtig war, die bereits vorhandenen Fertigkeiten im Bereich der Prozessanalyse auch weiterhin beizubehalten. Er hielt dies insbesondere zur damaligen Zeit für wichtig, als IBM Personal abbaute und Teilorganisationen des Unternehmens konsolidierte.

Bruce nahm 1995 an einem Prozessinnovationen-durch-Teams-Workshop (PITT) teil (siehe Kapitel 11). Er beschäftigte sich auch mit den Intelligenzprinzipien (siehe Kapitel 3) und ihrer Anwendung auf Geschäftsprozesse im Vertrieb, Einkauf und Rechnungswesen. Er hielt die im Workshop erlernten Fertigkeiten für so wertvoll, dass er sein gesamtes Personal zu diesen Ausbildungsseminaren schickte. Anschließend bildete er mehr als 15 Teams, um an verschiedenen Teilaspekten des unternehmensinternen Geschäftsverkehrs zu arbeiten. Diese Teams waren in der Lage, Prozessinnovationen durchzuführen, die für seine Organisation monatlich mehr als 585 Arbeitsstunden einsparten.

Nachdem Bruce seine gegenwärtige Position bei IBM angetreten hatte, wendete er auch weiterhin die erwiesenermaßen erfolgreichen Intelligenzprinzipien, Gedächtniskarten und Prozessinnovations-Tools an. Wie er uns überzeugt mitteilt, nutzt er die Techniken, um auch weiterhin dieselben bemerkenswerten Erfolge im Geschäftsleben zu erreichen:

„Konfrontieren Sie das menschliche Gehirn mit einem bestimmten Problem, so wird es die beste Lösung suchen. Konfrontieren Sie ein Team mit diesem Problem, so wird die Kombination von verschiedenartigen individuellen Erfahrungen und geistigen Fähigkeiten [siehe Kapitel 4] die kreativen Möglichkeiten des Teams vergrößern und dabei helfen, die beste Lösung zu finden.“

Schlussfolgerung und Aktivitäten

Jedes Unternehmen, das im Wirtschaftsleben Intelligenzprinzipien anwendet, wird sich einen Wettbewerbsvorteil sichern. Die Mitarbeiter dieser Unternehmen werden sich an einer gemeinsamen Mission orientieren, von ihren erzielten Fortschritten begeistert sein und ständig voneinander lernen. Auf dieser Basis werden sie fortlaufend das geistige Kapital bilden, mit dem das profitable Wachstum ihres Unternehmens ermöglicht wird.

A k t i v i t ä t e n

1. Wie viel Mühe (in Prozent) geben sich nach Ihrer Einschätzung die Mitarbeiter Ihres Unternehmens bei der Arbeit? Warum sind Sie dieser Ansicht?

2. Glauben Sie, dass es in Ihrem Unternehmensbereich bei den Mitarbeitern gegenwärtig einen Mangel an Loyalität gibt? Sollten Sie die Frage bejahen: Wie kann die Loyalität der Mitarbeiter nach Ihrer Einschätzung wieder zurückgewonnen werden?

3. Listen Sie sämtliche Initiativen Ihres Unternehmens auf, mit denen in den letzten Jahren versucht wurde, die Produktivität zu steigern. Geben Sie auch die konkreten Ergebnisse an.

4. Sehen Sie sich die Geschäftsberichte von zehn Großunternehmen an und markieren Sie alle hierin enthaltenen Hinweise auf das geistige Kapital. Wie schneidet Ihr Unternehmen hierbei im Vergleich ab?

5. Gehen Sie zum nächstgelegenen Buchladen. Ermitteln Sie die Anzahl der dort vorhandenen Bücher und Zeitschriften über menschliche Intelligenz und aktuelle Forschungsergebnisse auf diesem Gebiet. Wählen Sie hiervon einen Titel aus, der Sie interessiert. Kaufen und lesen Sie ihn. Schreiben Sie anschließend auf, welche praktischen Anwendungsmöglichkeiten für die entsprechenden Forschungsergebnisse in Ihrem Berufsleben existieren.

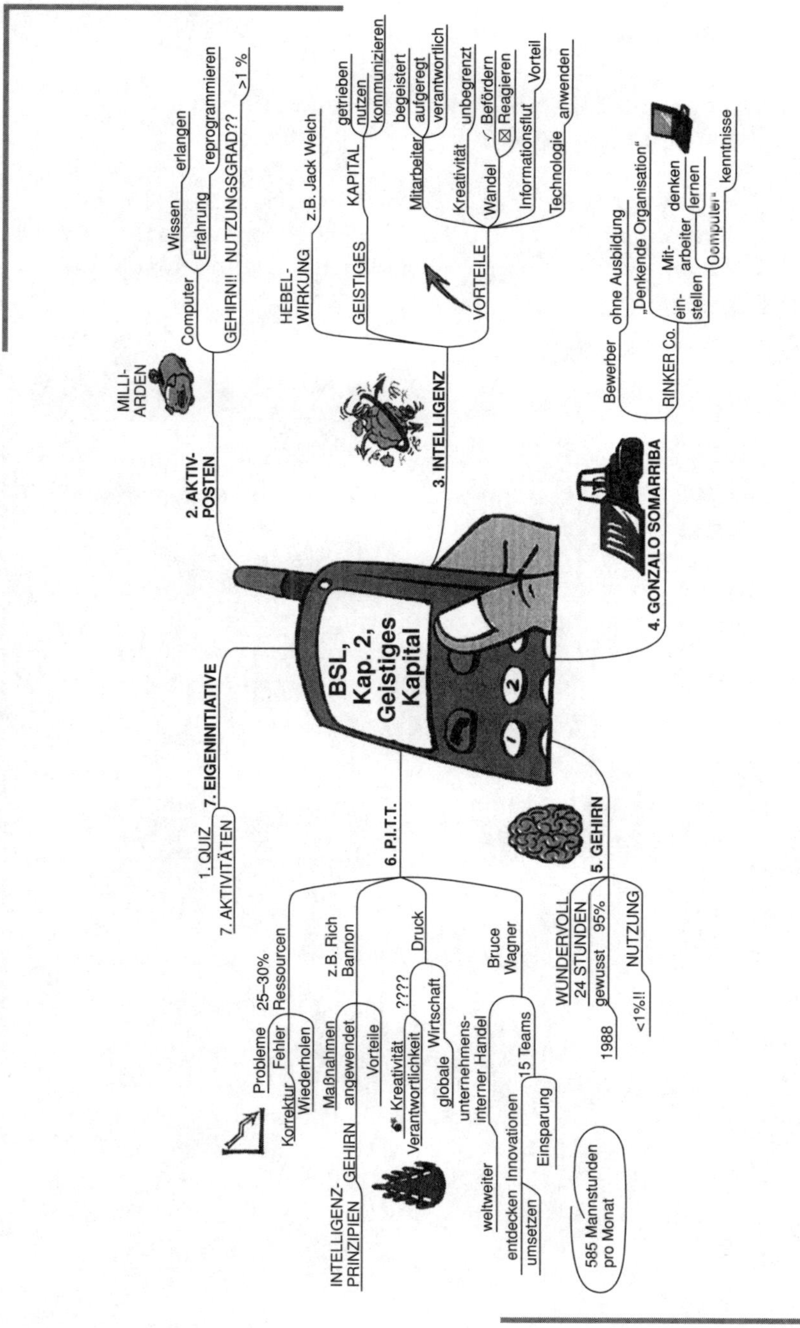

Abbildung 3: Gedächtniskarte zu „Geistiges Kapital“

3. Unser kreatives Gehirn

In diesem Kapitel beschreiben wir die sieben Intelligenzprinzipien in einer allgemein verständlichen Sprache. Wir erläutern die Vorteile, die Unternehmen zugute kommen, wenn die einzelnen Prinzipien korrekt angewendet werden – und auch die Nachteile, die sich ergeben, wenn dies nicht der Fall ist. Wir schließen das Kapitel, indem wir die Konsequenzen beschreiben, die sich durch das harmonische Zusammenwirken aller sieben Intelligenzprinzipien ergeben – die Erzeugung von natürlicher Kreativität und Innovation.

Test

		Richtig	Falsch
1	Ihr Gehirn arbeitet nach dem Prinzip „Müll rein, Müll raus“.	☐	☐
2	Es ist möglich, einen neuen Gedanken aufzugreifen und hieraus tausend neue Ideen zu entwickeln.	☐	☐
3	Sie können alles erreichen, was sich Ihr Gehirn vorstellen kann – vorausgesetzt, es hat die richtigen Informationen.	☐	☐
4	Schriftlich fixierte Ziele helfen Ihrem Gehirn, sich auf die zur Zielerreichung notwendigen Schritte zu konzentrieren.	☐	☐
5	Erfolgreiche Leuten nachzuahmen ist eine Möglichkeit, schnell zu lernen.	☐	☐
6	Wenn Sie über ein bestimmtes Thema nur unvollständig informiert sind, entwickelt Ihr Gehirn (richtige oder falsche) Antworten, um das „Bild zu vervollständigen“.	☐	☐

7. Ihr Gehirn benötigt Nahrung in Form von neuen Ideen, so wie Ihr Körper Lebensmittel braucht.

8. Ihr Gehirn sucht in den erhaltenen Informationen nach der Wahrheit.

9. Ihr Gehirn ist darauf eingestellt, beständig am Erreichen von Zielen zu arbeiten – vorausgesetzt Sie wissen, was Sie wollen.

10. Wenn Sie Ihrem Gehirn neue Informationen zukommen lassen, wird es besser arbeiten.

Bewertung

Abgesehen von Frage 1 lautet die richtige Antwort immer „Richtig". Geben Sie sich zwei Punkte für jede richtige Antwort.

Wenn Sie 18 oder 20 Punkte erhalten haben, verstehen Sie von diesem Thema sehr viel. Das vorliegende Kapitel wird dazu beitragen, Ihre Kenntnisse zu verfeinern. Wenn Sie weniger als 18 Punkte erhalten haben, dann wird dieses Kapitel stark dazu beitragen, die Entwicklung Ihrer Führungsqualitäten zu fördern.

Intelligenzprinzipien

Obwohl das menschliche Gehirn ungeheuer komplex ist, werden seine Reaktionen von lediglich sieben Grundprinzipien geleitet. Jedes dieser Prinzipien ist ein Teil des von Ihrem Bio-Computer – Ihrem Gehirn – für sein gesamtes Denken und Lernen genutzten Betriebssystems.

Die sieben Intelligenzprinzipien

1. Das menschliche Gehirn lässt Informationen zusammenwirken, so dass Eins plus Eins größer oder gleich Zwei ist.
2. Das menschliche Gehirn ist ein erfolgsgeleiteter Mechanismus.
3. Das menschliche Gehirn ist in der Lage, Tätigkeiten perfekt nachzuahmen.
4. Das menschliche Gehirn sehnt sich nach Vollständigkeit (es möchte die weißen Flecken ausfüllen).
5. Das menschliche Gehirn sucht permanent nach neuem Wissen und Informationen.
6. Das menschliche Gehirn sucht die Wahrheit.
7. Das menschliche Gehirn ist beharrlich.

Intelligenzprinzip 1: Das menschliche Gehirn lässt Informationen zusammenwirken, so dass Eins plus Eins größer oder gleich Zwei ist

Die Forschung hat gezeigt, dass unser Gehirn synergetische Fähigkeiten hat. Dies bedeutet, dass ein Gedanke einen neuen Gedanken auslöst, der wiederum einen weiteren Gedanken auslöst und so weiter. Stellen Sie sich vor, bei der Arbeit erhalten Sie die Nachricht, zu Hause sei ein Eilbrief eingetroffen. Wie viele verschiedene Gedanken werden bei Ihnen durch diese Information ausgelöst? Dies ist divergentes Denken: Unsere Fähigkeit, bei einem Kerngedanken zu beginnen und hiervon ausgehend dann zu vielen Ideen zu gelangen. Wegen der Fähigkeit zum divergenten Denken sind wir in der Lage, unser eigenes Wissensuniversum zu entwickeln, ein Netzwerk von Gedanken, Speicherbänken und einmalig innovativen und inspirierenden Ideen. Konvergentes Denken (worum es bei den meisten IQ-Tests geht) ist andererseits unsere Fähigkeit, von vielen Ideen zu einer einzelnen zu gelangen, wie z.B. aus einer Liste von 20 Verkäufern einen einzelnen auszuwählen.

Wenn das menschliche Gehirn energisch denkt und lernt, entwickelt jedes Neuron zusätzliche Verbindungen (Axone und Dendriten, siehe Kapitel 8), um mit anderen Neuronen zu kommunizieren. Dieser Prozess erzeugt einen höher entwickelten und komplexeren Bio-Computer. Was wir denken, die Art unseres Denkens und die Art und Weise, in der wir über das Denken denken, verändern im wahrsten Sinne die biologische Struktur unseres Gehirns.

Kreativität tritt auf, wenn die synergetischen Fähigkeiten des menschlichen Gehirns vorhandenes Wissen mit neuen Ideen verknüpfen und kombinieren, um neue Denkmuster zu entwickeln. Dies passiert auf natürliche Weise, wenn die Mitglieder einer Organisation Ideen und Standpunkte austauschen. Synergieeffekte erklären, warum die um neue Ideen und Assoziationen bereicherte Wissensbasis zu Durchbrüchen beim kreativen Denken führt.

Die Fähigkeit des menschlichen Gehirns, neue und bereits vorhandene Informationen zusammenzuführen, erklärt die Beschleunigung des technischen Fortschritts. Weil jede Generation das von den vorhergehenden Generationen angesammelte Wissen übernimmt, verfügen wir über eine Wissensbasis, auf der wir aufbauen können. Jeder neue Durchbruch und jede neue Entdeckung erweitert unsere Wissensbasis, so dass sich das Tempo, mit dem technologische Verbesserungen und kreative Ideen auftreten, beschleunigt. Ein Beispiel für diese Erscheinung sind die Fortschritte im Bereich der Hard- und Software für Computer im Laufe der letzten 15 Jahre. Kommunikationsmittel wie das Internet können Wissen und Erfahrung über den ganzen Erdball verbreiten, weshalb das Tempo, mit dem Veränderungen auftreten, exponentiell zunehmen wird.

Ein Mangel an Vertrautheit mit diesem Prinzip verursacht manchmal Frustration bei Leuten, die ein Seminar zur Unternehmensführung oder Persönlichkeitsentwicklung besuchen oder hierzu ein Buch lesen. Oft lautet die Kritik: „Das Meiste kenne ich bereits! Ich habe nicht viel Neues gelernt!“ Diese Leute hören dann auf zu denken. Wenn sie das Wissen über Synergieeffekte anwenden könnten, dann würden diese Leute erkennen, dass selbst im Extremfall mit einem zu 99 Prozent altbekannten Lehrstoff das verbleibende Prozent an Neuheiten neue Assoziationen und Ideen hervorruft. Diese Assoziationen werden auf dem bereits vorhandenen Wissen aufbauen, um neue Ideen zu erzeugen, welche wiederum weitere neue Ideen hervorrufen. Selbst ein einziger neuer Gedanke aus einem Seminar oder Buch kann auf diese Weise zu einer bahnbrechenden Idee führen. Aus diesem Grunde betonen wir, dass jeder Mensch die Entwicklung von wertvollen Ideen anstoßen kann – hören Sie allen Leuten zu.

Synergieeffekte folgen dem GRGW-Prozess

Sie sind vielleicht mit dem Computer-Akronym GIGO – Garbage In, Garbage Out [Müll rein, Müll raus] – vertraut und wenden es auf Ihr Denken an. Wir glauben aber, dass ein anderes Akronym das Synergieprinzip genauer reflektiert: MRMW. Gehen Sie von dem aus, was Sie inzwischen über die Struktur des menschlichen Gehirns wissen. Was denken Sie passiert, wenn unser Gehirn Müll aufgenommen hat? Wegen der synergetischen Fähigkeiten des Gehirns ist die Folge:

> **Müll rein, Müll wächst.**

Unser Gehirn bildet eine Müllhalde, auf der sich der gesamte Plunder befindet, den es erhält. Der neu eingehende Schund landet auf der Müllhalde und wegen der Synergieeffekte wächst unsere Deponie exponentiell. Negatives Denken, Pessimismus und Zynismus erzeugen weiteren Müll. Stellen Sie sich die Konsequenzen vor, wenn Sie und Ihre Mitarbeiter die meiste Energie für negative und zynische Gedanken über Ihr Unternehmen aufwenden. Dieses negative Denken wird weiter zunehmen, bis es Ihre Organisation durchdringt und Ihre kreativen Kräfte gegen Ihr Unternehmen und Sie selber richtet!

Das Gegenteil von „Müll rein, Müll wächst" lautet GRGW:

> **Gutes rein, Gutes wächst bis zu einem positiven Ergebnis.**

Die synergetischen Fähigkeiten des menschlichen Gehirns können bei Zufuhr von negativen Gedanken destruktiv sein. Im Fall positiver Inputs wird unser Gehirn hingegen nach dem gleichen Schema auf Grund seiner synergetischen Fähigkeiten strahlend hell. Ein Mensch, dessen Gehirn positive Gedanken zusammenführt, um weitere positive und kreative Gedanken zu erzeugen, wendet das an, was wir als „strahlend helles Denken" bezeichnen. Wir benutzen diesen Begriff, weil ein auf diese Weise arbeitendes Gehirn wie eine Sonne wird, die helles Licht in alle Richtungen ausstrahlt.

Dies bedeutet, dass das menschliche Gehirn sowohl selbstzerstörerisch als auch selbstbestärkend sein kann. Es ist wichtig, zu erkennen, dass wir die in unser Gehirn gelangenden Informationen in den meisten Fällen selber steuern. Wir bestimmen selber, ob wir gemäß MRMW oder GRGW denken.

Intelligenzprinzip 2: Das menschliche Gehirn ist ein erfolgsgeleiteter Mechanismus

Wenn Sie sich ein Ziel setzen, wird Ihr Gehirn Ihre Denkprozesse bewusst und unbewusst in Bahnen lenken, die Ihnen helfen, erfolgreich zu sein. Je präziser und konsistenter Sie Ihr Ziel definieren, desto leichter ist es für Ihr Gehirn, eine effektive Strategie zu entwickeln. Dies ist der Grund, warum es so wichtig ist, Ihre gewünschten Ergebnisse hinreichend klar zu beschreiben, damit sie visuell veranschaulicht und als Ihr persönlicher Erfolgsmaßstab verwendet werden können.

Wie oft haben Sie schon zugehört, als jemand die Bedeutung von schriftlich formulierten Zielen für das Erreichen von Erfolgen betonte? Von den Leuten, die uns begegnet sind, haben dies trotzdem weniger als zehn Prozent getan. Warum ist das Niederschreiben von Zielen wichtig? Das Niederschreiben und Lesen eines Ziels klärt und bekräftigt die Botschaft. Ohne diese zusätzliche Betonung können die Erfolgskriterien im Zeitablauf verzerrt werden.

Brain Smart!

Verwenden Sie diese Methoden, um die Vorteile von Synergieeffekten zu maximieren:

- Konzentrieren Sie sich auf Ihre Ziele.
- Lernen Sie, angemessene positive Inputs für Ihr Gehirn zu identifizieren und auszuwählen.
- Erwerben Sie neue Kenntnisse.
- Erkennen Sie das Positive in Situationen.

Dieses Intelligenzprinzip erklärt auch die Bedeutung von klar definierten Kundenbedürfnissen. Beim Umgang mit Total Quality Management (TQM) konnten wir erkennen, dass Unternehmen mit klar definierten Kundenbedürfnissen regelmäßig eine bessere Performance aufweisen als Konkurrenten mit unscharf oder konfus wirkenden Vorstellungen über die Bedürfnisse ihrer Kunden.

Arbeiten Sie in einem Unternehmen mit klar definierten Kundenbedürfnissen, die Sie aussprechen können oder sind Sie in der frustrierenden Situation, die Kundenbedürfnisse nicht zu kennen? Wie oft werden Sie gefragt: „Was versuchen Sie zu erreichen?" Wie oft wollten Sie gern wissen: „Was ist das Ziel, das ich zu erreichen versuche?"

Um Ihre Intelligenz optimal zu nutzen, müssen Sie Ihrem Gehirn klar definierte Zielvorgaben und Kriterien zur Bewertung seiner Fortschritte liefern. Wenn Sie Ihre Zeit für ein neues Arbeitsprojekt einteilen, dann sollten Sie auch sicherstellen, dass Zeit zur schriftlichen Niederlegung Ihrer Ziele vorhanden ist, weil dies einen sehr nachhalti-

Brain Smart!

Verwenden Sie diese Methoden, um die Effektivität Ihrer erfolgsgeleiteten Mechanismen zu maximieren:

- Entwickeln Sie eine klare, schriftlich dokumentierte Version Ihrer Ziele. Dies sichert Ihnen folgende Vorteile:
  - Sie werden gezwungen, klar zu denken, indem Sie alle Doppeldeutigkeiten im Hinblick auf das von Ihnen gewünschte Endergebnis beseitigen.
  - Ihre Kreativität wird angeregt, indem Sie Ihr Gehirn dazu bringen, einfallsreich über Zieldefinition und Zielerreichung nachzudenken.
  - Ihre Verpflichtung zur Erreichung des Ziels wird verstärkt, indem Sie sich das Ziel intensiver einprägen.
- Prüfen und registrieren Sie Ihre Fortschritte regelmäßig.
- Definieren Sie Zwischenziele und heben Sie kleine Fortschritte auf dem Weg zum Ziel hervor.

gen Einfluss auf Ihre Effektivität haben wird. Entwerfen Sie – sofern möglich – auch Bilder oder Skizzen vom fertigen Endprodukt. Ermutigen Sie sich auch, Nebenziele aufzuschreiben, weil hierdurch das kreative Denken angeregt wird.

Intelligenzprinzip 3: Das menschliche Gehirn ist in der Lage, Tätigkeiten perfekt nachzuahmen

Das Kopieren der Arbeit von anderen wird in der Ausbildung gewöhnlich als Täuschung gewertet, was am Arbeitsplatz aber nicht zutrifft. Das menschliche Gehirn lernt am besten durch die Nachahmung von Vorbildern. Unser Gehirn ist in der Lage, neue Fertigkeiten schnell zu erlernen, indem es andere imitiert, die hierin bewandert sind. Bereits vorhandene Fertigkeiten lassen sich verbessern, indem die Arbeit von anderen genau beobachtet und imitiert wird. Wenn Sie nicht gerade an einer Prüfung teilnehmen, dann ist Nachahmung in Ordnung! Der Versuch, beim Lernen auf die Anwendung dieses Intelligenzprinzips zu verzichten, ist kontraproduktiv. Stellen Sie sich ein Kleinkind vor, das versucht Sprechen zu lernen und dem vom Vater erzählt wird: „Spreche nicht die Worte nach, die Mami dir gerade gesagt hat! Das ist Betrug! Bilde deine eigenen!"

Um die Anwendung dieses Intelligenzprinzips zu beobachten sehen Sie sich am besten ein Kind an, das eine neue Fertigkeit erlernt. Das Kind studiert sein Vorbild für die zu spielende Rolle genau und versucht, dieses Verhalten exakt nachzuahmen. Das Anwenden der Fähigkeit zur Imitation hat in Verbindung mit Intelligenzprinzip 7 – Beharrlichkeit (siehe Seite 60) – zur Folge, dass das Kind die neue Fertigkeit durch genaues Beobachten und Nachahmen der praktischen Anwendung schnell erlernen kann.

Unser Gehirn strebt sowohl bewusst als auch unbewusst danach, das Verhalten und die Ausübung von Fertigkeiten zu perfektionieren, indem es nach einem Modell sucht, das imitiert werden kann. Nachdem unser Gehirn ein akzeptables Modell gefunden hat, studiert es bewusst sein Verhalten und imitiert es. Das menschliche Gehirn ahmt Verhaltensmuster auch unbewusst nach. Wenn wir jemanden reden hören, identifiziert unser Gehirn unbewusst die bevorzugten Ausdrücke und Redewendungen des Redners. Ohne es zu merken, beginnen wir damit, sie zu imitieren; oft übernehmen wir die gleichen Worte.

Während einer kürzlich abgehaltenen Besprechung von Führungskräften erläuterten mehrere Manager dem Chief Executive Officer ihren operativen Plan. Der CEO dieses Unternehmens benutzt häufig das Wort „bemerkenswert“, um Daten oder Verhaltensweisen hervorzuheben, die ihm ungewöhnlich oder beeindruckend erscheinen. Während der Präsentation des operativen Plans benutzte jeder Vortragende das Wort „bemerkenswert“ – im Durchschnitt sechsmal in jedem zehnminütigen Redebeitrag. Bemerkenswert!

Wir müssen uns der natürlichen Fähigkeit unseres Gehirns zum Nachahmen von Verhaltensweisen stärker bewusst werden. Andernfalls könnten wir auch unangemessenes oder unzureichendes Verhalten imitieren. Wir werden unter Umständen nicht einmal merken, dass wir derartige Verhaltensweisen imitieren – bis wir sie „perfektioniert“ haben. Wenn dies auftritt, dann werden wir bewusst nach einem neuen, angemesseneren Vorbild suchen müssen, damit das alte ersetzt werden kann. Je länger das alte unangemessene Vorbild unser Verhalten bestimmt hat, desto länger wird es gewöhnlich dauern, bis unser Verhalten vom neuen, angemessenen Vorbild geleitet wird (siehe Kapitel 6: Die Erfolgsformel TEFCAS).

Das Prinzip der Nachahmung beinhaltet, dass die Denkmuster unseres Gehirns von der Umwelt abhängen, in der wir leben. Viele Experten für Psychologie und Persönlichkeitsentwicklung raten, dass wir den Umgang mit erfolgreichen Leuten suchen sollten, um selber erfolgreicher zu werden. Um dieses Wissen anzuwenden, sollten wir unsere persönlichen Kontakte unter die Lupe nehmen und prüfen, welche Verhaltensweisen wir nachahmen. Liefern uns diese Verhaltensweisen ein Erfolgsmodell oder sind sie nur Vorbilder für unangemessenes Verhalten?

Indem Sie die Prinzipien der Nachahmung und Synergie kombinieren, können Sie eine Erfolgsformel kreieren, der Ihr Gehirn folgen wird. Sie müssen dies aber bewusst machen. Wählen Sie z.B. Ihre Vorbilder und persönlichen Kontakte bewusst aus oder schwimmen Sie einfach mit dem Strom? Wählen Sie Ihren Lesestoff und Ihre Fernsehprogramme bewusst aus? Suchen Sie nach Leuten, die ein von Ihnen angestrebtes Ziel bereits erreicht haben? Untersuchen Sie das Verhalten dieser Leute?

Da Sie jetzt das Prinzip der Nachahmung verstehen, können Sie die Auswirkung von Gesprächen mit Kollegen in der Mittagspause beurteilen, in denen Sie mit negativen Gedanken über Ihren Arbeitsplatz bombardiert werden. Das Prinzip der Nachahmung beinhaltet, dass Ihr

Gehirn damit anfangen wird, diese Einstellungen zu übernehmen, bis sie fest verwurzelt sind. Kombinieren Sie dies mit dem Prinzip der Synergie, so ist das MRMW-Ergebnis eine Katastrophe. Wenn Sie Umgang mit zynischen und pessimistischen Leuten haben, werden Sie Ihr Gehirn programmieren, über Ihre Erfahrungen in gleicher Weise zu denken. Wenn Sie sich mit negativ eingestellten Leuten umgeben, werden Sie sich für den Misserfolg programmieren.

Betrachten Sie jetzt das Gegenteil: Wenn Sie mit erfolgreichen, innovativen und glücklichen Leuten zu tun haben, dann wird Ihr Gehirn diese positiven Denkmuster imitieren und lernen. Indem Sie sich mit positiv eingestellten Leuten zusammentun, programmieren Sie sich für den Erfolg.

Intelligenzprinzip 4: Das menschliche Gehirn sehnt sich nach Vollständigkeit (es möchte die weißen Flecken ausfüllen)

Wie oft haben Sie schon jemandem zugehört, der anfängt, Ihnen etwas zu erzählen und nach einer plötzlichen Pause sagt: „Ich sollte Ihnen dies

Brain Smart!

Verwenden Sie diese Methoden, um die Vorteile der Nachahmung zu maximieren:

- Suchen Sie so oft wie möglich den Kontakt zu Leuten, die von Ihnen geachtet werden.
- Versuchen Sie, negativ verlaufende Gruppendiskussionen in positive Bahnen zu lenken. Bleiben Sie dabei aber realistisch.
- Ziehen Sie sich von unproduktiven Gesprächen zurück.
- Wählen Sie für die Fertigkeiten und Einstellungen, die Sie gern entwickeln möchten, geeignete Rollenvorbilder aus.
- Wiederholen Sie eine erfolgreiche Strategie, um Ihr aktuelles Ziel zu erreichen.

eigentlich nicht erzählen." Fühlen Sie sich nicht so, als ob Sie schreien müssten: „Machen Sie weiter! Ich möchte wissen, wie die Sache endet!" Dies passiert, weil sich unser Gehirn nach Vollständigkeit sehnt. Wenn unserem Gehirn unvollständige Informationen gegeben werden, dann versucht es, die weißen Flecken irgendwie auszufüllen.

Der griechische Philosoph Sokrates regte oft Diskussionen mit seinen Schülern an, indem er ihnen herausfordernde Fragen stellte und dann mit einer anderen Frage antwortete. Er machte seine Schüler dauernd auf ihre Wissenslücken aufmerksam. Die Schüler arbeiteten eifrig daran, diese Lücken zu schließen. Aus diesem Grunde wird die Verfahrensweise, bei der man zur Wahrheitsfindung eine Reihe von Fragen stellt, oft als „Sokrates-Methode" bezeichnet.

Die besten Führungskräfte sind diejenigen, die wissen, wie man Mitarbeitern Sachverhalte unvollständig erläutert und hierdurch indirekt die richtigen Fragen stellt. Stellen Sie sich vor, Sie erhalten von Ihrem Chef eine Nachricht, die lautet: „Suchen Sie mich bitte gegen Feierabend auf." Wie würde Ihr Gehirn reagieren? Es würde nicht aufhören zu arbeiten, bis es eine Antwort auf folgende Frage gefunden hat: „Warum möchte mich der Chef sprechen?"

Diese Besorgnis über das was vorgeht, erklärt die vielen Stunden, die Mitarbeiter für das Verbreiten von Gerüchten und die Suche nach Informationen im Buschfunk des Unternehmens aufwenden. Wenn Mitarbeiter Gerüchte über organisatorische Veränderungen hören, dann suchen die Gehirne dieser Mitarbeiter nach einer Erklärung für das, was wahrscheinlich passieren wird. Ein weiteres Beispiel für „Keine Nachrichten sind *nicht* gute Nachrichten!"

Die Schlussfolgerungen aus diesem Intelligenzprinzip für das tägliche Leben sind so zahlreich, dass sie nicht mehr aufgelistet werden können. Denken Sie an all die Menschen, mit denen Sie täglich kommunizieren, die Worte, die Sie benutzen, Ihr Handeln und die Bilder, die Sie von sich bei diesen Menschen erzeugen. Stellen Sie sich all die Missverständnisse vor, die sich hierbei vielleicht ergeben haben.

Brain Smart!

Verwenden Sie diese Methoden, um die Vorteile des Prinzips der Vollständigkeit zu maximieren:

- Um effektiv zu kommunizieren müssen Ihre Gesprächspartner die von Ihnen gesprochenen Worte genauso deuten, wie Sie sich das gedacht haben. Stellen Sie dies sicher, indem Sie Gesprächspartner darum bitten, Ihren Beitrag oder Ihre Aussage zu interpretieren. Hierdurch erhalten Sie Feedback zu Ihren kommunikativen Fähigkeiten.
- Nachdem jemand Sie um etwas gebeten hat, sollten Sie Ihr Verständnis prüfen, indem Sie die Anfrage gegenüber Ihrem Gesprächspartner wiederholen.
- Wenn Sie sich in einer Gruppe am Brainstorming beteiligen und das Ziel die Erzeugung von neuen Ideen ist, dann sollten Sie im Rahmen Ihrer Beiträge so wenig Details angeben oder beschreiben wie möglich. Indem Sie viele weiße Flecken übrig lassen, regen Sie die übrigen Gruppenmitglieder an, Lösungen zu kreieren.
- Ermuntern Sie das Streben nach Vollständigkeit, indem Sie mit einem Satz beginnen und diesen Satz von anderen vollenden lassen.
- Würdigen Sie den Abschluss von Vorhaben wie Projekten oder bestimmten Aktivitäten.

Intelligenzprinzip 5: Das menschliche Gehirn sucht permanent nach neuem Wissen und Informationen

Unser Gehirn braucht ähnlich wie die anderen Bestandteile unseres Körpers Übung, um gesund und fit zu bleiben. Durch das Festigen von bestehendem Wissen und die Aufnahme neuer Informationen wird es stärker und konsequenter. Je mehr Sie Ihr Gehirn herausfordern, umso leichter ist es, schwierige geistige Aufgaben zu bewältigen, was in ähnlicher Form auch für einen durchtrainierten Athleten gilt. Außerdem: Je mehr Wissen und Information Ihr Gehirn gespeichert hat, desto leichter wird es, neue Informationen zu verarbeiten.

Wenn Ihrem Gehirn neue relevante Informationen zugeführt werden, bleibt es fit und in der Lage, sein Leistungspotenzial voll auszuschöpfen. Lassen Sie Ihr Gehirn stagnieren, so wird es schlapp und faul. Sie verlieren geistige Schärfe. Indem Sie neue Informationen aufnehmen, bewirken Sie das Wachsen von Dendriten, die Ihr Gehirn bereichern (siehe Kapitel 8).

Im Gegensatz zu einem verbreiten Vorurteil: Forscher haben nicht gefunden, dass das Erlernen von neuen Dingen mit zunehmendem Alter unmöglich wird. Beständiges lebenslanges Lernen ist wahrscheinlich eine der besten Möglichkeiten, die Gesundheit Ihres Gehirns zu sichern. Ein aktives und wachsendes Gehirn ist sogar im höheren Alter mit großer Wahrscheinlichkeit weitaus resistenter gegen Gehirnkrankheiten, die seine Vitalität untergraben. Daher ist es wirklich wahr: Nutze es oder verliere es! Wie Warren Bennis in seinem Buch *Becoming a Leader* betont: „Sie können alles lernen, was Sie lernen möchten."

Die Zulassungsvoraussetzungen für Buchprüfer in den Vereinigten Staaten liefern ein Beispiel, in dem die Bedeutung der permanenten Aus- und Weiterbildung in einem Beruf betont wird. Die meisten Bundesstaaten verlangen, dass sich ein Buchprüfer nach seiner Zulassung im Durchschnitt mindestens 40 Stunden pro Jahr in Themenbereichen fortbildet, die für seinen Beruf relevant sind. Durch diese Auflage werden Buchprüfer ermuntert, ihre Fachkenntnisse zu festigen. Außerdem werden ihre geistigen Fähigkeiten trainiert.

Um nützlich zu sein, müssen sich die von Ihnen aufgenommenen Informationen nicht unbedingt auf etwas beziehen, mit dem Sie vertraut sind. Das Lernen von etwas völlig Neuem kann in der Tat eine sehr wirkungsvolle Möglichkeit zum Anregen Ihrer Kreativität sein. Wenn Sie z. B. ein Spezialist für Finanzen sind, so wird die Beschäftigung mit dem Marketing Ihres Unternehmens auch Ihre Kenntnisse im Bereich der Finanzen verbessern. Hierdurch erweitert sich Ihr Horizont. Außerdem wird Ihr Gehirn mehr Daten analysieren, wenn mit Finanzfragen verknüpfte Aspekte des Marketings zu untersuchen sind. Wir nennen dies „Schaffung neuer Verbindungen" – verschiedenartige Informationen aufgreifen und zwischen ihnen neue Assoziationen kreieren.

Unabhängig von Ihrem Beruf sollten Sie erkennen, dass Ihr wirkliches Lernen beginnt, nachdem Sie Ihre Schul- und Hochschulausbildung abgeschlossen haben.

Brain Smart!

Verwenden Sie die folgenden Methoden, um Ihr Gehirn fit zu halten:

- Lesen Sie zumindest mehrmals pro Woche die für Ihren Beruf relevante Wirtschaftspresse.
- Treffen Sie sich mit Mitarbeitern Ihres Unternehmens, die in anderen Funktionsbereichen arbeiten und tauschen Sie Ideen und Wissen aus.
- Belegen Sie einen für Sie interessanten Kurs an einer Akademie oder Hochschule.
- Lernen Sie jeden Tag etwas Neues.
- Denken Sie daran: Sie können in jedem Alter lernen. Treffen Sie die Entscheidung, auch weiterhin zu lernen.

Intelligenzprinzip 6: Das menschliche Gehirn sucht die Wahrheit

Tony Buzan und Richard Israel führen in ihrem Buch *Brain Sell* das Konzept des menschlichen Gehirns als einem nach Wahrheit suchenden Instrument ein. Für das Gehirn bedeutet Wahrheit Überleben. Das Gehirn ist daher bestrebt, zu lernen und zu entdecken. Beispiele für die Bedeutung dieses Aspekts können wir jeden Tag am Verhalten von Kindern beobachten. Warum verlangen sie immer Fairness beim Spielen. Warum fragen sie immer: „Warum?" Weil die Wahrheit genaue Information beinhaltet und sich das menschliche Gehirn hiernach sehnt.

Stellen Sie sich einen Menschen vor, der eine Straße überquert und einen großen Wagen sieht, der mit hoher Geschwindigkeit auf ihn zurast. Wie wird sein Gehirn reagieren, wenn es nicht die Wahrheit erkennt – dass der Aufprall eines Wagens mit 100 km/h unangenehme Konsequenzen für den menschlichen Körper hat? Das Gehirn wird dann keinen Versuch starten, den Aufprall des Wagens zu vermeiden.

Das menschliche Gehirn muss die Wahrheit wissen um zu überleben. Je genauer die in seiner geistigen Datenbank abgespeicherten Informationen, desto größer die Überlebenswahrscheinlichkeit. Dies ist der Grund, warum sich die meisten Leute beim Lügen unwohl fühlen. Ihrem Gehirn ist unterschwellig bewusst, dass es sein eigenes Überleben und das von anderen durch Lügen gefährden kann.

Dr. Paul Brown, ein bekannter Psychologe aus den Vereinigten Staaten, hat sich seit mehr als 20 Jahren mit den Charakterzügen von erfolgreichen Führungskräften und Beratern beschäftigt. Seine Untersuchungen haben gezeigt, dass Vertrauenswürdigkeit aus der Sicht von Mitarbeitern der wichtigste Charakterzug von Führungskräften ist: „Kann ich glauben oder mich darauf verlassen, was dieser Mensch mir sagt?“

Wenn Mitarbeiter glauben, dass die in einer Unterredung getroffenen Maßnahmen eingehalten werden, dann sind sie viel eher bereit, entsprechend zu handeln. Vertrauensbruch hat immer ernste Konsequenzen für eine Beziehung. Wer möchte angelogen werden? Manche Leute umschreiben dies mit: „Sag es mir ehrlich.“ Integrität ist eine extrem wichtige Voraussetzung, um erfolgreich zu werden.

Brain Smart!

Verwenden Sie die folgenden Methoden, um die mit der Suche nach Wahrheit verbundenen Vorteile Ihres Gehirns zu maximieren:

- Beachten Sie Ihren Denkprozess bei der Bewertung von neuen Informationen, die Ihnen jemand mitteilt.
- Haben Sie jemals gesagt: „Das ist nicht fair!“? Das entsprechende Gefühl wird von Ihrem Gehirn bei der Suche nach Wahrheit erzeugt. Beachten Sie, wie oft Ihre Kollegen und Mitarbeiter Situationen im Berufsleben mit dieser Phrase beschreiben. Was denken Sie, wenn Sie dies hören?
- Prüfen Sie, ob Ihre grundlegenden Ansichten noch angemessen sind.
- Sammeln und prüfen Sie Informationen in einer neuen Situation oder wegen einer älteren Begebenheit, die Ihnen unangenehm ist.

Wenn unser Gehirn seine Inputs bearbeitet, dann bewertet es sämtliche neuen Daten und prüft: „Kann ich dies glauben oder handelt es sich um Müll?“ Sobald sich unser Gehirn dafür entschieden hat, die neuen Daten zu akzeptieren, werden sie nach dem Synergieprinzip mit dem bereits vorhandenen Wissen kombiniert und erzeugen neue Gedanken und Ideen.

Ein Problem, mit dem wir oft konfrontiert werden, besteht darin, dass Leute Daten nicht genau prüfen oder Vorstellungen und Ideen haben, die unzureichend mit Fakten untermauert sind oder es versäumen, ihr Wissen zu aktualisieren. Oft lautet die Antwort auf die Frage: „Wann haben Sie sich diese Auffassung zu eigen gemacht?“ entweder: „Nun, vor 20 Jahren …“ oder: „Als ich zur Schule ging …“. Die Richtigkeit der Ansicht wurde zu einem späteren Zeitpunkt nicht mehr überprüft, um zu sehen, ob sie überhaupt noch angemessen ist.

Intelligenzprinzip 7: Das menschliche Gehirn ist beharrlich

Eine der wichtigsten Eigenschaften unseres Gehirns ist seine Fähigkeit, beharrlich zu sein und unabhängig von Rückschlägen ein Ziel zu verfolgen. Unser Gehirn nutzt seine synergetischen und kreativen Fähigkeiten und erzeugt Ideen und Pläne, um das Ziel zu erreichen. Es ist allerdings äußerst wichtig, sich auf das vorgegebene Ziel und nicht auf die Hindernisse zu konzentrieren.

Wenn unser Gehirn eine neue Fertigkeit erlernt oder einen neuartigen Gedanken kreiert, dann ist beim ersten Anlauf immer viel Anstrengung notwendig. Stellen Sie sich einen Entdecker vor, der sich einen Weg durch den tropischen Urwald schlägt. Die Tour ist beim ersten Mal am schwierigsten. Jede auf diesem Weg nachfolgende Expedition wird leichter, bis schließlich nach vielen Reisen kaum noch Anstrengung nötig ist. Unser Gehirn arbeitet ähnlich. Einen Gedanken zum ersten Mal zu haben ist am schwierigsten. Jedesmal wenn wir einen bestimmten Gedanken haben, machen wir es uns leichter, diesen Gedanken wieder zu haben. Je öfter wir einen Gedanken haben, desto größer die Wahrscheinlichkeit, dass wir ihn auch in Zukunft haben.

Die Konsequenz aus diesem Grundmuster besteht darin, dass unser Gehirn beim Erreichen eines angestrebten Ziels beharrlich ist. Wenn dies nicht mehr der Fall ist, dann sollten wir uns fragen, ob wir uns mit dem betreffenden Ziel überhaupt noch identifizieren.

Wenn wir uns darum bemühen, ein ehrgeiziges Ziel zu erreichen, kommt normalerweise irgendwann die Stunde der Wahrheit. Unsere ersten Versuche mögen gescheitert sein, weshalb wir unsere Erfolgsaussichten bezweifeln. Dr. Martin Seligman untersucht in seinem Buch *Learned Optimism* die Bedeutung der Beharrlichkeit.

Wenn sich Menschen hilflos fühlen und glauben, dass ein Problem schwerwiegend und anhaltend ist, so neigen sie dazu, bei der Lösung eines solchen Problems zu resignieren. Anders als viele Erwachsene legen Kinder ihrem Verhalten jedoch kein Konzept des „Versagens“ zu Grunde. Kinder beschäftigen sich in erster Linie mit dem angestrebten Ziel, dem fertigen Produkt. Sie bombardieren sich nicht mit negativen Selbstgesprächen wie: „Das kann ich nicht machen!“ oder: „Ich bin so ungeschickt/dumm/schrecklich!“ Die natürliche Beharrlichkeit ihrer

Brain Smart!

Verwenden Sie diese Methoden, um die Vorteile der Beharrlichkeit zu maximieren:

- Lesen Sie die Biografien von berühmten Leuten, die Sie bewundern. Sie sind möglicherweise beeindruckt, wenn Sie von den Rückschlägen, Fehlversuchen und Entmutigungen erfahren, die diese Leute auf dem Weg zum Erfolg überwunden haben.
- Finden Sie Leute, denen Sie zutrauen, Sie beim Erreichen eines wichtigen Ziels zu unterstützen. Bitten Sie die Leute darum, Sie bei Ihrer Konzentration auf das angestrebte Ziel zu unterstützen. Suchen Sie bei den Leuten nach Zuspruch und Ermutigung, wenn Sie an Ihren Erfolgsaussichten zweifeln.
- Wenn Sie das nächste Mal eine neue Fertigkeit erlernen, sollten Sie genau auf Ihre Gedanken und Selbstgespräche achten. Unterscheiden Sie positive, neutrale und negative Gedanken. Müssen Ihre Gedanken und Selbstgespräche geändert werden?

Gehirne erlaubt ihnen, sich so lange zu bemühen, bis sie erreichen was sie wollen.

Behalten Sie dies im Gedächtnis, wenn Sie das nächste Mal versuchen, etwas Schwieriges zu schaffen. Wenn Ihre erste Reaktion auf einen Fehlschlag eine Flut von negativen Gedanken ist, so ändern Sie dies, um mehr Vertrauen und Beharrlichkeit zu entwickeln: Arbeiten Sie auf gehirnfreundliche Weise. Mit Ihrem beeindruckenden Gehirn am Ruder und der notwendigen Technik zum Steuern können Sie nur erfolgreich sein.

Zusammenfassung der Intelligenzprinzipien: Unser Gehirn ist auf natürliche Weise kreativ

Unser Gehirn verknüpft und assoziiert neue Ideen und Sinneswahrnehmungen mit seinem vorhandenen Wissen und den gesammelten Erfahrungen. Jeder neue Input wird mit Ihrem als gesichert angesehenen Wissen in Verbindung gebracht und auf dieser Basis bewertet. Das synergetische Verknüpfen von neuen Ideen und vorhandenem Wissen liefert die Energie, die Ihr Gehirn beharrlich macht. All diese Faktoren tragen zum Erfolg bei, wenn ein klar definiertes Ziel vorgegeben ist. Kreative Menschen nutzen diese aus dem Verknüpfen und Assoziieren resultierende Kraft, indem sie den Dialog mit anderen Menschen suchen und fördern. Sie bringen bei wichtigen Projekten alles in Erfahrung, was relevant ist und schaffen ein Umfeld, das in der Vor- und Entwicklungsphase das Äußern von Ideen ermuntert und anregt. Nachahmung und Benchmarking werden in einem positiven Sinne genutzt, um Wissen in den Bio-Computer einzuspeisen.

Ihre kreativen Fähigkeiten sind weitaus größer als Sie sich vorstellen können. Fordern Sie Ihr nach Wahrheit suchendes Gehirn heraus, indem Sie neue Erfahrungen suchen. Denken Sie an die sieben Intelligenzprinzipien und prüfen Sie Ihr Handeln und das jeweilige Endergebnis anhand dieser Kriterien.

Profil einer Führungskraft: Pastor Tom Berninger

Pastor Tom Berninger hörte zum ersten Mal von den sieben Intelligenzprinzipien, nachdem er an einem unserer Seminare über effektive Mitarbeiterführung teilgenommen hatte. Wir erkannten, dass der von Pastor Tom verwendete Ansatz zur Mitarbeiterführung im Wesentlichen auf den sieben Intelligenzprinzipien basierte. Die vom Pastor zur damaligen Zeit jedoch tatsächlich zu Grunde gelegte Quelle war so makellos und rein, dass sie unmöglich ignoriert werden konnte.

„Ich lernte das meiste über die sieben Intelligenzprinzipien, als ich das Leben von Jesus und die Bibel studierte", so Tom, Pastor am Lincoln Park Abundant Life Worship Center in Lincoln Park, New Jersey. „Als Jesus z.B. die Massen speiste, machte er nicht alles selber. Er teilte die Massen in Gruppen auf und wies seine Jünger an, mit den einzelnen Gruppen zu arbeiten."

Tom war seit 1981 entweder Jugend- oder Gemeindepastor. Beides sind anspruchsvolle Aufgaben, die neben Führungsqualitäten auch die Fähigkeit erfordern, Leute zu kreativem Denken und zum Glauben an Gott anzuregen. Tom wusste hiervon nur wenig, als er am Anfang seiner Laufbahn stand. Er brauchte aber nicht lange, um zu entdecken, dass tüchtige Arbeits- und Führungskräfte nicht geboren, sondern herangebildet werden. Selbst Leute mit dem allergrößten Ehrgeiz brauchen immerhin eine Vision und eine Vorstellung von Führungsverhalten.

Als Tom vor einigen Jahren mit dem Jugendprogramm betraut wurde, merkte er schnell, dass seine Führungskräfte den Wunsch und die Fähigkeit mitbringen mussten, zum Nutzen aller Beteiligten als Team – und nicht als Gruppe von Einzelpersonen – zusammenzuarbeiten. „Ein Einzelkämpfer kann die zum Erfolg notwendige Chemie des Teams spalten", sagte Tom. „Obwohl ich die Äußerung individueller Vorstellungen ermunterte, musste jeder Einzelne trotzdem in die Abläufe des gesamten Teams eingebunden werden."

Tom hat durch das Anwenden der sieben Intelligenzprinzipien beim Heranbilden vieler Generationen von Führungskräften geholfen. Die von diesen Nachwuchskräften geleistete Arbeit hatte eine so gute Qualität, dass die Religionsgemeinschaft und das Spektrum ihrer Programme außergewöhnlich stark gewachsen sind. Die Herde von Pastor Tom wuchs in weniger als sechs Jahren von einer jugendlichen Führungskraft und 30 Kindern auf fünf jugendliche Führungskräfte und 200 Kinder an. Im gleichen Zeitraum erhöhte sich die Mitgliederzahl seiner Kirchengemeinde von 200 auf 1000!

Tom erläutert anhand von Beispielen mit seinen eigenen Worten, wie er die sieben Intelligenzprinzipien angewendet hat.

Intelligenzprinzip 1: Das menschliche Gehirn lässt Informationen zusammenwirken, so dass Eins plus Eins größer oder gleich Zwei ist

„Kreativ sein war eine wichtige Anforderung an unseren Jugendpastor. Neue Ideen werden sehr schnell alt. Für mich war es unmöglich, meine Gruppen immer selber mit neuen Ideen zu versorgen. Sie können mir glauben: Ich habe es versucht. Ich ging dazu über, jede Führungskraft aufzufordern, zu allen Treffen eine Liste mit neuen Ideen mitzubringen, die vom Führungsteam diskutiert werden sollte. Die Teamdiskussion führte immer dazu, dass weitere Ideen entwickelt wurden. So könnten z.B. ältere Kinder mit ihren Autos Verstecken spielen. Dies würde den Leiter einer Gruppe von jüngeren Kindern möglicherweise auf die Idee bringen, auf einem Grundstück der Kirchengemeinde eine Schatzsuche zu organisieren."

Intelligenzprinzip 2: Das menschliche Gehirn ist ein erfolgsgeleiteter Mechanismus

„Wir hatten eine Phase, in der es normal war, dieselbe Idee Monat für Monat zu diskutieren und dabei nie zu einem Ergebnis zu gelangen. Als wir nichts erfolgreich abschließen konnten, waren alle frustriert. Das Problem bestand darin, dass Leute zum Zaudern neigen, wenn sie kein klares Konzept haben. Ich lernte, dass die Leute ihre Ziele detailliert aufschreiben müssen, weil sie sonst nicht vorankommen. Nachdem ich viel Frustration erlebt hatte, implementierte ich die von mir so genannte ABCD-Technik:

- A: Du musst wissen, wo du stehst.
- B: Lege fest, wo du hin möchtest.
- C: Du musst wissen, was du tun kannst, um von A nach C zu gelangen.
- D: Tu es!

Wenn Sie jemandem eine bis Samstag zu erledigende Aufgabe übertragen, dann wird ein Durchschnittsmensch normalerweise nicht vor Freitag anfangen, hierüber nachzudenken. Dann verbringen diese Leute den letzten Tag mit dem Ausarbeiten von Details und dem Umgang mit unerwarteten Hindernissen. Gegen Samstag Nachmittag fangen sie an, hektisch zu werden. Daher ging ich direkt an der Planungstafel dazu über, die Leute in ihren Terminkalender schreiben zu lassen, an welchem Tag und zu welcher Zeit sie vorhatten, am Projekt zu arbeiten. Ich fragte: ‚Braucht ihr Unterstützung? Wenn ja: Wer wird euch helfen? Braucht ihr etwas, das noch gekauft werden muss? Wenn ja: Was?' Innerhalb von zehn Minuten waren 75 Prozent der Projektplanung abgeschlossen und die Leute hatten eine Vorstellung von dem, was sie tun mussten. Auf diese Weise wurde der eingeschlagene Weg deutlicher; die Aufgaben konnten besser und schneller erledigt werden.'

Intelligenzprinzip 3: Das menschliche Gehirn ist in der Lage, Tätigkeiten perfekt nachzuahmen

„Das Konzept ‚Mache das, was ich dir sage und nicht das, was ich selber mache' gefiel mir noch nie. Ich vertraue darauf, mit gutem Beispiel voranzugehen, weil sich meine Mitarbeiter nach meinem Verhalten richten. Als Jugendpastor kam ich immer frühzeitig zu Treffen und war der Letzte, der ging. Ich nutzte meine Position nie aus. Die unausgesprochene Botschaft lautete: ‚Wenn ich hier rechtzeitig erscheinen kann, so kannst du es auch.' Ich baute Stühle auf und reinigte den Fußboden. Dies zeigte meinen Führungskräften, dass wir im Team arbeiten. Sie fingen damit an, meine Grundeinstellung, meinen Enthusiasmus und meine Arbeitsmoral zu übernehmen, weil sie an mich glaubten. Sie beobachteten mich und lernten dadurch Dinge zu tun, die sie vorher nie gemacht hatten. Meine Directors ermunterten dann die ihnen unterstellten Führungskräfte zur Nachahmung. Die Kinder fingen schnell an, unbewusst Charakterzüge der Führungskräfte zu übernehmen."

Intelligenzprinzip 4: Das menschliche Gehirn sehnt sich nach Vollständigkeit (es möchte die weißen Flecken ausfüllen)

„Ich habe diese Erscheinung oft erlebt, wenn nicht sorgfältig ausgesprochen wurde, was von jemandem erwartet wird. Was sie nach meiner Auffassung tun sollten und was sie sich von meinen Ansichten vorstellten, ging oft nicht zusammen. Um zu zeigen, wie schnell Missverständnisse entstehen können, stellte ich eine Flasche vor mir auf den Tisch und bat die Anwesenden, die Flasche zu beschreiben. Dann beschrieb ich die Flasche aus meiner Perspektive. Obwohl wir dieselbe Flasche betrachteten, war meine Beschreibung anders, weil ich die Rückseite der Flasche im Blickfeld hatte und sie die Vorderseite. Wenn ich Leuten Rat gab oder Treffen abhielt, stellte ich sicher, dass Dinge klar und ohne Raum für Fehlinterpretationen erläutert wurden. Ich sagte nicht nur: ‚Dieses Projekt muss bis Samstag abgeschlossen sein!' Sie wussten auch die Uhrzeit, Einzelheiten des Projekts und welche Schritte für seine Durchführung erforderlich waren.

Manchmal lassen wir zu viel Raum für Fantasien. Wenn Sie bestimmte Aufgaben in einer bestimmten Art und Weise erledigt haben möchten, dann müssen Sie dies genau erläutern und von Ihren Untergebenen verlangen, dass sie Ihre Anweisung Ihnen gegenüber wiederholen. Wenn Sie hierauf verzichten, dann werden Ihre Mitarbeiter 1001 Ausreden haben, warum die Aufgabe nicht richtig oder zu spät erledigt wurde.

Wir müssen sorgfältig darauf achten, unsere Vorstellungen vollständig zu kommunizieren. Mitarbeiter nutzen zu oft das, was ich ‚Kristallkugelkommunikation' nenne. Dieses Kommunikationsmuster basiert gewöhnlich auf der falschen Annahme, der Gesprächspartner wisse, wovon ich rede. Wenn ich versuche, eine Idee herüberzubringen, dann bemühe ich mich, mit meinen Worten in der Vorstellung des Gesprächspartners ein Bild zu malen.

Als wir jünger waren, haben wir alle das Telefonspiel gespielt, bei dem ein Satz von Kind zu Kind weitergesagt wird und am Ende kaum noch wiederzuerkennen ist. Dies passiert oftmals auch bei der Kommunikation unter Erwachsenen.

Wirklich gefährlich ist der Umstand, dass wir umso mehr auf ‚Kristallkugelkommunikation' vertrauen, je unangenehmer ein Diskussionsthema ist. Je unangenehmer oder sensibler das Thema, desto wichtiger sind unglücklicherweise Klarheit und Vollständigkeit."

Intelligenzprinzip 5: Das menschliche Gehirn sucht permanent nach neuem Wissen und Informationen

„Ich hatte die Aufgabe, dazu beizutragen, dass die Vitalität in meinem Führungsteam und somit auch in meinem Zuständigkeitsbereich erhalten bleibt. Der von mir beschrittene Weg bestand darin, dass ich meine Führungskräfte geistig herausforderte. Ich brachte ihnen routinemäßig etwas Neues bei. Jedes Monatstreffen begann mit einer fünf- bis zehnminütigen Lektion, die sicherstellen sollte, dass die Führungskräfte nicht auf ausgetretenen Pfaden wandelten. Zweitens wendete ich mich externen Informationsquellen zu. Ich verteilte z.B. für unseren Aufgabenbereich relevante Artikel und empfahl sie zum Lesen. Drittens wurden meine Directors und die ihnen untergebenen Führungskräfte permanent angehalten, Ideen zu entwickeln. Sie sollten regelmäßig verschiedenartige Aktivitäten entfalten, um geistig fit zu bleiben und die Kinder permanent munter und neugierig zu machen. Mein Motto war, immer zu den Vorreitern zu gehören."

Intelligenzprinzip 6: Das menschliche Gehirn sucht die Wahrheit

„Dieses Prinzip kann nirgendwo offensichtlicher sein als im Umfeld der Kirche. Wenn der Glaube verloren geht, dann verlieren wir alles, wofür wir stehen und damit unseren Sinn. Der Glaube muss von mir ausgehen und zu allen übertragen werden. Glaube und Wahrhaftigkeit sind extrem wichtig. Ohne dies können Sie keine gute Führungspersönlichkeit sein. Mitarbeiter, die Ihnen nicht glauben, werden nur das Nötigste tun.

Ich legte an mein Verhalten die strengsten Maßstäbe an, so dass meine Untergebenen nach den für sie höchstmöglichen Verhaltensstandards streben würden."

Intelligenzprinzip 7: Das menschliche Gehirn ist beharrlich

„Bei den meisten Leuten ist es eine natürliche Tendenz, aufzugeben, wenn sie sich herausgefordert fühlen. Oder sie setzen ihre persönlichen Ziele weit unterhalb ihrer potenziellen Möglichkeiten an. Fast alle meiner Directors und Führungskräfte kamen wenigstens einmal zu mir und sagten: ‚Ich kann das nicht' oder: ‚Dies ist leicht für dich, weil du Talent hast.'

Es wurde meine Aufgabe, das siebte Intelligenzprinzip in Kraft zu setzen. Ich ließ nicht zu, dass sie aufgaben oder den Weg des geringsten Widerstandes beschritten. Nach einiger Zeit lernten sie Aufgaben zu bewältigen, denen sie sich nie gewachsen fühlten. Ich erinnerte meine Mitarbeiter daran, dass sie nicht gleich beim ersten Versuch in der Lage sind, 90 Kilogramm zu heben. Durch Übung vergrößert man aber seine Kraft. Das Gleiche gilt für andere Fähigkeiten.

Eine junge Frau sagte mir, sie wolle aufhören, weil sie nicht in der Lage sei, vor einer größeren Anzahl von Leuten zu reden. Ich arbeitete mir ihr und ermunterte sie. Nach sechs Monaten machte sie alles, wozu sie nach ihrer Einschätzung nicht in der Lage war. Meinen Directors war selbstverständlich auferlegt, diese Einstellung den Kindern zu vermitteln, die wir zu erreichen versuchten."

Ergebnisse

Die von Pastor Tom durch sein Verständnis der menschlichen Intelligenz erreichte Qualität und Anzahl der ausgebildeten Führungskräfte dient als Benchmark. In einer so großen Religionsgemeinschaft wie der Kirche von Pastor Tom gibt es viele Möglichkeiten, für die zahlreichen verschiedenen Ämter und Funktionen geeignete Führungskräfte zu finden. Trotzdem wurde die große Mehrheit im Bereich der Jugendabteilung ausgebildet. Dieser Pool an Nachwuchskräften hat vier beigeordnete Pastoren hervorgebracht, von denen drei ausgesendet worden sind, um eigene Kirchengemeinden zu gründen, 14 von 16 Kirchenältesten, die Leitung der Abteilung für Sonntagsschulen, das Kirchenamt für Kinder, den Chor, das Kirchenamt für Musik, Platzanweiser und die Abteilung für Kunst.

„Diese Leute entstammen alle der Ausbildung, die sie bei ihrer Arbeit im Jugendamt unserer Kirche erhalten haben", sagt Pastor Tom. „Der lauteste Beifall, den wir für eine Methode oder Vorgehensweise jemals hören konnten ist der Erfolg, den uns die Intelligenzprinzipien gebracht haben."

Schlussfolgerung und Aktivitäten

Es gibt sieben, in diesem Kapitel behandelte Intelligenzprinzipien und die gute Nachricht, dass Sie unbegrenzt kreativ sein können. Wenn Sie sich dieser Prinzipien bei Ihrer täglichen Arbeit bewusst sind, werden Sie mit Ihrem prachtvollen Gehirn mehr erreichen und auch mehr Lebensqualität haben. Führungskräfte müssen die sieben Intelligenzprinzipien richtig verstehen und anwenden, damit sie in ihrem Berufsleben optimale Ergebnisse erzielen.

A k t i v i t ä t e n

1 Listen Sie vier der von Ihnen bevorzugten Rollenvorbilder auf. Beantworten Sie für jedes der vier Vorbilder die folgenden Fragen:

- Name des Rollenvorbildes?
- Was macht mich auf diesen Menschen aufmerksam?
- Was kann ich von diesem Menschen lernen?

2 Beginnen Sie morgen damit, in der Mittagspause Gespräche zu führen, die Ihnen beim Erreichen Ihrer Ziele helfen.

3 Schreiben Sie drei Berufsziele auf, die Sie im nächsten Monat erreichen möchten. Schreiben Sie anschließend jeweils drei konkrete Maßnahmen zum Erreichen Ihrer Ziele auf.

Ziel 1 ....
Maßnahme 1 ....
Maßnahme 2 ....
Maßnahme 3 ....

Ziel 2 ....
Maßnahme 1 ....
Maßnahme 2 ....
Maßnahme 3 ....

Ziel 3 ....
Maßnahme 1 ....
Maßnahme 2 ....
Maßnahme 3 ....

4 Überprüfen Sie am Ende Ihrer nächsten drei Gespräche jeweils das Bild, das sich Ihr Gesprächspartner vom Sachverhalt gemacht hat. Bitten Sie Ihre Gesprächspartner darum, das Gespräch zusammenzufassen, so dass Sie erkennen, ob Ihr Beitrag richtig wiedergegeben wird.

5 Halten Sie fest, welche Intelligenzprinzipien bei der nächsten Besprechung genutzt werden, an der Sie teilnehmen.

Besprechung .... Datum ....
Intelligenzprinzipien: ....
....
....

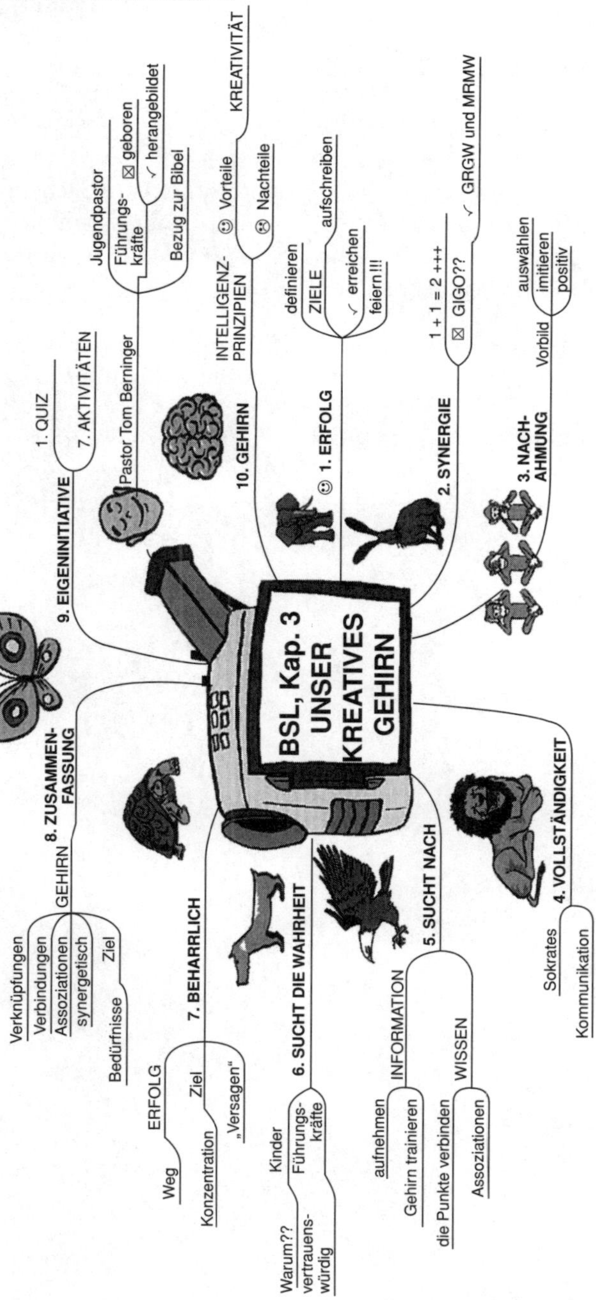

Abbildung 4: Gedächtsniskarte zu „3. Unser kreatives Gehirn"

4. Anfertigung von Gedächtniskarten (Mind Mapping)

In diesem Kapitel werden wir Sie mit einer wirkungsvollen grafischen Technik bekannt machen, die Ihnen eine universelle Methode zum Erschließen des Potenzials der menschlichen Intelligenz liefert – der Gedächtniskarte. Dieses Hilfsmittel ist auf jeden Aspekt des Geschäftslebens anwendbar, bei dem verbessertes Lernen und Denken der Performance zugute kommt. Wir werden zeigen, wie Sie Techniken zur Anfertigung von Gedächtniskarten bei Ihrer Arbeit und im täglichen Leben anwenden können: Beim Vorbereiten von Präsentationen, beim Erstellen von „Zu-erledigen"-Listen, beim Planen einer Verkaufsstrategie oder beim Präzisieren der Vision Ihres Unternehmens.

Test

		J	N
1	Erkennen Sie die Bedeutung von Farben beim Aktivieren Ihrer geistigen Fähigkeiten?	☐	☐
2	Nutzt das menschliche Gehirn bei einem natürlichen Denkprozess die rechte Seite?	☐	☐
3	Können Sie verschiedene Ideen leicht miteinander verknüpfen?	☐	☐
4	Bedeutet das Verwenden von Symbolen in Ihren Notizen und Aufzeichnungen, dass Sie vom betreffenden Thema gelangweilt werden?	☐	☐
5	Sind Sie sich bewusst, wie gedankliche Bilder Ihr Denken beeinflussen?	☐	☐
6	Zeichnen oder kritzeln Sie während Ihrer Telefongespräche Bilder?	☐	☐

7 Nutzen Sie Bilder, um Ihren Denkprozess zu erleichtern?

8 Wissen Sie, wie Farben zum Verbessern Ihres Gedächtnisses genutzt werden?

9 Haben Sie ein Hilfsmittel, um Kundenbedürfnisse klar und eindeutig zu dokumentieren?

10 Sind Sie in der Lage, Informationen über Leute zu behalten, denen Sie begegnen?

Bewertung

Geben Sie für jedes „Ja" 2 Punkte. Die Ausnahme ist Frage 4, wo es 2 Punkte für „Nein" gibt.

Wenn Sie 18 oder mehr Punkte erhalten haben, dann wissen Sie, wie Sie Ihr kreatives Gehirn außergewöhnlich gut und kraftvoll nutzen können. Weniger als 18 Punkte bedeuten, dass dieses Kapitel bei Ihnen zu einer völlig neuen Denkweise führen wird.

Kortikale Fähigkeiten

Ihr Gehirn empfängt Informationen, wählt Informationen aus, speichert, verarbeitet und kommuniziert sie. Wenn Sie mit Leuten reden, dann empfangen diese Leute von Ihnen Informationen, wobei alle Sinne genutzt werden, um als relevant eingestufte Informationen zu verstehen und zu speichern. Um diesen Prozess verstehen zu können, müssen Sie mit der Funktionsweise des menschlichen Gehirns vertraut sein.

Die auf der mit dem Nobelpreis ausgezeichneten Arbeit von Dr. Roger Sperry vom California Institute of Technology basierende Forschung von Dr. Robert Ornstein von der University of California hat neue Erkenntnisse über die verschiedenen Aktivitäten der beiden Seiten des menschlichen Gehirns geliefert. Das Gehirn hat einen Bestand an Denkfähigkeiten zum Verarbeiten, Speichern und Nutzen von Informationen und für die Kreation von neuen Ideen. Der äußere

Teil Ihres Gehirns (die zerebrale Kortex) besteht aus zwei Hälften: der linken und rechten Kortex. Die linke Kortex beschäftigt sich mit:

- *Zahlen*, die für das Erfassen von Kosten und Ausgaben sowie das Behalten von Aufzeichnungen genutzt werden;
- *Worten*, die für die verbale und schriftliche Kommunikation genutzt werden;
- *Logik*, die mit geschäftlichen Entscheidungen zu tun hat;
- *Listen*, die dabei helfen, systematisch zu denken und Ordnung in die Informationsflut bringen;
- *Details*, die dazu beitragen, dass Sie sich ein vollständiges Bild machen und welche die Analyse fördern oder Besonderheiten definieren.

Die rechte Kortex beschäftigt sich vorwiegend mit:

- *Bildern*, die in Handbüchern und beim verbalen Erläutern von Sachverhalten genutzt werden;
- *Fantasie*, die beim Entwickeln von neuen Ideen für Güter und Dienstleistungen genutzt wird;
- *Farbe*, die für Verpackung, Grafiken, Charts und Präsentationen genutzt werden kann;
- *Rhythmus* wie dem Rhythmus eines Gesprächs oder dem Rhythmus beim Kaufen;
- *Raum*, der eine Vielzahl von Bedeutungen hat, beim Bau den Entwurf betreffen kann und bei persönlichen Treffen die Anordnung der Sitzplätze.

Ihr Gehirn nutzt zu einem Zeitpunkt nicht nur eine Teilmenge seiner Fähigkeiten (wie nur die Fähigkeiten der linken Kortex oder nur die Fähigkeiten der rechten Kortex). Es ist ein natürlicher Vorgang, wenn beim Denken oder Lernen auf Fähigkeiten von beiden Seiten der Kortex zurückgegriffen wird. Aktuelle Forschungsergebnisse zeigen, dass Kinder, die Kurse mit Betonung der Fähigkeiten der rechten Kortex (wie Musik und Kunst) belegen, bei Kursen mit Betonung der Fähigkeiten der linken Kortex (wie Sprachen und Mathematik) besser abschneiden. Um Ihre kreativen Kräfte zu maximieren müssen Sie beide Seiten Ihres Gehirns entwickeln!

Brain Smart!

Wir haben alle einen natürlichen Bestand an kortikalen Fähigkeiten. Selbst wenn Sie nicht alle Fähigkeiten voll entwickelt haben: Sie können dies ändern, wenn Sie sich hierzu entscheiden.

Kreativität setzt die Integration sämtlicher kortikalen Fähigkeiten voraus. Wenn Sie sich nicht für kreativ halten, dann sollten Sie Ihre am schwächsten entwickelten kortikalen Fähigkeiten verbessern. Erwarten Sie eine Welle von Ideen!

Gedächtnismatrix

Füllen Sie für jede Ihrer zehn geistigen Fähigkeiten die Gedächtnismatrix (Abbildung 5) aus. Fragen Sie sich zuerst: „Wie bewusst ist mir die Nutzung von *Zahlen* bei persönlichen Treffen oder beim Telefonieren?" Wenn Sie denken, dass Sie sich der Nutzung von Zahlen ungefähr zu 50 Prozent bewusst sind, schraffieren Sie den Bereich von 0 bis 50 Prozent. Schreiben Sie in das rechte weiße Feld (zwischen 75 und 100 %) in diesem Fall eine „50". Wiederholen Sie das Verfahren für jede kortikale Fähigkeit.

Addieren Sie jetzt Ihre Zahlenwerte für die ersten fünf geistigen Fähigkeiten (von *Zahlen* bis *Details*). Schreiben Sie die Summe auf die mit „Summe" beschriftete Linie am unteren Ende dieses Teils der Gedächtnismatrix.

Addieren Sie anschließend Ihre Zahlenwerte für die übrigen geistigen Fähigkeiten (von *Bilder* bis *Raum*). Schreiben Sie wieder die Summe auf die mit „Summe" beschriftete Linie am unteren Ende dieses Teils der Gedächtnismatrix.

Wie haben Sie abgeschnitten? Wenn Sie die obere Teilmenge (geistige Fähigkeiten der linken Kortex) und die untere Teilmenge (geistige Fähigkeiten der rechten Kortex) im gleichen Ausmaß schraffiert haben, dann nutzen Sie Ihr gesamtes kreatives Gehirn. Wenn jedoch eine der beiden Teilmengen einen höheren Gesamtwert erhalten hat und eine größere schraffierte Fläche bildet, dann sehen Sie sofort, welche Bereiche Sie verbessern müssen. Das Erhöhen des Nutzungsgrades Ihrer

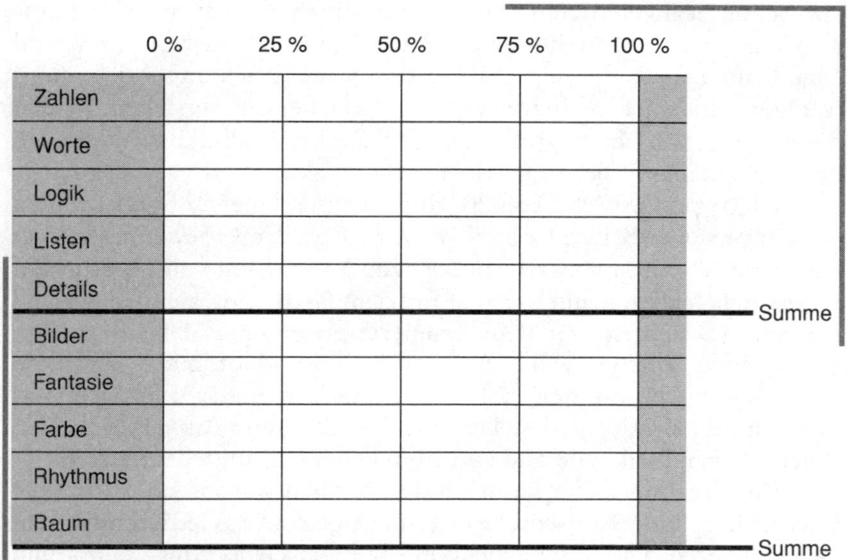

Abbildung 5: Gedächtnismatrix

geistigen Fähigkeiten wird zu einer überlegenen Performance und einem natürlich kreativen Gehirn führen.

Gedächtniskarten

Toni Buzan erläutert die Entstehung seines bahnbrechenden Gedächtniskartenkonzepts, bei dem es sich um einen Weg zum Erkunden und Entwickeln des gesamten Spektrums Ihrer geistigen Fähigkeiten handelt.

„Ich machte den ersten bedeutenden Schritt im Alter von 14 Jahren. Ich nahm an zahlreichen Intelligenz-, Lese- und Gedächtnistests teil. Meine Ergebnisse waren schlecht und mir wurde gesagt, dass ich niemals in der Lage sein würde, besser abzuschneiden. Dies machte mich wütend und war schwer zu verstehen. Immerhin macht Sie sportliches Training kräftiger. Warum sollten nicht auch die richtigen Denkübungen Ihre mentale Performance verbessern? Ich begann sofort an diesem Problem zu arbeiten und glaubte fest daran, dass sich meine Ergebnisse verbessern würden, wenn ich mir die richtige Arbeitstechnik ausdenken könnte. Zu dieser Zeit erkannte ich auch, dass die seit Jahrhunderten von Schülern angefertigten Notizen und Mitschriften die unproduktivste Methode zum Verstehen eines Themas sind. Ich hielt Notizen und Mitschriften für langweilig und wertlos. Je mehr ich aufschrieb, umso weniger schien ich meine eigenen Mitschriften zu verstehen. In den folgenden sechs Jahren prüfte ich eine Reihe von unkonventionellen Lerntechniken, mit denen ich aber nicht zufrieden war.

Ich begann im Alter von 20 Jahren während meiner Studienzeit an der University of British Columbia ernsthaft an der Verbesserung meines Gedächtnisses und meiner Techniken zur Anfertigung von Mitschriften zu arbeiten. Ich setzte mich erstens mit dem Gedächtnis auseinander und hierbei insbesondere mit dem Erinnerungsvermögen. Dies beinhaltet zwangsläufig Bildersprache, Assoziation und Zuordnung. Zweitens setzte ich mich mit den üblichen Methoden zum Anfertigen von Notizen auseinander und stellte fest, dass alle ohne Ausnahme Bilder, Zeichnungen, Pfeile und andere verbindende Hilfsmittel benutzten.

Das Ergebnis dieser kombinierten Studien war im Jahre 1969 die Entwicklung des Konzepts zum Anfertigen von Gedächtniskarten. Dieses Konzept wurde schließlich ein Teil von Gedächtnis-, Lern- und Denksystemen, die ich als ‚Mental Literacy' bezeichnete. Ich wurde umso aufgeregter, je mehr ich herausfand. Ich fühlte mich wie die Entdecker des Grabes von Tutanchamun. In erster Linie hatte ich einen Blick durch ein Schlüsselloch geworfen und dabei verschwommene Umrisse von Dingen gesehen, bei denen es sich um großartige Kunstprodukte handeln konnte. Außerdem hatte ich den Fantasieraum betreten und erlebte das erstaunliche Potenzial seiner Inhalte. Dann konnte ich den Wert des von mir entdeckten Schatzes beurteilen. Schließlich gehörten meine Entdeckungen nicht nur mir: Sie ließen sich mit allen Leuten teilen (und wurden durch Vorzeigen wertvoller).

Ich wollte der Welt unbedingt von meiner Entdeckung berichten und mache dies immer noch. Die ersten Veröffentlichungen waren mein 1974 erschienenes Buch *Use Your Head* und die gleichnamige BBC-Fernsehserie, die in den nachfolgenden zehn Jahren jedes Jahr wiederholt wurde. Das Verbreiten meiner Ideen beinhaltete in einem Zeitraum von 25 Jahren weltweite Vortragsreisen zu Hochschulen, Unternehmen und öffentlichen Einrichtungen. Zu Beginn der 90er Jahre wurden von Vanda North die Buzan Centers gegründet, wo Ausbilder für Mental Literacy trainiert und lizenziert werden. Gedächtniskarten bieten ein gehirnfreundliches System zum Anfertigen von Notizen, mit dem auch das Erinnern erleichtert wird. Meine beiden Studiengebiete wurden synergetisch zusammengeführt."

Wie Sie Gedächtniskarten anfertigen

Jetzt sind Sie an der Reihe! Lernen Sie die einfache Technik zum Anfertigen von Gedächtniskarten. Freuen Sie sich darüber, wie schnell Sie im Berufs- und Privatleben von dieser Technik profitieren können. Sehen Sie sich das Beispiel auf Seite 81 an und beachten Sie die nachfolgenden Instruktionen.

1. Beschaffen Sie eine Anzahl von farbigen Stiften oder Schreibern.
2. Nehmen Sie ein großes Blatt weißes Papier (DIN A4 oder Buchformat sind hinreichend) und legen Sie es mit der längeren Seite nach unten.
3. Wählen Sie das Thema oder Problem, für das eine Gedächtniskarte erstellt werden soll. Dies wird die Basis für Ihr Bild im Zentrum der Gedächtniskarte sein.
4. Tragen Sie alles an Material, Erkenntnissen und zusätzlichen Informationen zusammen, was Sie brauchen, so dass Sie alle relevanten Fakten zur Hand haben.
5. Fangen Sie jetzt an, in die Blattmitte ein Bild mit einer Seitenlänge von ungefähr 10 cm (bzw. 5 cm bei einem kleineren Blatt) zu zeichnen. Wählen Sie ein Wort oder Symbol, das die von Ihnen zu erfassende Hauptidee repräsentiert. Wenn Sie z. B. Ihre Mitarbeiter für die Nutzung der mit einem neuen Programm verbundenen Möglichkeiten begeistern wollen und daran gedacht haben, hierzu eine Party mit einem Ambiente wie in Las Vegas zu veranstalten, dann könnte das Bild ein Spielautomat sein.
6. Gestalten Sie Ihr zentrales Bild räumlich und ausdrucksstark. Verwenden Sie für das zentrale Bild mindestens drei Farben, damit Ihre Aufmerksamkeit erweckt und Ihr Gedächtnis unterstützt wird.
7. Zeichnen Sie die am dichtesten am Zentrum liegenden Äste dick, direkt an das Bild anschließend und „organisch" (wellig). Diese Äste beschreiben die untergeordneten Themen oder Gesichtspunkte. Für die Las-Vegas-Themenparty wären z.B. „Datum", „Verpflegung", „Kleidung" und „Ansprachen" relevant (siehe Abbildung 7). Äste sollten nur so lang sein, dass jeweils genügend Raum für die zur Beschreibung notwendigen Worte oder Zeichnungen vorhanden ist. Zeichnen Sie für alle mit der Party im Zusammenhang stehenden Ideen Äste und beschriften Sie die Äste mit jeweils einem einzigen Wort.

8. Lassen Sie dünnere Linien vom entsprechenden Ast abzweigen, um ergänzende Angaben zu berücksichtigen.
9. Verwenden Sie Bilder und Zeichnungen, wann immer dies möglich ist. Sie müssen kein Künstler sein. Dies ist einfach ein Weg, der Ihr Gedächtnis unterstützen und dazu beitragen soll, dass Sie mehr Gefallen am bearbeiteten Material finden.
10. Nutzen Sie Farben zum Entwickeln Ihrer persönlichen Darstellungsmethode von Mitarbeitern, Gegenständen, Themen, Treffen und damit Ihre Gedächtniskarte attraktiver wird.
11. Fangen Sie alle Ihre Ideen und/oder die Beiträge von anderen in Ihrer Gedächtniskarte ein. In einer zweiten und weiter fortgeschrittenen Stufe Ihres Denkens sollten Sie die Gedächtniskarte je nach Bedarf editieren, umorganisieren, verschönern, verfeinern oder klarer strukturieren.

Vorteile von Gedächtniskarten

Eine Gedächtniskarte macht das gesamte Spektrum der geistigen Fähigkeiten – Worte, Vorstellung, Zahlen, Logik, Rhythmus, Bilder, Listen, Details, Farbe und Raum – in einer ganzheitlichen und einmalig wirkungsvollen Weise nutzbar. Hierdurch gibt Ihnen der Gedächtniskartenansatz die Freiheit zum Erkunden der unbegrenzten Räume Ihrer Intelligenz. Ähnlich wie eine Landkarte wird eine Gedächtniskarte:

- Ihnen auf einer einzigen Seite einen schnellen Überblick über ein kompliziertes oder umfangreiches Thema, Gebiet oder Problem geben;
- Sie in die Lage versetzen, Strategien zu entwerfen und Entscheidungen zu treffen;
- Sie darüber informieren, in welche Richtung Sie gehen und wo Sie gewesen sind;
- große Datenmengen auf einer Seite sammeln und aufbereiten sowie die Zusammenhänge und Schwachstellen verdeutlichen;
- durch das Aufzeigen von kreativen Wegen Tagträume und das Lösen von Problemen ermuntern;
- Ihnen die Möglichkeit geben, extrem effizient zu arbeiten;
- Ihnen Freude beim Ansehen, Lesen, Nachdenken und Erinnern bereiten.

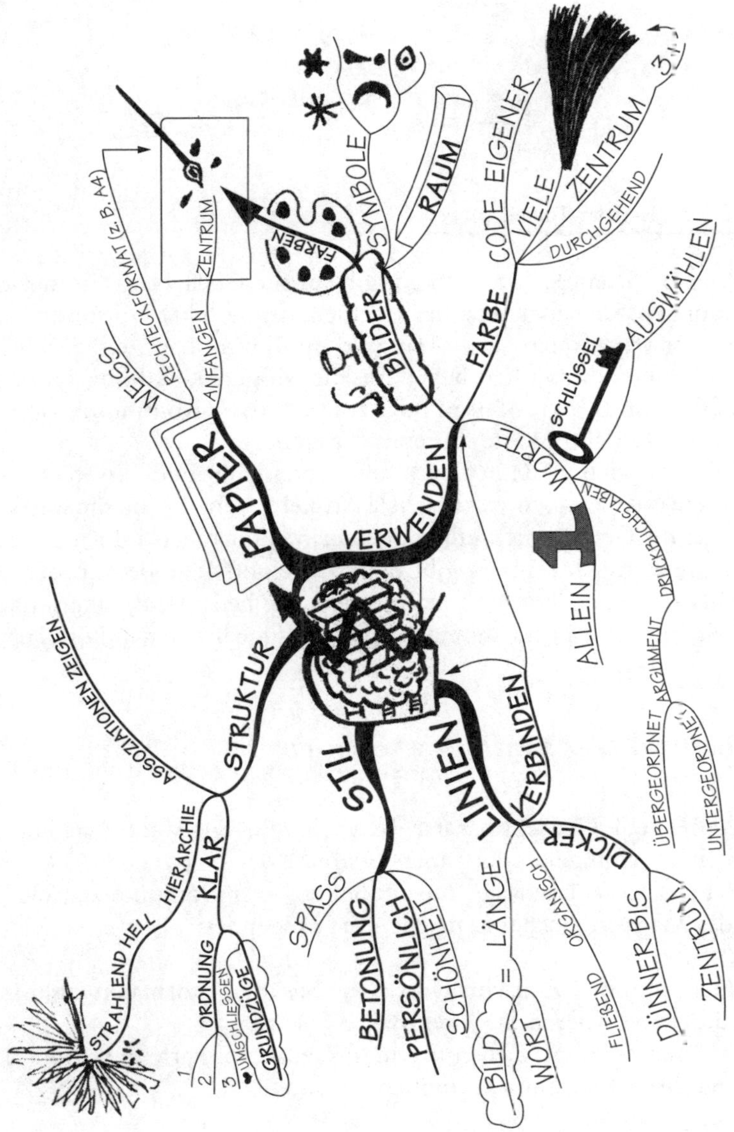

Abbildung 6: Gedächtniskarte über das Anfertigen von Gedächtniskarten

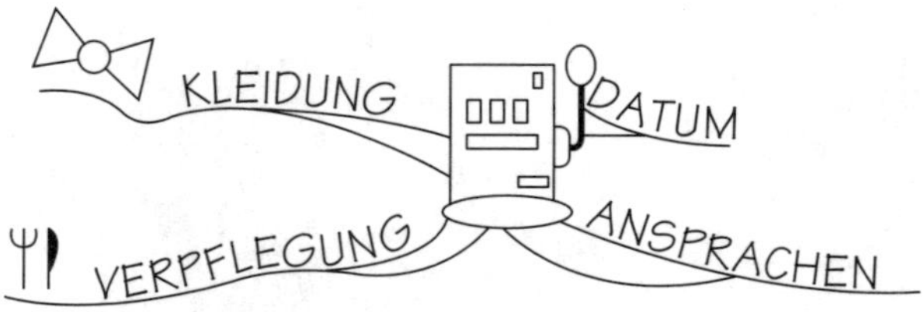

Abbildung 7: Las-Vegas-Themenparty

Wie wir schnell entdecken werden, gibt es für Gedächtniskarten viele Anwendungen. Sie haben jetzt insbesondere das perfekte Hilfsmittel, mit dem Sie Informationen festhalten und in Ihrem Langzeitgedächtnis behalten können. Außerdem haben Sie die Möglichkeit, Informationen zum Klären von Denkprozessen oder zur effektiven Kommunikation in Form einer Gedächtniskarte zu reproduzieren.

Wenn Sie sich z.B. für Computer interessieren und entsprechende Fachzeitschriften lesen, so wird es viele Artikel geben, die Sie für wertvoll halten. Für Ihr Gedächtnis werden die hierin enthaltenen Informationen aber zu umfangreich sein. Es gibt dennoch eine Methode, mit der Sie jedes Bit an Daten aus den von Ihnen als bedeutend eingestuften Zeitschriften erfassen und auf einen Blick verfügbar machen können.

Ein Magazin-Gedächtniskartenbuch

Schaffen Sie ein Gedächtniskartenbuch, indem Sie weißes Papier in einen Binder einfügen oder einen Schreibblock verwenden. Im hier behandelten Fall widmen Sie eine der Seiten einer Computerzeitschrift. Wenn das Magazin erscheint, machen Sie Folgendes:

1. Lesen Sie die Zeitschrift so, wie Sie dies normalerweise tun würden. Markieren Sie interessante Themen.
2. Zeichnen Sie im Zentrum Ihrer Gedächtniskarte ein Bild der Zeitschrift oder eines Computers.

Abbildung 8: Magazin-Gedächtniskartenbuch

3. Fertigen Sie für die gesamte Zeitschrift eine Gedächtniskarte an. Dies wird Sie in die Lage versetzen, die für Sie interessanten Themen zu behalten.
4. Gehen Sie die Zeitschrift jetzt noch einmal durch. Lesen Sie die aus Ihrer Sicht interessanten Themen dieses Mal gründlich und fügen Sie die entsprechenden Ideen als separate Äste in Ihre Gedächtniskarte ein. Wenn z. B. ein Artikel das Internet behandelt, würde ein Ast mit „Internet" bezeichnet werden. Ein anderer Ast könnte „Festplatten" oder „Software" heißen, und daneben könnte „Buchführung" stehen (siehe Abbildung 8). Denken Sie daran, dass Sie alle Kernthemen der Zeitschrift auf dieser einen Seite erfassen können. Für Ihre Magazin-Gedächtniskarte sind die in diesem Kapitel behandelten Regeln für das Anfertigen von Gedächtniskarten anzuwenden. Wenn Sie eine sehr bedeutende Zeitschrift vorliegen haben, so schlagen wir vor, dass Sie Artikel auswählen, an denen Sie ein besonderes Interesse haben und hierfür jeweils gesonderte Gedächtniskarten anfertigen. Hierdurch erhalten Sie die Möglichkeit, für wichtige Themen detailliertere Gedächtniskarten anzufertigen, die Sie in Zukunft als Informationsquellen und für Studienzwecke verwenden können.
5. Sie werden feststellen, dass einige der in der Zeitschrift behandelten Themen miteinander verbunden sind. Ein Artikel über Sicherheit im Internet könnte z. B. mit einem anderen Thema verknüpft sein, das Modems behandelt. Um diesen Zusammenhang in Ihrer Gedächtniskarte zu erfassen, sollten Sie auf den beiden Ästen einen speziellen Stil Ihrer Handschrift einsetzen, eine spezielle Schriftfarbe, ein gemeinsames Bild oder Symbol.

6. Nachdem Sie das Magazin durchgearbeitet haben, sollten Sie es noch einmal überfliegen, um sicherzustellen, dass Sie nichts übersehen haben.
7. Nehmen Sie Ihre aus einer Seite bestehende Überblicksgedächtniskarte und breiten Sie sie zu Hause oder bei der Arbeit aus, so dass sie leicht gesehen und gelesen werden kann. Wenn Sie irgendwann eine Idee haben, die mit einem dieser Zeitschriftenartikel verbunden ist, dann sollten Sie diese Idee in Ihre Gedächtniskarte eintragen. Denken Sie daran, dass 80 Prozent von dem, was Sie lesen, innerhalb von 24 Stunden vergessen wird, wenn Sie es nicht wiederholen. Die meisten Leute werden alles vergessen, was sie in einem Zeitraum von wenigen Tagen gelesen haben. Sie werden und bleiben dagegen ein Experte, weil Sie sich Ihre Gedächtniskarte täglich ansehen.
8. Wiederholen Sie die Anfertigung von Gedächtniskarten im Laufe der folgenden zwei Monate mit Ihren Wirtschaftsmagazinen. Nach drei Monaten sollten Sie die für eine bestimmte Zeitschrift erstellten Gedächtniskarten in eine übergeordnete Gesamtgedächtniskarte einbringen. Sie werden schnell mehr Produktkenntnisse haben als die meisten Ihrer Kollegen!

Sobald Sie eine Serie von Gedächtniskarten entwickelt haben und das Material täglich ansehen, sind Sie auf dem richtigen Weg, Ihre Wissensbasis auszubauen. Sie werden Ihr bereits vorhandenes Wissen mit diesem neuen Material verknüpfen und assoziieren. Hierdurch entsteht eine wichtige Quelle für kreatives Denken.

Anwendungen im Berufsleben

Wir fertigen normalerweise Aufzeichnungen an, wenn etwas so wichtig ist, dass wir es behalten möchten oder wenn wir unsere Gedanken organisieren möchten, um zu planen oder Probleme zu lösen oder wenn wir Ideen niederschreiben und hierdurch klarstellen möchten. Indem wir eine Gedächtniskarte nutzen, können wir dies schneller und effizienter erledigen. Im Berufsleben kann das Anfertigen von Gedächtniskarten Zeit sparen, Ihre Fähigkeit zum Erzeugen neuer Ideen verbessern und dabei helfen, Ihre Denkprozesse zu organisieren.

Telefongespräche

Machen Sie sich beim Telefonieren Notizen? Beim Gedächtniskartenansatz beginnen Sie mit Ihrem zentralen Bild und tragen das Datum und den Namen der Person ein, mit der Sie reden. Zeichnen Sie für jedes neue Thema einen von Ihrem zentralen Bild ausgehenden neuen Ast. Um Details zu ergänzen sollten Sie ein Wort pro Linie benutzen, wobei jede neue Linie wie einen Zweig vom entsprechenden Ast ausgeht. Diese Methode zum Organisieren von Informationen hilft Ihnen beim Behalten, Vergleichen und sehr schnellen Verknüpfen von Gedanken. Wenn das Gesprächsthema wechselt, sollten Sie Ihrer Gedächtniskarte einen neuen Ast hinzufügen und Schlüsselwörter an den Linien eintragen.

Wenn Ihr Gesprächspartner auf ein vorhergehendes Gesprächsthema zurückkommt, gehen Sie einfach zum entsprechenden Ast und berücksichtigen die neuen Informationen. Farbe fügt Ihrer Gedächtniskarte eine weitere Dimension hinzu: Rot könnte z.B. Maßnahmen kennzeichnen, die unverzüglich zu ergreifen sind. Grün könnte für Maßnahmen stehen, die später zu ergreifen sind. Sie können zu einem bestimmten Ast häufig zurückkehren um zusätzliche Fakten zu ergänzen. Telefonisch eingeholte Informationen sind oft ungeordnet. Eine Gedächtniskarte wird solche Informationen hingegen ordnen, wenn sie dem angemessenen Ast zugeordnet werden. Nachdem Sie das Gespräch beendet haben, sollten Sie die Gedächtniskarte falten und in einen Binder klemmen. Hierbei sollten Sie das Datum und den Namen des Anrufers in die obere rechte Ecke der Gedächtniskarte eintragen.

Wenn Sie ein weiteres Gespräch mit dieser Person haben, dann sollten Sie auf Ihre ursprüngliche Gedächtniskarte zurückgreifen und neue Äste für zusätzliche Themen eintragen. Sie können im Zeitablauf eine große Menge an Informationen auf Ihrer aus einer Seite bestehenden Gedächtniskarte treffend darstellen: Alles worüber Sie mit diesem Menschen jemals geredet haben, wird auf einer einzigen Seite zusammengefasst!

Präsentationen

Präsentationen können geplant werden, indem die Hauptäste der Gedächtniskarte jeweils einen Teil der Präsentation repräsentieren. Sie können so viele Details aufnehmen wie notwendig, weil Schlüsselworte und Bilder die Informationen kondensieren.

Mit einer Gedächtniskarte können Sie jederzeit einen Gesamtüberblick haben, der Ihnen erlaubt, innerhalb der Präsentation Verknüpfungen, Zusammenhänge und Assoziationen zu sehen, die andernfalls nicht unbedingt klar zu erkennen sind. Wenn Sie beim Reden einen einfachen Blick auf Ihre Gedächtniskarte werfen, werden Sie merken, dass jedes Wort oder Bild eine Flut von Gedanken und korrespondierenden Wörtern hervorruft. Die Zuhörer werden den Eindruck haben, dass Sie ohne jede Art von Notizen oder Manuskripten sprechen!

Lösen von Problemen

Den Umsatz erhöhen und neue Kunden finden sind zwei regelmäßig auftretende Probleme. Das Nutzen von Gedächtniskarten wird Ihnen dabei helfen, Lösungen zu entwickeln. Beginnen Sie mit einem zentralen Bild, welches das von Ihnen zu lösende Problem repräsentiert. Wenn es z.B. um zwei verschiedene Möglichkeiten zur Steigerung der Erlöse geht, könnten Sie einen Geldsack wählen.

Zeichnen Sie anschließend drei Äste. Bezeichnen Sie einen Ast mit „PLUS“, den nächsten Ast mit „MINUS“ und den letzten Ast mit „INTERESSANT“. Notieren Sie alle „positiven“ Ideen am „PLUS“-Ast. Dabei ist unerheblich, wie dumm oder albern diese Ideen sind, weil sie später zu kreativen Durchbrüchen führen könnten. Vervollständigen Sie anschließend den „MINUS“-Ast und dann den „INTERESSANT“-Ast. Arbeiten Sie so schnell Sie können – Ihre Gedächtniskarte mag unordentlich aussehen, aber Sie können von Ihren Ideen sehr überrascht sein!

Ideen erzeugen (Mentally Literate Brainstorming)

Eine wichtige Anwendung von Gedächtniskarten besteht im Erzeugen von Ideen. Die entsprechende Technik ähnelt einem Brainstorming in einer Gruppe. Sie können die Technik aber allein anwenden – wir bezeichnen sie als „Brain Blooming“. Beginnen Sie mit einem zentralen Bild des von Ihnen erwünschten Ergebnisses. Sie streben vielleicht eine bessere Performance Ihres Teams an. Das zentrale Bild könnte dann zufriedene Mitarbeiter darstellen. Fügen Sie Äste hinzu, wie Ihre Ideen auftreten. Das Niederschreiben von Schlüsselwörtern, die Ihre Ideen repräsentieren, kann zusätzliche hiermit verbundene Gedanken auslösen und zu kreativen Durchbrüchen führen. Für die nächsten Schritte lesen Sie bitte den Abschnitt über Gruppengedächtniskarten auf Seite 89.

Planung von Treffen

Wenden Sie viel Zeit zur Vorbereitung von Treffen auf? Gedächtniskarten werden Ihnen helfen, solche Treffen schnell und sorgfältig vorzubereiten.

Das vorherige Zeichnen der Hauptäste für die abzudeckenden Themen wird Ihnen helfen, Ihre Ideen klarer herauszuarbeiten.

Teilnahme an Treffen

Machen Sie sich Notizen, wenn Sie an Treffen teilnehmen? Wenn ja: Wie sehen Ihre Notizen aus? Eines der Probleme, mit denen Sie wahrscheinlich konfrontiert waren, besteht darin, dass Leute gewöhnlich wesentlich schneller sprechen als Sie schreiben können!

Eine Gedächtniskarte gibt Ihnen eine Struktur zum geordneten Sammeln von Informationen. Dies ist selbst dann der Fall, wenn die Informationen in Bruchstücken auftreten. Sie können mit Farben kennzeichnen, wer spricht und welches die wichtigen Ideen und auszuführenden Maßnahmen sind. Die Gedächtniskarte kann dies alles – die Informationen und einen Aktionsplan – auf derselben Seite einfangen.

Vorstellungsgespräche

Müssen Sie Bewerbergespräche führen und Personal auswählen? Wenn dies der Fall ist, dann kann eine Gedächtniskarte als schnelle und genaue Methode zum Durchführen von zukünftigen Bewerbergesprächen dienen.

Entwerfen Sie ein Gedächtniskartenformular, das für jeden Bewerber genutzt werden kann. Zeichnen Sie ein zentrales Bild, das den Bewerber repräsentiert. Äste könnten mit „Qualifikationen", „Persönlichkeit", „Berufserfahrung" und „Interessen" bezeichnet werden. Farben können eingesetzt werden, um objektive Informationen mit kalten Tönen und subjektive Informationen mit warmen Tönen zu kennzeichnen. Fertigen Sie von dieser Stammgedächtniskarte Farbkopien an. Füllen Sie eine solche Gedächtniskarte beim Bewerbergespräch aus. Sie werden von der Güte der Bewerberprofile und der Informationsmenge, die Sie mit einem Blick aufnehmen können, überrascht sein!

Planung

Der Einsatz von Gedächtniskarten zu Planungszwecken eröffnet Ihnen die Möglichkeit, sich schnell ein Gesamtbild zu machen. Auf der Gedächtniskarte wird sichtbar, dass alles was Sie machen miteinander verbunden ist. Haben Sie dabei etwas übersehen? Müssen Sie Ihre Ressourcen anders einteilen? Mit Hilfe der Gedächtniskarte wird schnell sichtbar, was zu tun ist.

Lesen von Büchern

Fertigen Sie eine Gedächtniskarte an, wenn Sie das nächste Mal ein wichtiges Buch lesen. Nachdem Sie ein aussagekräftiges zentrales Bild gezeichnet haben, sollten Sie das Inhaltsverzeichnis studieren und für jedes Thema einen Ast zeichnen. Fügen Sie beim Lesen des Buches zu den Ästen der einzelnen Kapitel Informationen hinzu. Machen Sie dies auch dann, wenn Sie beim Lesen von der vorgegebenen Reihenfolge der Kapitel abweichen.

Die Gruppengedächtniskarte

Eine besonders wertvolle Anwendung besteht für einen Manager in einer Gruppengedächtniskarte, die zum Artikulieren von Ideen genutzt werden kann, zum Verdeutlichen von Gemeinsamkeiten und Unterschieden und um sicherzustellen, dass alle auf ein gemeinsames Ziel hinarbeiten.

Bitten Sie zunächst Mitglieder Ihrer Arbeitsgruppe, für das betreffende Thema individuelle Gedächtniskarten anzufertigen. Achten Sie dann auf Unterschiede bei der Wortwahl und Ähnlichkeiten bei der Umsetzung. Entwerfen Sie eine kleine Gruppengedächtniskarte, mit der die grundlegenden strukturgebenden Ideen dargestellt werden (das Äquivalent der Kapitelüberschriften in einem Buch). Wiederholen Sie diesen Vorgang schließlich auf einem großen Blatt Papier und erstellen Sie die Gruppengedächtniskarte. Sammeln Sie die Ideen aller Gruppenmitglieder mit einer Serie von Ästen. Wenn die Gedächtniskarte fertiggestellt ist, werden Sie im Team mehr Zusammenhalt und mehr Verständnis für die Arbeitsaufgaben haben. Außerdem werden sich die einzelnen Mitarbeiter an den gleichen Zielen orientieren. Niemand wird übergangen; jeder hat zur Gruppengedächtniskarte beigetragen und jeder kann das Gesamtbild sehen. Diese Anwendung von Gedächtniskarten eröffnet zusätzliche Möglichkeiten, die Mitarbeiter an das Team und die Ziele der Arbeitsgruppe zu binden.

Beispiel für die Anwendung von Gedächtniskarten: Sandy Hahn, IBM

Sandy Hahn ist bei IBM Manager of International Assignment Change Integration. Sie sagt Folgendes über das Anfertigen von Gedächtniskarten:

„Wir haben Gedächtniskarten mit Arbeitsgruppen genutzt, um das kreative Denken zu fördern. Die hierdurch erzielten Ergebnisse haben uns gezeigt, dass Gedächtniskarten kontinuierliche Verbesserungen mit Reengineering verbinden können.

Wenn ein Team von Mitarbeitern damit anfängt, ein Ergebnis oder einen fehlerhaften Prozess mit Hilfe einer Gedächtniskarte zu analysieren, dann entsteht ein klares Bild von dem, was gut oder nicht so gut läuft. Hierbei werden auch bestehende Zusammenhänge angemessen berücksichtigt. Dies ermutigt und befähigt die Teilnehmer, für einen bestimmten Geschäftsprozess Alternativen zu entwickeln, um die bestehenden Ziele zu erreichen.

Dies ist ein Beispiel für unsere Beratungsarbeit: Bei IBM arbeiteten ein Team aus dem Personalwesen und ein Team aus dem Rechnungswesen zusammen, um das System zur Bezahlung von Sprachkursen für berechtigte Teilnehmer aus den verschiedensten Ländern zu verbessern. Die Mitarbeiter fertigten für den Geschäftsprozess eine Gedächtniskarte an, um die Bereiche ausfindig zu machen, die am dringlichsten geändert werden mussten. Nachdem sie die Gedächtniskarte fertiggestellt hatten, sahen viele Mitarbeiter des integrierten Teams ein neues Erscheinungsbild der Angelegenheit, das sie zuvor nie wahrgenommen hatten.

Dies wurde der Katalysator zum Herausfinden der wirklichen Bedürfnisse der Prozesskunden. Aus dieser Perspektive wurde es leichter, die auf die Befriedigung dieser Bedürfnisse bezogenen Aktivitäten – von den Lieferanten, durch das Unternehmen fließend, bis hin zum Prozesskunden – zu verstehen. Die Bitte um Feedback von Prozesskunden und den am Geschäftsprozess Beteiligten gab dem Team die Möglichkeit, Probleme zu erkennen und Prioritäten zu setzen. Dies führte dazu, dass das Team verschiedene Lösungsalternativen entwickeln und mit Prozesskunden in den Schlüsselfunktionen des Unternehmens testen konnte.

Das Team schloss seine Arbeit mit Lösungen ab, die zu einem radikalen Redesign der Arbeitsabläufe führten. Die entsprechenden Kosten konnten um 80 Prozent gesenkt werden, und die Zeit zum Abwickeln der Bezahlung von Sprachkursen reduzierte sich um 70 Prozent. Ein komplettes Kreditorensystem wurde eliminiert, Schreibarbeiten konnten spürbar vermindert werden, die Abstimmung von Konten wurde automatisiert, was alles die Zufriedenheit der Prozesskunden erhöhte und die Arbeitsbelastung senkte."

Sandy freut sich über die von ihrem Team erzielten Resultate: „Das Anfertigen von Gedächtniskarten linderte die von einem komplizierten Geschäftsprozess, der mehr als 60 Länder umfasst, erzeugte Frustration. Feedback von Prozesskunden und unser ‚neues Tool' stellten sicher, dass wir auf dem richtigen Weg waren." (Ein Profil von Sandy Hahn findet sich in Kapitel 7.)

Profil einer Führungskraft: Tiger Vessels

Tiger Vessels ist CEO bei Union Transport, einer Speditionsfirma mit Hauptsitz in Johannesburg, Südafrika.

Tiger Vessels und zwei Partner gründeten Union Transport 1978 mit einem Kapital in Höhe von 10 000 US-$. Die Drei hatten sich gefunden, als sie bei einer großen Spedition arbeiteten, die nicht die Art von Vision für ihre Branche hatte, die Tiger und seine Partner zur Sicherung der Erfolgsbasis für notwendig hielten. Tiger glaubte, dass sie nicht einfach nur Vertragspartner haben können, die in anderen Ländern für sie arbeiten, sondern eigene Niederlassungen in diesen Ländern benötigen. Ihr erster internationaler Versuch – in den USA – scheiterte. Das Trio (welches inzwischen zum Quartett wurde) blieb aber beharrlich.

Union Transport ist von sechs Beschäftigten im Jahre 1978 auf 5 000 Beschäftigte in 172 Büros in 32 Ländern mit einem Umsatz von 500 Millionen US-$ gewachsen. Für das Jahr 2000 strebt das Unternehmen einen Umsatz in Höhe von 1 Milliarde US-$ an. Union Transport ist an der Börse von Johannesburg notiert.

Warum hat sich Union Transport nicht nur im Wettbewerb behauptet, sondern das Mittelmaß hinter sich gelassen, um phänomenal zu wachsen und erfolgreich zu sein? Dies hat viel mit dem Führungsverhalten von Tiger Vessels zu tun. Tiger ist der Inbegriff des BrainSmart Leaders, der weiß, wie die Kreativität der Mitarbeiter angeregt und wie eine Synergie in seinem Unternehmen ermutigt wird, die sich von selber antreibt und verewigt.

„An der Spitze unseres Managements haben wir das, was wir als ‚Regenschirm-Vision' bezeichnen", erläutert Tiger. Die Führungskräfte haben eine Vision für den Weg, den sie gehen möchten. Sie kommunizieren dies ihrem Personal, überlassen es aber ihren Mitarbeitern, wie sie diese Zielvorstellungen in die Praxis umsetzen. „Wir erlauben jedem Teil der Organisation, seine eigene Vision zu entwickeln, so dass alle eingebrachten Ideen kraftvoller sind und eine größere Erfolgswahrscheinlichkeit haben", sagt Tiger. „Weil die Ideen von ihnen und nicht von uns entwickelt werden, fühlen sie sich in der Lage, ihre Ziele zu erreichen."

Tiger vergisst nie, dass seine Mitarbeiter Menschen und keine Maschinen sind. Er sieht jeden Mitarbeiter als ein wertvolles Individuum und gibt sich große Mühe, seine Mitarbeiter auch so zu behandeln: „Ich verbringe viel Zeit, um mit den Mitarbeitern meiner Organisation unter vier Augen zu kommunizieren", sagt Tiger. „Meine Tür ist immer offen und ich vergewissere mich, indem ich frage, ob sie persönliche Probleme haben, die sie besprechen möchten. Mitarbeiter müssen diese Art von Problemen loswerden, um effektiv arbeiten zu können. Wenn dies alles ist, worüber wir sprechen, dann ist es schön. Ich gebe den höheren Vorgesetzten 90 Minuten, in denen ich nie möchte, dass sie sich von mir unter Zeitdruck gesetzt fühlen."

Tiger und seine Partner, die sich selber als „Teilhaber" bezeichnen, bleiben nicht in einem Elfenbeinturm, während sich die Tagelöhner unter ihnen plagen. Dies hat zur Folge, dass sie über alles, was vorgeht, informiert und beim Lösen von Problemen stärker beteiligt sind.

„Die Leute sagen, dass sie kein Manager sein können, wenn sie in das Tagesgeschäft verwickelt sind. Wir empfinden aber genau das Gegenteil", erläutert Tiger. „Weil wir beteiligt *sind*, wenn Sachen daneben gehen, bitten uns die Mitarbeiter, uns das Ganze anzusehen und zu helfen. Dies ist fantastisch und für alle besser als eine Situation, in der Sie nur dasitzen und versuchen, andere Leute zu kontrollieren."

Auch andere Dinge werden bei Union Transport anders gemacht. Wenn Mitarbeiter eine kreative Idee haben, dann schreiben sie diesen Gedanken in die „Verkaufsbibel" des Unternehmens, weil er in der Gegenwart oder Zukunft nützlich sein könnte. Wenn die Idee für nützlich befunden wurde, könnte hierzu oder hierauf aufbauend ein Schulungsmodul entwickelt werden.

„Ich möchte, dass meine Mitarbeiter ihre Arbeitsweise selbstkritisch sehen", sagt Tiger. „Die Bibel ermutigt sie, zu sagen: ‚Dies könnte funktionieren und andere können hiervon profitieren.' Auf diese Weise lernt das Unternehmen von sich selber und verlässt sich nicht auf eine Hand voll Leute, die all das neue Zeug produzieren sollen. Dies ist der Grund, warum ich alle Verkäufer und Manager dazu anrege, eine Art Tagebuch zu führen: ‚Dies passierte – was ich hätte tun sollen war x.' Allein der Prozess des Dokumentierens von Gedanken oder Maßnahmen bekräftigt ihre Ideen und hilft ihnen dabei, mit dem kritischen Denken über den Wachstumsprozess zu beginnen. Jede Person, die das anwendet, was wir unseren Mitarbeitern beibringen, wächst – ohne Ausnahme. Dieses Wachstum trägt dazu bei, dass innerhalb des Unternehmens Ideen entwickelt und spontan geäußert werden."

Tiger und jeder Mitarbeiter seines Verkaufsteams treffen mindestens fünf Kunden pro Woche. Obwohl der Arbeitstag morgens um 8 Uhr beginnt, wünscht Tiger, dass seine Vertriebsmitarbeiter ihre Verkaufsgespräche möglichst erst ab 10.30 Uhr führen. Tiger möchte, dass seine

Vertriebsmitarbeiter zwei Stunden und dreißig Minuten haben, um nur über ihre Arbeit nachzudenken und administrative Aufgaben zu bewältigen. „Wenn sie sich auf diese Weise disziplinieren, funktioniert es. Mitarbeiter, die mit ihren Verkaufsgesprächen um 8 Uhr beginnen, haben einen so vollen Arbeitstag, dass ihnen die Zeit zum Nachdenken und Überlegen fehlt", erklärt Tiger. „Und sie brauchen diese Denkzeit."

Das Anfertigen von Gedächtniskarten ist ein weiteres, bei Union Transport genutztes Hilfsmittel, das die Kreativität gefördert, das Planen und Lernen sowie die Dokumentation von Ideen verbessert hat. „Ich lernte das Anfertigen von Gedächtniskarten vor 20 Jahren", sagt Tiger. „Es beeindruckte mich als eine so einfache Technik. Als Student hatte ich immer Schwierigkeiten, meine Gedanken zu strukturieren. Die Tatsache, dass Gedanken nicht linear, sondern ungeordnet sind und durch das Anfertigen von Gedächtniskarten organisiert werden können, erschien mir unmittelbar einleuchtend. Heutzutage gehen wir kaum zu einer Besprechung, in der nicht jemand den Ablauf in einer Gedächtniskarte festhält. Ich weiß nicht, wie ich ohne das Anfertigen von Gedächtniskarten zurecht gekommen wäre. Viele unserer Mitarbeiter sehen dies ebenso."

Tiger verwendet Gedächtniskarten, um Ansprachen und Präsentationen für Kunden zu entwerfen. Er bildet die Kundenbedürfnisse in Gedächtniskarten ab und nutzt Gedächtniskarten, wenn er Vorschläge erarbeitet, Treffen vorbereitet und wenn er an Gesprächsrunden mit Experten teilnimmt, um den Argumenten zu folgen und Ideen anzuregen. Er bewahrt alle seine Gedächtniskarten in Notizbüchern auf, die viele Jahre zurückreichen. Seine Mitarbeiter zeigen sich untereinander Gedächtniskarten und projizieren hiervon einige an Wände, so dass andere Leute Ideen beisteuern können.

Union Transport durchlebt wie jede andere Firma Höhen und Tiefen. Mit dem von den Führungskräften gewählten Ansatz konnten die schlechten Zeiten aber erfolgreich überstanden werden. „Viel von unserem Wachstum wurde in schlechten Zeiten erzielt", sagt Tiger. „Ich glaube ehrlich, dass Ihre Chancen, das zu erreichen was Sie wollen, wesentlich besser sind, wenn Sie Ihre Aussichten optimistisch beurteilen. Wir haben eine Vielzahl von echten Desastern erlebt, die uns in die Quere gekommen sind. Wir haben die Herausforderungen aber angenommen und uns gefragt, was wir dagegen machen müssen. Wir haben fleißig geplant und unseren Mitarbeitern ein Gefühl von Vertrauen vermittelt – und es hat funktioniert."

Seine Philosophie hat Tiger auch eine andere Art von Erfolg gebracht. Obwohl er mehr Geld hat als er jemals ausgeben könnte, bevorzugt er ein bescheidenes Leben ohne Traumwagen und Luxusvillen: „Selbstverständlich genieße ich einen gesunden Lebensstandard. Was mir aber wirklich sehr viel gibt, das sind Mitarbeiter, bei denen ich beobachten kann, dass sie wachsen. Wenn ich einen jungen Mann erlebe, der bei uns als Versandfahrer angefangen hat und der sich im Laufe der Zeit zum Manager der gehobenen Führungsebene entwickelt, dann bereitet mir dies sehr viel Freude. Ich genieße es, ein Katalysator zu sein, der anderen beim Wachsen hilft."

Schlussfolgerung und Aktivitäten

Die Anwendungsmöglichkeiten von Gedächtniskarten sind ohne Ende. Sie können Gedächtniskarten anwenden, um jedes beliebige Thema zu untersuchen, um Prüfungsstoff zu wiederholen, den Gesamtzusammenhang in einer Situation zu erkennen, um auswendig zu lernen, um private und berufliche Veranstaltungen zu organisieren und Verhandlungen vorzubereiten.

Aktivitäten

Sie finden hier eine Reihe von Aktivitäten, die dazu beitragen sollen, Ihre Fertigkeiten beim Erstellen von Gedächtniskarten zu entwickeln. Nach Einschätzung von Tony Buzan müssen Sie mindestens 100 Gedächtniskarten erstellen, um das gesamte Spektrum der Anwendungsmöglichkeiten zu verstehen und um sich hieran zu gewöhnen.

1. Erstellen Sie eine Gedächtniskarte über Ihre zukünftige Karriere.

2. Erstellen Sie eine Gedächtniskarte von einem Buch, von einer Gebrauchsanleitung oder von einer Stellenbeschreibung, die Sie kennen müssen.

3. Erstellen Sie vom nächsten Workshop oder Seminar, an dem Sie teilnehmen, eine Gedächtniskarte.

4. Erstellen Sie vom nächsten Ihrer (internen oder externen) Kundentreffen eine Gedächtniskarte.

5. Erstellen Sie von einem Team- oder Abteilungstreffen eine Gedächtniskarte.

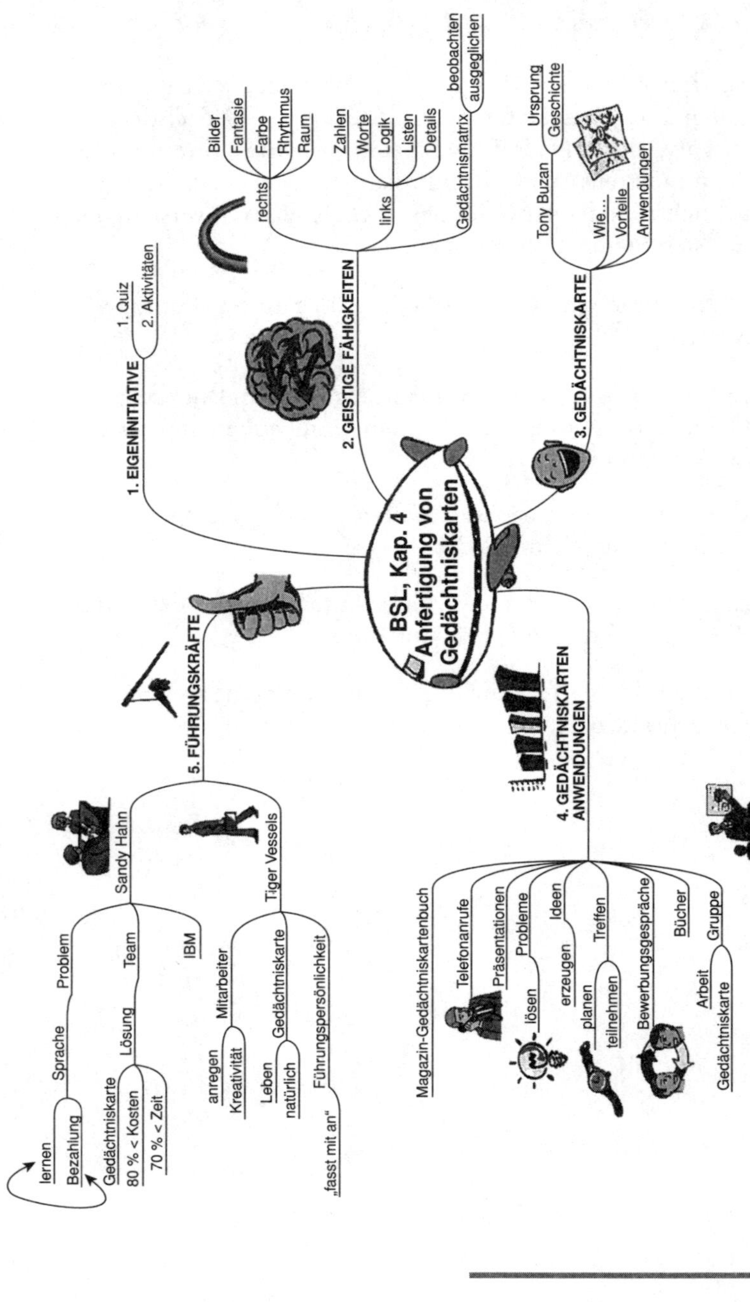

Abbildung 9: Gedächtniskarte zu „4. Anfertigung von Gedächtniskarten“

5. Die Kraft der Vision

Dieses Kapitel behandelt die Bedeutung von individuellen und Unternehmensvisionen. Es wird erläutert, warum eine Vision effektiv ist und wie Sie eine solche entwickeln und erfolgreich implementieren können.

Test

Nr.	Frage	J	N
1	Wissen Sie, was Sie in Ihrem Beruf oder mit Ihrer Karriere wirklich erreichen wollen?	☐	☐
2	Sind Sie in der Lage, eine Vision für Sie selber und/oder Ihr Unternehmen zu beschreiben?	☐	☐
3	Glauben Sie, dass Sie in Ihrem Leben eine gestaltende Kraft sind?	☐	☐
4	Verstehen und unterstützen andere Leute Ihre Vision?	☐	☐
5	Bringt Ihre Vision Sie dazu, Ihre Grenzen zu erweitern und vertrautes Gebiet zu verlassen?	☐	☐
6	Haben Sie Wege erdacht, um sich permanent an Ihre Vision zu erinnern (z.B. Poster)?	☐	☐
7	Haben Sie Ziele oder Pläne, die Sie beim Verwirklichen Ihrer Vision unterstützen?	☐	☐
8	Hat Ihr Unternehmen eine Vision, die die Mitarbeiter begeistert?	☐	☐
9	Haben Sie die kritischen Faktoren identifiziert, die dazu beitragen werden, Ihre Vision zu verwirklichen?	☐	☐

10 Sind Sie bereit, Opfer zu bringen und beharrlich zu sein, bis Sie Ihre Vision verwirklicht haben? ☐☐

Bewertung

Geben Sie für jedes „Ja" 2 Punkte.

Wenn Sie mehr als 18 Punkte erhalten haben, dann haben Sie bereits eine klare Vision entwickelt und wissen, wie diese Vision zum Führen von Mitarbeitern zu nutzen ist. Wenn Sie 18 oder weniger Punkte erhalten haben, dann wird Ihnen dieses Kapitel zeigen, wie Sie Ihre Vision entwickeln und kommunizieren.

Visionäre Führung

Wenn Sie jemand fragt, wie Sie sich Ihre Zukunft wünschen, würden Sie dann gern sagen: „Ich möchte unglücklich, unsicher, verwirrt und erfolglos sein"? Dies mag sich wie eine lächerliche Vorstellung anhören, ist aber oft das, was diejenigen erwartet, die sich nicht bewusst ihre erstrebenswerte Zukunft ausmalen. Auf Grund unserer Kenntnisse über die Arbeitsweise unseres kreativen Gehirns verstehen wir jetzt, dass wir unserem Gehirn präzise Ziele vorgeben müssen, um am gewünschten Bestimmungsort anzukommen. Ein anderer Blickwinkel auf diesen Sachverhalt ergibt sich durch das, was wir als das „vollständige Bild" bezeichnen.

Es ist überraschend, wie viele Unternehmen keine Vision haben. Dies ist für ein Unternehmen genauso schädlich wie für eine Einzelperson. Beide überlassen ihre Zukunft dem Zufall.

Warren Bennis spricht von der Entwicklung von Führungsverhalten und meint, dass Erfolg im Informationszeitalter von der Fähigkeit eines Unternehmens abhängt, geistiges Kapital hervorzubringen – „bestehend aus Know-how, Sachkenntnis, geistigen Fähigkeiten, Innovation und Ideen, die in einer Unternehmenskultur gefördert werden, die nicht nur dynamisch, konzentriert, flexibel und freundlich ist, sondern auch Spaß macht." Er geht weiter und sagt, dass der entscheidende Wettbewerbsvorteil in Zukunft „die Fähigkeit der Führungskräfte sein wird, ein soziales Umfeld zu schaffen, das geistiges Kapital hervorbringen kann. Alle guten CEOs sagen mir, dass ihre wichtigste Herausforderung lautet: ‚Wie kann ich die Intelligenz der Mitarbeiter unseres Unternehmens nutzbar machen?'" Eine mit Hilfe von Mental Literacy realisierte Vision soll genau dies leisten.

Burt Nanus schreibt in seinem Buch *Visionary Leadership*: „Es gibt keinen stärkeren Motor, der ein Unternehmen zu Spitzenleistungen und langfristigen Erfolgen treibt, als eine allgemein akzeptierte, attraktive, erstrebenswerte und realisierbare Vision der Zukunft."

Eine Vision ist eine attraktive Zukunft für Sie oder Ihr Unternehmen, die Ihr kreatives Gehirn dazu anregt, seinen Beitrag zu ihrer Verwirklichung zu leisten. Sie weist Ihnen den Weg, hilft Ihnen, sich auf Ihre Ziele zu konzentrieren, regt Ihre Kreativität an und stellt Vermutungen in Frage, die Ihre Entwicklung beschränken.

Anfang der 60er Jahre inspirierte US-Präsident John F. Kennedy die NASA mit seiner Vision von einem Mann auf dem Mond, der sicher zurückkehrt. Dies beinhaltete eine der schwierigsten Aufgaben für Management und Organisation, die jemals in Angriff genommen wurden. Viele Skeptiker spotteten damals über die Idee. Die Vision gab den Mitarbeitern der NASA aber die Kraft, diese Herausforderung zu bewältigen.

Die Vision von Disney „Wir bringen Spaß" ist ein herausragendes Beispiel für die Kraft, die drei einfache Worte bei den Mitarbeitern und Kunden freisetzen können. Es wäre ziemlich lächerlich für Disney, eine Vision zu übernehmen, die lautet: „Wir bringen Unbehagen." Manche Unternehmen machen das aber, indem sie sich nicht mit dieser Frage auseinander setzen. Ohne Vision sind die Mitarbeiter und das Management zur Mittelmäßigkeit verurteilt.

Peter M. Senge, Verfasser von *The Fifth Discipline*, sagt: „Wo eine echte Vision ist, erbringen Menschen Spitzenleistungen und lernen – nicht weil ihnen dies gesagt wird, sondern weil sie es wollen."

Im Zusammenhang mit dem Begriff der Vision gibt es oft Unklarheiten. Eine Vision ist weder eine Missionsaussage noch ein Ziel. Eine Missionsaussage ist eine allgemeine Philosophie zum Erreichen eines Ziels, z.B. „Herstellung des bestmöglichen Produkts". Ein Ziel beinhaltet eine konkrete Wirkung wie z.B. „Bis zum 1. August ist ein Umsatz in Höhe von 1 Million £ zu erreichen." Sowohl das *Wie* als auch das *Was* müssen im Zusammenhang mit einer Vision stehen.

Eine Vision ist eine ausgemalte, mögliche und wünschenswerte Zukunft, die dynamisch und sich entwickelnd ist und die geistiges Kapital und Kreativität entfesseln kann. Sie ist dazu gedacht, Leute zu binden und ihnen Kraft zu geben. „Keine Hütten mehr" ist z.B. die Vision von Habitat for Humanity, einer Organisation, die mit freiwilligen Arbeitskräften für Bedürftige preiswerte Häuser baut. „Rette den Planeten. Liebe alle. Diene allen." ist die Vision des Hard Rock Cafes, und die Vision von Tony Buzan für sein Unternehmen lautet: „Eine Welt schaffen, in der sich die Menschen mit Mental Literacy auskennen."

Sobald Sie eine vorläufige Vision haben, sollten Sie prüfen, ob die Vision für die Betroffenen Sinn macht. Vielleicht müssen Sie die Vision anpassen, um sicher zu gehen, dass sie akzeptiert wird. Nutzen Sie anschließend alle möglichen Wege, um Ihrem Personal die Vision zu übermitteln (viele Unternehmen haben ihre Visionen in Ablageschränken, wo sie mit Sicherheit nichts Gutes bewirken). Sie müssen sicherstellen, dass die Vision oft kommuniziert wird und dass Ihr Personal Ihre Vision teilt. Dies ist das Erfolgsgeheimnis.

Brain Smart!

Um eine Vision zu entwerfen, müssen Sie folgende Frage beantworten:

„Was will ich wirklich?" Es ist herausfordernd, wenn Sie Ihre Antwort auf ein einfaches Konzept reduzieren. Sie müssen aber bestimmte Kriterien beachten:

1. Schränken Sie Ihre Vorgaben nicht durch Bedingungen wie „falls" oder „wenn" ein.
2. Sie müssen spezifische Angaben machen.
3. Konzentrieren Sie sich auf die Endergebnisse und nicht auf den Weg dorthin (Ihr kreatives Gehirn wird dieses Problem lösen).
4. Unabhängig von Ihrer gegenwärtigen Stimmung: Streben Sie das Endergebnis an.
5. Entwickeln Sie Ihre Vision frei – ohne dass vorhergehende Erfahrungen Ihre Entscheidung bestimmen.
6. Wählen Sie, was Sie wünschen – und nicht das, was jemand anders für richtig hält.
7. Überlegen Sie, was möglich ist. Beschränken Sie nicht das, was Sie wollen.

Ein Verkäufer fertigte von seiner Vision eine Zeichnung an (Abbildung 10). Sie zeigt ihn beim Besteigen eines Berges und wie er auf dem Gipfel eine Fahne der Sicherheit in der Hand hält. Diese einfache Zeichnung legte der Verkäufer auf den Kühlschrank, so dass er sie täglich sehen konnte, während er auf seine angestrebte Vision hinarbeitete.

Eine Möglichkeit, um eine Vision einprägsam zu machen, besteht im Erzählen von Geschichten oder der Anwendung von Metaphern. Als Robert M. Elliott President der Levitz Furniture Corporation war, nutzte er diese Methode. Er sah sein Unternehmen als imaginären Zug, der auf gewundenen Bahngleisen bergauf und durch viele Tunnels fährt. Für diejenigen, die nicht aussteigen, würde der Zug schließlich sein Ziel erreichen – ein profitables und erfolgreiches Unternehmen. Dies war eine kraftvolle Vision, die leicht verstanden und behalten werden konnte.

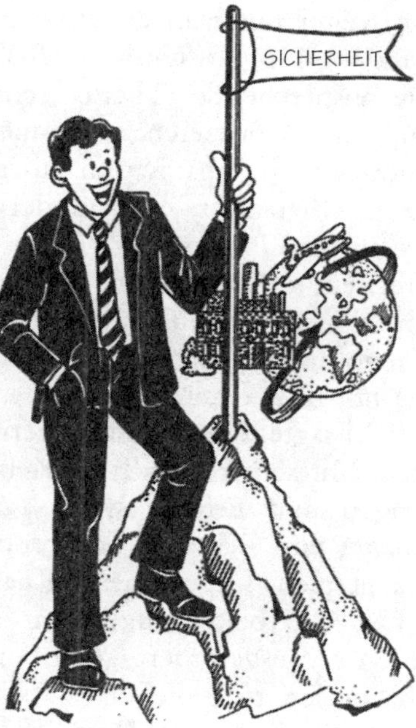

Abbildung 10: Vision eines Verkäufers

Hier sind einige andere Möglichkeiten zum Kommunizieren einer Vision:

- Briefe
- Newsletter
- Audiokassetten
- Poster
- Kleidung
- Symbole (Logos)
- Gedächtniskarten
- Videos
- Comics
- Abzeichen

Je mehr von den fünf menschlichen Sinnen beim Kommunizieren einer Vision angesprochen werden, desto effektiver und einprägsamer der Vorgang. Wir neigen dazu, vor allem auf das Sehvermögen und das Gehör zu vertrauen. Im weiter unten in diesem Kapitel abgedruckten Führungskräfteprofil von Bob Hughes wird *Star Trek: The Next Generation* als ein viele Sinne ansprechendes Thema genutzt. Bob Hughes verwendete dieses Thema zum Motivieren, zum Anleiten und um seine Mitarbeiter auf die Vision seiner Organisation auszurichten – die am weitesten fortgeschrittene, effizienteste und modernste Abteilung für Lohnbuchhaltung im gesamten Universum zu sein.

Viele Sinne ansprechende Visionen sind mächtig, weil über drei Sinne vermittelte Informationen mit einer mindestens dreimal so großen Wahrscheinlichkeit aufgenommen und behalten werden wie Informationen, deren Vermittlung nur über einen Sinn läuft.

Bob Hughes von IBM sagte seinen Mitarbeitern nicht nur, dass sie effizienter werden sollen. Mit seiner Star-Trek-Metapher ließ er seine Mitarbeiter Verbesserungen und Erfolge symbolisch *erleben*. An der Decke glühte eine Galaxie von Planeten. Während der Besprechung wurde Star-Trek-Musik gespielt. Der servierte Kuchen war mit Star-Trek-Figuren verziert. Die Mitarbeiter trugen Star-Trek-Kostüme und Spock-Ohren. Sie wurden herausgefordert, „den Fortschritt des Rechnungswesens im 21. Jahrhundert zu genießen."

Richard Israel verwendet in seinem Buch *The Vision* das Beispiel eines Verkaufsteams, das an einem Wettbewerb teilgenommen hatte, bei dem es als ersten Preis eine Reise nach Paris gab. Um diese Vision mit mehreren Sinnen zu kommunizieren, hatte die Verkaufsmanagerin Sandy Stone ein Bild des Eiffelturms und ein bei einer Party aufgenommenes

Foto des Verkaufsteams an eine Wand im Büro gehängt. In die Nähe der beiden Bilder stellte sie eine Flasche Champagner, die mit einem mit französischem Parfüm getränkten Seidenschal dekoriert war. Durch das Ansprechen von mehreren Sinnen erhielt ihr Verkaufsteam eine klarere Vision des Preises – und gewann ihn!

Was macht Visionskraft wirksam?

Stellen Sie sich vor, Sie gehen eine dichtbefahrene Hauptstraße in einer Großstadt entlang. Auf der anderen Seite der überlasteten Straße entdecken Sie ein Geschäft, das Sie aufsuchen müssen. Sie verlassen morgen die Stadt, so dass Sie das Geschäft heute aufsuchen müssen. Es gießt in Strömen und das Überqueren der Straße könnte lebensgefährlich sein. Weil Sie das Geschäft aber unbedingt aufsuchen müssen, wird Ihr Gehirn mit einer unwiderstehlichen Herausforderung konfrontiert. Vielleicht können Sie an der nächsten Ecke eine Ampel finden und die Straße im Laufschritt überqueren. Sie können möglicherweise das Risiko eingehen, die Straße direkt zu überqueren, indem Sie vor jeder Fahrbahn eine Pause einlegen, bis Sie eine Lücke entdeckt haben. Vielleicht können Sie einen Polizisten finden und um Hilfe beim Überqueren der Straße bitten. Sie können sich nach einem Regenschirm umsehen oder abwarten, bis der Regen aufhört. Sie können auch zu dem Ergebnis kommen, dass es sich lohnt, klatschnass zu werden. Ihr kreatives Gehirn wird eine Reihe von Möglichkeiten untersuchen. Früher oder später wird es aber einen Weg und eine von Ihnen akzeptierte Methode finden und Sie zum Ziel führen.

Stellen Sie sich vor, was in Ihrem Gehirn passiert, wenn Sie an die mit dem Erreichen Ihrer Vision verbundenen Komplikationen denken:

1. In Ihrem geistigen Auge sehen Sie sich dort, wo Sie auf Grund Ihrer Vision sein möchten.
2. Sie sagen sich: „Egal wie der Weg auch aussieht – ich werde es machen und dort ankommen."
3. Sie haben die notwendige Energie, um das Ihrer Vision entsprechende Endergebnis zu erreichen.
4. Ihr kreatives Gehirn wird eine Reihe von Möglichkeiten prüfen und eine Strategie entwickeln, mit der Sie Ihr gewünschtes Endergebnis erreichen können.

Diese einfache Analogie zeigt, wie Visionskraft funktioniert. Wenn Sie sich auf eine attraktive Zukunft oder Vision konzentrieren und wissen, wo Sie zurzeit stehen (Ihre gegenwärtige Situation, was Sie haben und was Ihnen fehlt), dann wird Ihr kreatives Gehirn die Strategie entwickeln und die notwendige Energie freisetzen, um Sie an Ihren Bestimmungsort zu bringen.

Die Herausforderung des visionären Führungsverhaltens

Wenn Sie an visionäre Führungspersönlichkeiten denken: Wer kommt Ihnen in den Sinn? Thomas Edison, Henry Ford, Bill Gates, Winston Churchill, Martin Luther King, Eleanor Roosevelt, Billy Graham, Mutter Theresa? Sie haben zweifellos Ihre eigene Liste.

Die berühmten Leute haben trotz ihrer sehr unterschiedlichen Lebensläufe eine gemeinsame Stärke – eine persönliche Vision, die sie nicht nur ihren Mitarbeitern kommunizieren konnten, sondern auch den Massen. Wir denken, dass diese Leute nicht nur kraftvolle Visionen besassen, sondern auch ihre kreativen Gehirne nutzten, um diese Visionen trotz aller Hindernisse auf dem Weg dorthin zu verwirklichen. Diese Leute waren beharrlich, fühlten sich ihrer Sache verpflichtet und wussten genau, was sie wollten.

Brain Smart!

Für jeden kommt es beim Erreichen seiner Vision auf Folgendes an. Hier sind die Schritte:

1. Entwickeln Sie ein klares Verständnis von dem, was Sie wollen.
2. Entwerfen Sie ein möglichst detailliertes geistiges Bild von dem, was Sie wollen.
3. Fassen Sie das Bild mit einem kurzen Satz zusammen. Wenn Sie Ihre Vision nicht mit 15 oder weniger Worten ausdrücken können, müssen Sie so lange Veränderungen vornehmen und andere Schwerpunkte setzen, bis Sie dies schaffen. Die Vision sollte eher wie eine allgemeine Philosophie sein und nicht so sehr wie ein Bündel von Zielen erscheinen.
4. Wenn Ihre Vision Ihr Unternehmen betrifft, sollten Sie Kollegen um Feedback bitten. Für eine persönliche Vision sollten Sie einen Freund um Feedback bitten.
5. Kommunizieren Sie die Vision auf möglichst vielen Wegen. Dies informiert nicht nur andere, sondern bekräftigt die Vision in Ihrem Gedächtnis.
6. Ergreifen Sie permanent Maßnahmen, die Sie zu dem Ihrer Vision entsprechenden Endergebnis bringen.

Profil einer Führungskraft: Bob Hughes, IBM

Bob Hughes war 1991 mit der größten Herausforderung seiner Karriere konfrontiert. Bob war bei IBM der zuständige Manager für die Konsolidierung der Reise- und Umzugskostenabrechnung zu einer zentralen Einheit auf nationaler Ebene in Endicott, New York. Vor dieser Zentralisierung waren die hierfür zuständigen Abteilungen des Rechnungswesens über die gesamten USA verstreut. Es wurde zu viel Personal benötigt. Außerdem waren die von der Reise- und Umzugskostenabrechnung verursachten Kosten zu hoch.

Der Standort war kurz davor, auf Grund von knappen Budgets für ein Downsizing vorgesehen zu werden. Das rückläufige Arbeitsvolumen führte bereits zur Entlassung von Mitarbeitern. Bob wurde damit beauftragt, so viele Mitarbeiter wie nur möglich in seinen neu gegründeten zentralisierten Unternehmensbereich für die Reise- und Umzugskostenabrechnung zu übernehmen.

Bob hatte ein weißes Blatt vor sich – keine Organisationsstruktur und keine Mitarbeiter – und ein sehr kleines Budget. Seinen neuen Mitarbeitern hatte er nicht gerade das Paradies zu bieten: Ihre Büros sollten mit überschüssigen Möbeln provisorisch in abgelegenen Autogaragen eingerichtet werden. Mit seinem Enthusiasmus bewegte Bob vier Mitarbeiter dazu, ihre attraktiven Büros in Southbury, Connecticut, zu verlassen, um in einer der Autogaragen von Endicott zu arbeiten – eine Entfernung von mehr als 300 km.

Abgesehen von den vier neuen Managern mit Kenntnissen im Rechnungswesen wusste keiner der anderen von Bob eingestellten 70 Mitarbeiter auch nur ein bisschen über das Verbuchen von Aufwendungen oder Spesen. Einige waren Arbeiter im Lagerhaus, einige Sekretärinnen, andere arbeiteten in der Cafeteria oder in der Instandhaltung.

Bobs Herausforderung bestand darin, aus einer heterogenen Gruppe von Einzelpersonen ein eingeschworenes Team zu schmieden, das die beste Organisation für das Rechnungswesen in den USA bilden sollte. Bobs Team erreichte das Ziel unter seiner Führung und gewann im Laufe der nächsten fünf Jahre den angesehenen CFO Reach Award sowie den Hackett Best Practices Award.

„Das Einzige, worauf ich bei der Auswahl von Mitarbeitern achtete, war die Grundeinstellung“, sagte Bob. „Wenn sie die richtige Einstellung hatten, nahm ich an, dass ich ihnen drei Prinzipien beibringen konnte, die den Erfolg garantieren.“ Diese drei Prinzipien waren:

1. Kontrolle
2. Herausforderung
3. Zusammenhalt

Kontrolle

Bob vermittelte seinen Mitarbeitern, dass sie alles kontrollierten, was in ihrer Karriere passiert: Für wen sie arbeiten, wie viel Geld sie verdienen und ob sie zur Arbeit gehen oder nicht. Er betonte, dass eine Fortsetzung ihrer Ausbildung seinen Mitarbeitern mehr Kontrolle über ihre Zukunft geben würde: Je mehr neue Fertigkeiten sie erwarben, desto größer ihre Auswahl an möglichen Arbeitsplätzen und desto besser die Gehaltsperspektiven.

Bob untermauerte seine Worte mit Taten und gab der Ausbildung die höchste Priorität. Er begann mit Kursen im Rechnungswesen und gab Teammitgliedern zwei Wochen Schulunterricht, auf denen zwei Wochen folgten, in denen das Erlernte am Arbeitsplatz geübt wurde. Er setzte dann zwei weitere Wochen mit Schulunterricht an, wobei alle Teilnehmer jedesmal ein bisschen mehr gefordert wurden. Jede neue Unterrichtseinheit ging einen Schritt weiter, indem sie auf dem vorhergehenden Stoff aufbaute – es war wirklich ein „Lernen wie Sie arbeiten". Der durch diesen Zyklus von Unterricht und Anwendung erzeugte Schwung war wie bei einem Schneeball, der einen Berg hinab rollt und ständig größer und schneller wird, bis er schließlich die Talsohle erreicht.

Weil Bob der Auffassung war, dass das Wissen seiner Mitarbeiter sein wichtigstes Kapital ist, widerstand er dem Druck, die Ausbildungskosten zu minimieren. „Wenn eine Budgetkürzung beschlossen wurde, sagte ich: ‚Wir müssen mehr in die Ausbildung investieren und nicht weniger'", erklärte Bob. „Ich machte was ich konnte, um die Einsparungen bei anderen Positionen zu erreichen. Ich erhöhte auch weiterhin den kleinsten gemeinsamen Nenner. Indem ich das Wissen jedes einzelnen Mitarbeiters ausbaute, erzielte ich exponentielle Verbesserungen. Dies traf sogar zu, wenn das Wissen der Mitarbeiter nur in geringem Ausmaß erweitert wurde. Sie nehmen 74 Mitarbeiter mit diesem Zuwachs an Wissen, und die Ergebnisse werden phänomenal."

Herausforderung

Bob wollte, dass seine Mitarbeiter ihre neuen Arbeitsaufgaben als Herausforderung sehen – als Herausforderung, ein Lächeln in die Gesichter ihrer internen Kunden zu zaubern.

„Das Hauptaugenmerk galt Minute für Minute und Stunde für Stunde der Frage: ‚Arbeiten wir auf unser Ziel hin und bereiten wir unseren Kunden Freude?'", sagte Bob. Mit diesem als Orientierung dienenden Grundprinzip musste er seine 74 Mitarbeiter nicht permanent beaufsichtigen. Wenn sie nicht genau wussten, was sie machen sollten, hatten sie sich nur an ihr Ziel zu erinnern. Sie würden hierdurch den richtigen Weg finden. Dies traf zu – egal ob sie die Post öffnen mussten oder ein Problem am Telefon zu bewältigen hatten.

Zusammenhalt

Die Mitarbeiter sollten sich miteinander verbunden fühlen und sich als eine große Einheit sehen, die von der Summe der kleinen Fortschritte jedes einzelnen Mitarbeiters profitiert.

Häufiges Schulterklopfen für jeden, der kleine oder große Fortschritte erzielte, war ein integraler Bestandteil von Bobs Erfolgsformel. „Wir entwickelten Möglichkeiten um Mitarbeiter anzuerkennen, die ihre Sache gut gemacht haben. Wir veranstalteten Feiern, die spezielle Elemente enthielten und gleichzeitig an unsere Arbeitsaufgabe gebunden waren", erklärte Bob. Als Bobs Team auch Kanada übernahm, wurde z.B. mit French Vanilla Coffee aus New York City und Französischen Pasteten gefeiert.

Management mit einer Vielzahl von Sinnen

Bob hätte seine Zeit damit verbringen können, auf seine Mitarbeiter einzureden. Er hätte die Prinzipien seiner Organisation auswendig herunterrasseln und sich um alles kümmern können, was seine Mitarbeiter machen. Bob wusste aber, dass er die Intelligenz von allen Mitarbeitern seines Teams nutzen musste – von der am wenigsten bis zu der am besten ausgebildeten Person.

Er brauchte mit seiner sehr heterogenen Gruppe von Mitarbeitern außergewöhnliche Ergebnisse – und er brauchte sie schnell. Dies erforderte außergewöhnliche Bemühungen, um die Vorstellungskraft der Mitarbeiter freizusetzen und Vertrauen aufzubauen. Ein Wunder war nicht notwendig, aber ein unkonventioneller Ansatz. Wie Jonglieren.

Jonglieren? Was in aller Welt hat Jonglieren mit Rechnungswesen zu tun? (Sehr viel, wenn es in einer Metapher verwendet wird, mit der Mitarbeiter lernen können, wie man sich dem Wandel anpasst.) „Ich wusste, dass ich etwas Einzigartiges mit meinen Mitarbeitern machen musste, wenn sie sich zu Führungskräften und Agenten des Wandels entwickeln sollten", erklärte Bob: „Ich wollte, dass sie die Bedeutung von kontinuierlichem Lernen verstehen und ihre unbegrenzten geistigen Fähigkeiten erkennen. Die meisten Menschen finden Jonglieren schwer. Wenn ich ihnen zeigen kann, dass sie in der Lage sind, das Jonglieren zu beherrschen, dann würde ich sie ermutigen, auch andere Herausforderungen anzunehmen."

Bob weiß, dass Menschen besser lernen, wenn sie Spaß haben und aktiv teilnehmen. Er weiß, dass sich jeder, der auch nur einen kleinen Erfolg beim Jonglieren hat, in einem anderen Licht sieht. „In einer halben Stunde lernten alle das Jonglieren", erinnert sich Bob, „es war beeindruckend, zu sehen, dass viele Mitarbeiter etwas machten, was sie als schwierig oder unmöglich einstuften und dabei erfolgreich waren." Bob schenkte allen die von ihm gekauften Trainingsbälle als dauerhafte Erinnerung an ihren Erfolg.

Bobs Ansatz wurde 1997 sogar auf eine Vielzahl von Sinnen zugeschnitten, als er die Eröffnung der New Year Abteilung für globale Kreditorenbuchhaltung beaufsichtigte. Das Thema war ein Spaß mit *Star Trek: The Next Generation*, der als „IBM-Kreditorenbuchhaltung: Die nächste Generation" bezeichnet wurde. Die Idee bestand darin, Mitarbeiter in die Zukunft blicken zu lassen, wo sie sich als Pioniere im Bereich der Kreditorenbuchhaltung sehen sollten. Um die Sache einprägsam zu machen, berücksichtigte er alle Sinne – Sehen, Tastsinn, Geruch, Gehör und Geschmack – und entwickelte sehr viel Fantasie.

Die „Führungskräfte" der Veranstaltung trugen *Star-Trek*-Kostüme. An der Decke hingen Planeten aus mit Alufolie umhüllten Schaumgummibällen. Auf dem Tisch waren Modelle von Raumschiffen. Das Konzept des Weltraums mit seinen unbegrenzten Galaxien symbolisierte das unbeschränkte Lern- und Erfolgspotenzial. *Star-Trek*-Musik wurde an verschiedenen Stellen des Programms gespielt. Alle wurden bei ihrer Ankunft mit einem freundlichen Handschlag begrüßt. Als sie ihren Kaffee tranken, wurde den Teilnehmern gesagt: „Riecht den Erfolg der Kreditorenbuchhaltung im 21. Jahrhundert." Der Kuchen war mit *Star-Trek*-Figuren dekoriert, um den süßen Geschmack des Fortschritts zu genießen. Das Veranstaltungsprogramm bestand aus satirischen Theateraufführungen, bei denen viele der geistigen Fähigkeiten wie Rhythmus,

Raum, Zahlen, Worte und Logik berücksichtigt wurden. Der Rhythmus wurde durch die *Star-Trek*-Musik vorgegeben, Raum war überall, Zahlen spielten in mehreren der Theateraufführungen über Themen wie elektronische Zahlungssysteme und das Internet eine wichtige Rolle, und logisches Denken war in den Dialogen enthalten.

Es folgt eine kurze Zusammenfassung von einem der Stücke, das auf einer Phase im Jahre 1988 basiert, in der wichtige Buchhaltungsunterlagen in einem Schwarzen Loch zu verschwinden schienen.

Eine vollständig schwarz gekleidete Person mit einem Abzeichen, auf dem „Schwarzes Loch" zu lesen war, lief durch den Raum, sammelte Papiere und Schecks auf und stopfte sie in ihre Hosentaschen. Der Briefträger trat ein und ließ Schecks auf den Fußboden fallen. Alles war in Unordnung. Das Theaterstück zeigte anschließend die Zukunft, in der effiziente Mitarbeiter danach streben, ihre Kunden glücklich zu machen. Das Schwarze Loch und der Briefträger kamen zurück und waren wie früher gekleidet. Sie trugen jetzt aber Abzeichen, auf denen „Ich habe keine Arbeit" zu lesen war – weil es keine Post mehr gab und weil das Schwarze Loch keine wichtigen Unterlagen mehr „verschwinden" lassen konnte und damit ebenfalls nichts zu tun hatte.

Als dauerhafte Erinnerung an die vom Team angestrebten Ziele wurde allen eine Uhr mit den Emblemen „Raumschiff Enterprise" und „IBM-Kreditorenbuchhaltung – Die nächste Generation" persönlich als Geschenk überreicht. Die Uhren sind auch heute noch auf den Schreibtischen im Büro zu sehen.

„Die Mitarbeiter meiner Organisation erkennen, dass alle von ihnen wahrgenommenen Grenzen die Grenzen sind, mit denen sie ihre eigene Entwicklung beschränkt haben", sagte Bob. „In den frühen 90er Jahren kopierten wir eine Vielzahl der besten Praktiken von anderen Organisationen. Das Kunststück besteht jetzt darin, allen anderen voraus zu bleiben. Bislang haben wir dies geschafft, und andere sind jetzt bestrebt, uns zu imitieren."

Die beschriebenen Techniken verstärken die natürliche Neigung des menschlichen Gehirns, zu lernen und neue Informationen zu suchen. Sie machen Ihnen die von anderen Leuten beherrschten Fertigkeiten verfügbar, wodurch sich Ihre Möglichkeiten zum Verbessern Ihrer eigenen Fertigkeiten exponentiell erweitern.

Schlussfolgerung und Aktivitäten

Visionen bringen Ihnen die Leidenschaft, die Begeisterung und den Antrieb um voranzukommen, wenn die vor Ihnen liegenden Hindernisse einen Menschen ohne Vision zum Aufgeben bewogen hätten. Visionen setzen für Ihr erfolgsgeleitetes Gehirn Schwerpunkte und geben ihm die Richtung vor.

Aktivitäten

1. Beschreiben Sie die Vision, die Sie bei der Arbeit für Ihr Unternehmen zu Grunde legen.
2. Kommunizieren Sie diese Geschäftsvision Ihren Mitarbeitern. (Denken Sie an so viele Wege wie möglich.)
3. Bekräftigen Sie diese Geschäftsvision jeden Tag. Berücksichtigen Sie so viele Sinne wie möglich.
4. Schreiben Sie regelmäßig auf, wie Sie Ihre gegenwärtige Situation vor dem Hintergrund Ihrer Geschäftsvision einschätzen. Seien Sie dabei ehrlich und verwenden Sie keine Entschuldigungen: Übernehmen Sie die Verantwortung für den Istzustand.
5. Bitten Sie jeden Mitarbeiter Ihres Teams, seine gegenwärtige Situation (wo er zurzeit steht) vor dem Hintergrund der Geschäftsvision zu beschreiben.

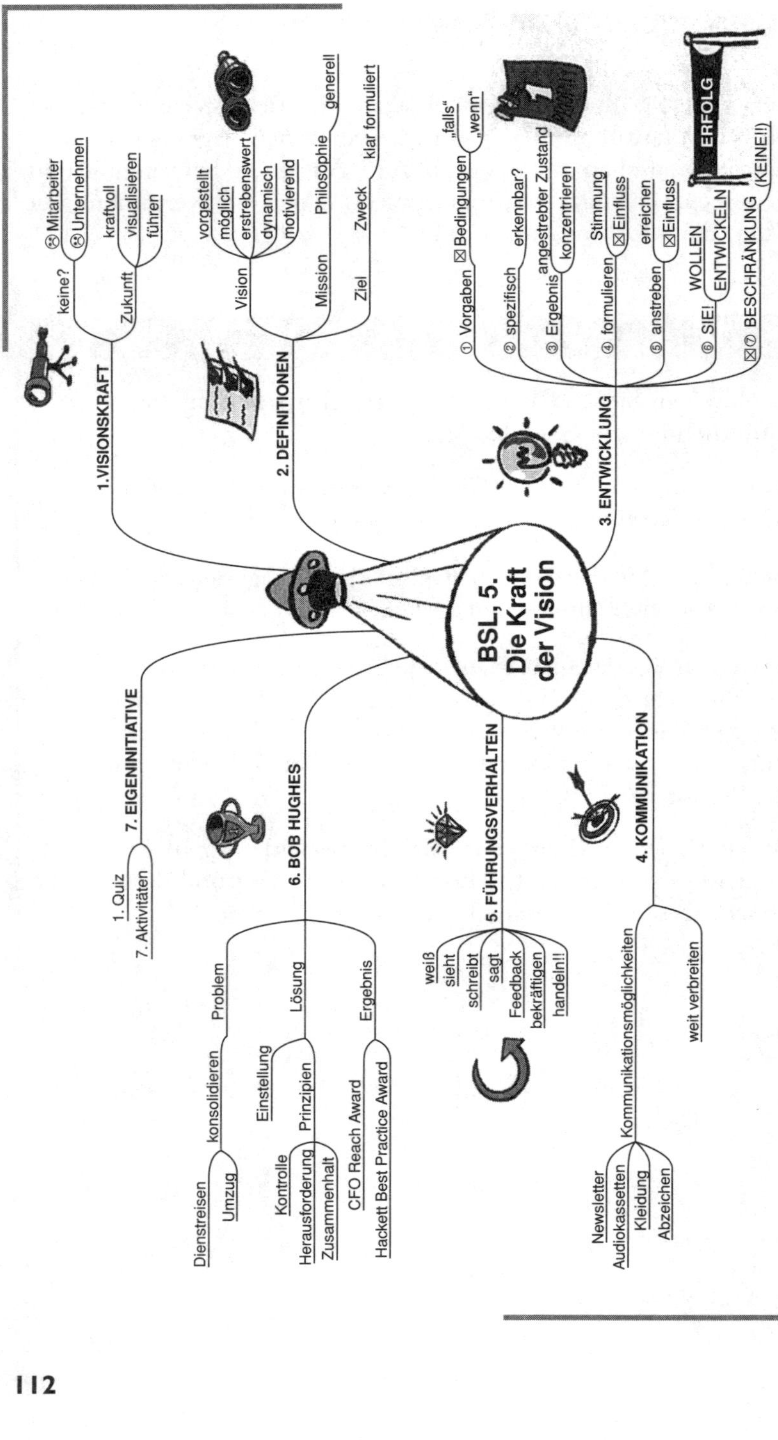

Abbildung 11: Gedächtniskarte zu „5. Die Kraft der Vision"

6. Die Erfolgsformel TEFCAS

In diesem Kapitel wird Ihnen eine als TEFCAS bekannte neue Denkweise vorgestellt. TEFCAS ist ein Verfahren zum Organisieren Ihrer Gedanken, damit Sie Ihre Ziele erreichen können.

Test

Nr.	Frage	J	N
1	Haben Sie niedergeschriebene Unternehmensziele, die Sie darlegen können?	☐	☐
2	Haben Sie einen inneren Antrieb, der jedes Hindernis beim Erreichen Ihrer Ziele überwindet?	☐	☐
3	Richten Sie „Sicherheitszonen“ ein, in denen Ihnen Mitarbeiter ehrlich Ihre Meinung sagen können, ohne sich durch Ihre Reaktionen bedroht zu fühlen?	☐	☐
4	Reden Sie offen mit Mitarbeitern über deren Ziele?	☐	☐
5	Wenn Sie Feedback geben: Konzentrieren Sie sich auf konkrete Verhaltensweisen – im Gegensatz zu persönlichen Dingen oder verallgemeinerten Charakterbeschreibungen?	☐	☐
6	Wenn Sie Feedback erhalten: Ist es überflüssig, seine Richtigkeit mit mehr als einer Person zu überprüfen?	☐	☐
7	Sind Sie in der Lage, auch dann weiter aktiv zu handeln, wenn Sie keine sofortigen Ergebnisse erkennen?	☐	☐
8	Ändern Sie Ihre Ziele, wenn Sie unerfreuliches Feedback erhalten?	☐	☐

9 Lernen Sie aus Fehlern und ergreifen Sie Maßnahmen zur Korrektur? ☐☐

10 Berücksichtigen Sie die Motive von Personen, wenn Sie Feedback erhalten? ☐☐

Bewertung

Geben Sie für jedes „Ja" 2 Punkte. Die Ausnahme ist Frage 8, wo es zwei Punkte für „Nein" gibt.

Wenn Sie mehr als 18 Punkte erhalten haben: Glückwunsch! Lesen Sie weiter, um Ihre Handlungsweise zu bekräftigen, da Sie das Erfolgsmuster des menschlichen Gehirns bereits verstehen. Wenn Sie 18 oder weniger Punkte erhalten haben, dann wird Ihnen dieses Kapitel zeigen, in welcher Weise Ihr Gehirn erfolgsgeleitet ist.

Die Kraft von TEFCAS

Das mächtige Business-Tool, das wir Ihnen vorstellen, ist kein neuer Computer und auch keine andere Art von Hardware. Es handelt sich nicht um innovative Software. Das Hilfsmittel erfordert keine radikalen Veränderungen in Ihrem Büro oder an Ihrer Fertigungsstraße. Es ist auch kein monatelanges Training notwendig. Was das Business-Tool von Ihnen erfordern wird, das ist die Bereitschaft zum Ändern Ihrer Denkweise, der Methode, mit der Sie Probleme angehen sowie der Art und Weise, in der Sie auf Ihre Ziele hinarbeiten.

TEFCAS ist ein Akronym für die in diesem neuen Ansatz zum Erreichen von Erfolgen enthaltenen Schritte:

- Versuche (**T**rials)
- Ereignisse (**E**vents)
- **F**eedback
- Prüfen (**C**heck)
- Anpassen (**A**djust)
- Erfolg (**S**uccess)

In diesem Kapitel werden wir jeden Schritt beschreiben und aufzeigen, wie er genutzt werden kann, um Ihnen beim Erreichen Ihrer persönlichen Ziele und der Ziele Ihres Unternehmens zu helfen.

Ihr Gehirn ist in der Lage, unbeschränkt Gedanken und Ideen zu kreieren. Stellen Sie sich vor, was passieren würde, wenn Sie diese kreative Kraft auf das Erreichen der von Ihnen angestrebten Ziele ausrichten könnten. Dies ist genau das, was durch TEFCAS bewirkt wird.

Das Ziel ist der Anfang

Paradoxerweise werden wir mit dem Ende anfangen – dem „S" in TEFCAS.

Das „S" steht für *Erfolg* (Success) – das günstige Ergebnis, das Soll oder Ziel. Das „S" ist das, wofür alle Ihre Anstrengungen sind, auf welchen Zweck sie zugeschnitten sind. Ihr Erfolg, Ihr Soll oder Ziel mag ein zehnprozentiger Umsatzzuwachs für Ihr Unternehmen sein, die Entwicklung eines neuen Apparates oder eine Reduktion des Absentismus von Mitarbeitern. Ein persönlicher Erfolg oder ein persönliches Ziel mag eine Beförderung sein oder mehr Freizeit, die Sie mit Ihrer Familie verbringen können.

Wir werden die anderen Buchstaben von TEFCAS der Reihe nach behandeln. Wir beginnen unsere Diskussion aber mit der letzten Komponente, weil dieses mächtige Hilfsmittel durch ein klares Bild von dem, was den Erfolg ausmacht, funktionstüchtig wird.

Wie wir in vorhergehenden Kapiteln gesehen haben: Wenn Sie beim Antritt einer Reise nur eine unklare Vorstellung von Ihrem Zielort haben, werden Sie unterwegs viel Zeit verschwenden. Sie werden manchmal den falschen Weg wählen und am Ende in die falsche Richtung gehen. Wenn Sie schließlich ankommen, sind Sie sich dessen vielleicht nicht einmal bewusst! Etwas Ähnliches passiert, wenn Sie Ihrem Gehirn kein klares Bild von einem für Sie, Ihr Team oder Ihr Unternehmen positiven Endergebnis geben. Je genauer Sie den Erfolg definieren, desto effektiver wird Ihr Gehirn arbeiten, um dieses Ziel zu erreichen.

Auf Grund der Intelligenzprinzipien (Kapitel 3, Seite 46) wissen Sie, dass das menschliche Gehirn neue Informationen mit vorhandenem Wissen verknüpft und assoziiert. Das menschliche Gehirn füllt bei Informationen, die es für unvollständig hält, auch gern die „weißen Flecken" aus. Wenn ein Ziel unklar formuliert ist, wird jede Person, die es hört, ihre eigenen Assoziationen zur Interpretation dieses Ziels bilden. So kann z. B. „ein Weltklasse-Unternehmen werden“ für einen Verkäufer und Marketer das Erreichen des größten Marktanteils bedeuten, für einen Mitarbeiter aus dem Finanzwesen das Erreichen der höchsten Eigenkapitalrendite und für einen Mitarbeiter aus dem Personalwesen das Erreichen der besten Arbeitsmoral. Bei einer solchen Vielfalt an Interpretationen wird jeder Mitarbeiter Maßnahmen ergreifen, um auf seine eigene Version der Zieldefinition hinzuarbeiten. Wenn die voneinander abweichenden Interpretationen das Personal in verschiedene Richtungen lenken (was der Fall sein könnte bei „Erster beim Marktanteil“ gegen „Erster bei der Eigenkapitalrendite“), dann können die Konsequenzen verheerend sein – die rivalisierenden Zieldefinitionen werden die Mitarbeiter dazu bringen, nicht gemeinsam, sondern gegeneinander zu arbeiten; der Erfolgsmechanismus des Wettbewerbs wird gegen sich selber arbeiten und das Unternehmen geschädigt.

Der häufigste Hauptgrund für das Verfehlen von Zielen ist eine unklare Zieldefinition. Daher besteht der erste Schritt beim Anwenden von TEFCAS darin, „Erfolg“ so klar wie möglich zu definieren. Im Kapitel 3 erläuterten wir, dass das menschliche Gehirn erfolgsgeleitet ist (Intelligenzprinzip 2) und auf das hinarbeiten wird, was als „Erfolg“ definiert wurde. Es wird endlos arbeiten, um ein positives Ergebnis zu erzielen – so lange es weiß, was ein positives Ergebnis ist. Bevor ein BrainSmart Leader seinen Mitarbeitern Arbeit zuteilt, besteht das Erste darin, sich die Zeit zu nehmen, um sorgfältig und im Detail zu erklären, wie ein positives Ergebnis aussehen würde.

Wenn wir mit einer Führungskraft, einem Management-Team oder einer Gruppe von Mitarbeitern, die an einem Team-Projekt arbeitet, zusammensitzen, fragen wir als Allererstes danach, wie ein positives Arbeitsergebnis aussieht: „Was versuchen Sie zu erreichen?“, „Wie wird diese Sache aussehen, wenn sie abgeschlossen ist?“, „Welches ist das Endergebnis, das Sie zu erreichen versuchen?“.

Wir bemerken oft, dass Mitarbeiter nicht wissen, auf welches Ziel sie hinarbeiten. Wenn Sie fünf Mitarbeiter in einem Team haben, so entwickeln diese Mitarbeiter fünf unterschiedliche Vorstellungen vom angestrebten Arbeitsergebnis. Dies würde darauf hindeuten, dass das Unternehmen nicht im Einklang mit seinen Zielen arbeitet. Und dies hätte wiederum zur Folge, dass viel zusätzliche Arbeit erzeugt wird. Mitarbeiter würden an Dingen arbeiten, die keinen unmittelbaren Bezug zu den angestrebten Zielen haben. Und das alles trat ein, weil sich niemand jemals die Zeit nahm, die Ziele klar zu definieren.

Ihr Gehirn hört nie auf zu arbeiten. Jeden Tag erzeugt es Tausende von Gedanken. Es arbeitet sogar, wenn Sie schlafen und integriert Informationen und kreiert Ideen. Wenn Sie Ihrem Gehirn ein Ziel geben, eine Scheibe, auf die es schießen kann, dann wird Ihr Gehirn die entsprechenden Gedanken sammeln, sie bündeln und organisieren, um den besten Weg zu finden, auf dem das Ziel erreicht werden kann. Denken Sie auch daran, dass das menschliche Gehirn nicht nur erfolgsgeleitet, sondern auch auf der Suche nach Wahrheit ist (Intelligenzprinzip 6). Das Ziel muss daher ein realistisches sein, eines das erreicht werden kann. Wenn Sie z. B. das Ziel wählen, durch das Bewegen Ihrer Arme zu fliegen, würde Ihr Gehirn dies als unmöglich einstufen und wenig oder gar keine Mühe aufwenden, um einen Weg zum Erreichen des Ziels zu finden.

Das Ziel sollte nicht nur angemessen sein. Es sollte sich auch um etwas handeln, von dem Sie begeistert sind, das Sie wirklich erreichen möchten. Wenn Ihre Begeisterung für das Ziel nur lauwarm ist, wird Ihr Gehirn nur halbherzige Anstrengungen machen, um es zu erreichen. Sie müssen daher Ihre innere Bindung an die von Ihnen angestrebten Ziele untersuchen. Warum sind die Ziele für Sie wichtig? Werden Sie beim ersten Hindernis aufgeben oder werden Sie leidenschaftlich an Ihren Zielen festhalten, um für alle Probleme, die auftreten könnten, Lösungen zu finden? Das Beantworten dieser Fragen wird dazu beitragen, dass Sie das Ausmaß Ihrer inneren Bindung an die von Ihnen angestrebten Ziele einschätzen können. An diesem Punkt könnten Sie sich entschließen, die Sache abzubrechen und Ihr angestrebtes Ziel auf Basis der von Ihnen empfundenen Zuneigung oder Hingabe zu modifizieren. Sie versuchen Ihre Ziele mit Ihren Emotionen zu verknüpfen, so dass sich Ihre geistigen Fähigkeiten mit Ihren Gefühlen verbinden.

Um Ihr Gehirn davon zu überzeugen, dass Sie ein Ziel wirklich erreichen wollen, müssen Sie Ihre Fantasie nutzen – Sie müssen sich die Früchte Ihrer Anstrengungen vorstellen, sie fühlen und sogar schmecken. Stellen Sie sich vor, wie Sie das Ziel erreichen. Fühlen Sie das Händeschütteln von Kollegen und Vorgesetzten. Hören Sie sich die Glückwünsche an. Berechnen Sie die Gehaltserhöhung oder die Prämie, die Sie erhalten werden. Genießen Sie das Festmahl, mit dem Sie Ihren Erfolg feiern. Durch das Vereinigen Ihrer geistigen Fähigkeiten mit Ihren Sinneseindrücken und Emotionen erzeugen Sie die Hingabe und Leidenschaft für Ihr Ziel, die Ihnen ermöglichen wird, alle Hindernisse und Rückschläge zu überwinden.

Brain Smart!

Nutzen Sie diese Methoden, um den Erfolg zu maximieren:

- Schreiben Sie Ihre Ziele nieder und machen Sie die Niederschrift sichtbar, so dass alle Beteiligten Gedanken entwickeln können, um den Erfolg zu erreichen. Stellen Sie sicher, dass Ihr Team vollständig partizipiert.
- Weil das menschliche Gehirn kontinuierlich – 24 Stunden am Tag – Ideen erzeugt, ist es wichtig, dass Sie ein Hilfsmittel zum Aufzeichnen Ihrer Gedanken haben. Sie könnten ein Tonbandgerät oder Notizbuch auf Ihrem Nachttisch haben, um Ihre Ideen festzuhalten.
- Geben Sie kein Urteil über Ideen ab und beschränken Sie auch keine Ideen, die Sie noch nicht getestet haben.
- Legen Sie die „Wir haben es versucht und es funktionierte nicht"-Haltung ab. Versuchen Sie es noch einmal.
- Probieren Sie die gleiche Idee anders aus. Dieses Mal könnten Sie erfolgreicher sein.

Versuche und versuche alles

Sobald Sie Ihrem Gehirn ein klares Ziel gegeben haben, das erreichbar ist und mit dem Sie sich leidenschaftlich identifizieren, wird Ihr Gehirn automatisch zum nächsten Schritt von TEFCAS übergehen: Es wird damit anfangen, dem Ziel durch eine Serie von *Versuchen* näher zu kommen. Es wäre allerdings hilfreicher, sich an Stelle von Versuchen (Trials) beim „T" aus TEFCAS „Versuche alles!" (Tryalls) zu denken – denn Ihr Gehirn wird alles versuchen, um Ihr Ziel zu erreichen.

Sie setzen jetzt die ungeheuer große Kraft der natürlichen Kreativität Ihres Gehirns frei. Es weiß, wo Sie hinwollen und es fängt damit an, Ideen zu erzeugen, bis es den richtigen Weg dorthin gefunden hat. Ihre Denkprozesse werden auf Ihre Ziele ausgerichtet. Sie haben jetzt die beste Denkmaschine, die je entwickelt wurde: Ihr Gehirn, das für

Sie arbeitet, um den Weg zu entdecken, auf dem Sie voranschreiten müssen, um Ihr Ziel zu erreichen.

Weil die Denkprozesse des menschlichen Gehirns kontinuierlich ablaufen, sind Sie 24 Stunden pro Tag in der Lage, Lösungsansätze zu erzeugen und Strategien zu entwerfen. Gedanken und Ideen können gebildet werden, wenn Sie ein Bad nehmen, wenn Sie trainieren, wenn Sie zur Arbeit fahren oder nachts um 3, wenn Sie schlafen. Wenn Ihr Gehirn auf „Automatischer Pilot" geschaltet ist, bleibt es ungestört, frei von Meinungen und Urteilen. Es erreicht ein Maximum an Kreativität. Und es wird so lange schaffend und kreativ sein, wie Sie für das angestrebte Ziel begeistert sind. Ihr Gehirn hat eine unbegrenzte Kapazität. Es wird so lange beharrlich sein, wie Sie es ihm sagen.

Während Ihr Gehirn automatisch weiter an der besten Methode zum Erreichen Ihres Ziels arbeitet, können Sie ihm mit der Zufuhr neuer Informationen helfen. Im Geschäftsleben besteht ein Weg, um das Ausprobieren aller Lösungsalternativen zu erleichtern, darin, dass wir herausfinden, ob jemand anders das von uns angestrebte Ziel bereits erreicht hat. Unsere Gehirne können dann die notwendigen Verhaltensweisen oder Prozesse nachahmen (Intelligenzprinzip 3). Der Begriff für das Nutzen des Prinzips der Nachahmung lautet im Wirtschaftsleben *Benchmarking*.

Brain Smart!

Nutzen Sie diese Techniken bei Ihren Versuchen:

- Denken Sie daran, dass Ihr Gehirn eine unbegrenzte Fähigkeit zum Erzeugen von Ideen hat. Bleiben Sie auf Ihr Ziel konzentriert und geben Sie Ihrem Gehirn Zeit, damit es die für den Erfolg notwendigen Lösungsversuche entwickeln kann.
- Teilen Sie Ihre Versuche mit anderen Leuten, die sich mit Ihrer Erfolgsdefinition identifizieren. Dies wird neue Versuche hervorbringen, die Sie vorher noch nicht in Erwägung gezogen hatten.
- Finden Sie passende Vorbilder zum Nachahmen.
- Schätzen Sie Ihr Ausmaß an Beharrlichkeit ein.

Eine Reihe von Ereignissen

Der Prozess des Versuchens aller Lösungsmöglichkeiten kann erheiternd sein. Ihr Gehirn erzeugt Dutzende, vielleicht Hunderte von Ideen, damit Sie Ihren Weg zum Ziel finden. Aber Ideen bringen nicht viel, wenn sie nicht in Taten umgesetzt werden.

Der Versuche- oder Versuche-alles-Schritt ist die Planungsphase. Der *Ereignisse*-(Events)-Schritt ist die Ausführungsphase. Wir haben geplant: Jetzt ist es Zeit zum Handeln. Dies verursacht ein Ereignis. Wir verwenden den Begriff „Ereignis", um einem bestimmten Vorkommnis nicht zu viel Bedeutung beizumessen. Ein Ereignis ist nur ein Schritt auf dem Weg zum Erfolg – nicht der *einzige* Schritt.

Wenn Sie ein Problem mit der Vorstellung angehen, dass die erste von Ihnen ergriffene Maßnahme oder der erste von Ihnen durchgeführte Versuch zum Erreichen Ihres Ziels *die* Antwort ist, dann werden Sie entmutigt, wenn er fehlschlägt – und erste Schritte werden oft scheitern und Ihnen nicht den von Ihnen angestrebten Erfolg bringen. Wenn Sie anerkennen, dass ein Ereignis nur ein Schritt auf der Reise zum ultimativen Erfolg ist, dann ist die Frage, ob der erste Schritt fehlgeschlagen ist oder nicht, relativ unwichtig.

Zu viele Führungskräfte deuten ein Ereignis, das keine Fortschritte bei der Zielerreichung beinhaltet, als Fehlschlag. Sie entwickeln dies zu der Idee, dass sie selber versagt haben – eine Einstellung, die weitere Versuche untergraben kann. Andererseits wird ein BrainSmart Leader, für den alle Ereignisse ein Teil des zum Erfolg führenden Prozesses sind, akzeptieren, dass unerwartete Fehlschläge genau so wichtig – oder wichtiger – sind als positive Zwischenergebnisse. Denken Sie immer daran, dass das Ereignis nicht das Ziel ist. Manche Leute bleiben in der Versuche-alles-Phase stecken, weil sie diesen Fehler machen. Sie handeln so, als ob sie nur eine Chance hätten, um erfolgreich zu sein und dass bei einem negativen Ereignis alles vorbei sei. Abgesehen von einigen sehr seltenen Ausnahmen werden Sie viel mehr als nur eine Möglichkeit haben, um Ihr Ziel zu erreichen.

Selbst wenn das Ereignis nicht das gewünschte Resultat erbringt: Sie haben neue Informationen erhalten, die Sie nutzen können, um Ihre Ziele zu erreichen. Ereignisse sollten unabhängig vom Ergebnis niemals als „Fehlschläge" bezeichnet werden.

Brain Smart!

Nutzen Sie diese Techniken beim Umgang mit Ereignissen:

- Ereignisse sind Teil eines Prozesses und sollten so analysiert werden, dass Sie hierdurch lernen können.
- Wenn Mitarbeiter Maßnahmen ergreifen und Fehler auftreten, dann sollten Sie daran denken, dass es sich nur um ein Ereignis bei der Umsetzung des Gesamtplans handelt.
- Fehlschläge sind ein Teil des Fortschritts. Für die gelernten Lektionen sollte die Verantwortung übernommen werden.
- Teilen Sie das aus „Fehlschlägen" Gelernte mit anderen.
- Erfolg ist ebenfalls ein Ereignis!

Die Sorgfalt beim Feedback und seine Ermunterung

Um Ereignisse zu bewerten benötigen wir einen Weg, auf dem unser Gehirn darüber informiert werden kann, wie gut wir abgeschnitten haben – *Feedback*.

Feedback ist in mancherlei Hinsicht der schwierigste Schritt bei TEFCAS, weil einiges Feedback negativ sein wird. Wir haben alle den natürlichen Wunsch, negatives Feedback zu vermeiden. Der Impuls, „den Überbringer der schlechten Nachricht zu töten", ist sehr verbreitet, insbesondere in vielen Führungsgremien von Großunternehmen. Von einem höheren Standpunkt gibt es aber kein negatives Feedback, so lange es ehrlich und auf die akzeptierte Erfolgsdefinition bezogen ist. Sämtliches Feedback ist positiv, weil es uns wertvolle Informationen liefert. Wir definieren „gutes" Feedback als jede Art von Feedback, die dem Empfänger dabei hilft, seinen Zielen näher zu kommen. Gutes Feedback muss aktiv gesucht und ermuntert werden. Manager und Teamleiter umgeben sich viel zu oft mit Speichelleckern, die ihnen genau das sagen, was sie hören wollen und nicht das, was sie hören müssten, um erfolgreich zu sein. Keiner möchte ihnen sagen, dass etwas nicht so gut wie erwartet funktioniert oder überhaupt nicht klappt. Daher schwindeln sie, reden zweideutig oder beschönigen Probleme.

Es gibt eine Szene, die sich in vielen Unternehmen Tag für Tag wiederholt. Eine Führungskraft der höheren Leitungsebene fragt einen Manager, wie ein neues Projekt läuft. „Gut", könnte der Manager sagen, „alles geht in Ordnung." Wenn der Vorgesetzte den Raum verlässt, geht der Manager im Großraumbüro umher und sagt einigen Mitarbeitern: „Dies ist ein totales Desaster." Wenn der Manager gefragt wird, warum er dem Vorgesetzten nicht die Wahrheit sagt, dann lautet die häufige Antwort: „Er hört nicht gerne schlechte Nachrichten. Und jede Verzögerung oder Abweichung vom Plan wird als schlechte Nachricht gewertet." Dies tritt auf, wenn Vorgesetzte, die um Feedback bitten, unaufrichtig wirken. Vielleicht ist der Chef dafür bekannt, andere mit unfairer Kritik zu belegen, wenn sie gesagt haben, dass ein Projekt schlecht läuft. Den Boten für die schlechte Nachricht verantwortlich zu machen, wird nur bewirken, dass schlechte Nachrichten so lange nicht beim Chef ankommen, bis sie wirklich schlecht sind – und es zu spät ist.

Sie müssen nicht nur klarstellen, dass Sie ehrliches Feedback wünschen, sondern auch, dass Sie das Feedback so spezifisch und detailliert haben möchten wie möglich. Feedback sollte auch immer auf das Ziel bezogen sein.

Nehmen Sie das Beispiel eines Vorgesetzten, der erreichen möchte, dass seine Junior Manager enger als Team zusammenarbeiten. Wenn der Vorgesetzte um Feedback bittet und wissen möchte, wie gut das Team-Konzept funktioniert, so benötigt er detaillierte Beispiele von dem, was genau passiert und welchen Bezug dies zum Ziel hat.

Gutes Feedback von einem Beobachter könnte folgendermaßen aussehen: „Sie sagen, Ihr Ziel besteht darin, dass Ihre Manager sich zusammensetzen und als Team Empfehlungen für dieses neue Projekt entwickeln. Aber einige Ihrer Manager würden nicht einmal miteinander reden. Andere treffen individuelle Entscheidungen, die Zeit und Geld kosten. Und einige Manager streiten und bekämpfen sich öffentlich."

Dies wäre exzellentes Feedback, weil es für den Vorgesetzten spezifisch genug ist, um zu erkennen, wo einige Veränderungen notwendig sind. Das Feedback ist auch ehrlich und bezieht sich direkt auf das Ziel, die Manager zu einem Team zu machen.

Feedback ist keine Einbahnstraße. Sie müssen bereit sein, es sowohl zu geben als auch zu empfangen. Beim Geben und Empfangen von Feedback sind dieselben Regeln anzuwenden: Es muss ehrlich, spezifisch und zielbezogen sein. Wenn Sie jemandem Feedback anbieten, müssen Sie wissen, welches sein Ziel oder das Ziel seiner Organisation ist. Wenn

Sie einem Untergebenen Feedback geben möchten, müssen Sie wissen, was das Ziel dieses Untergebenen ist, was er als Erfolg betrachtet.

Wenn der Untergebene ein Meister ist, der Ihnen gesagt hat, dass er der beste Meister in der ganzen Stadt sein möchte, dann sollte Ihr Feedback dies berücksichtigen. Sie könnten z.B. etwas wie das Folgende sagen: „Harry, Ihr Zaudern beim Erledigen Ihrer termingerecht zu bewältigenden Papierarbeit schädigt die Firma und Sie selber. Die unzuverlässige Belieferung hat zur Folge, dass wir manchmal den Arbeitsprozess unterbrechen müssen. Und das trägt sicherlich nicht dazu bei, dass Sie Ihr Ziel erreichen und der beste Meister in der ganzen Stadt werden."

Wenn Sie Feedback geben, das sich auf die Ziele des Empfängers bezieht, vermeiden Sie auch persönliche und emotionale Konflikte. Thematisiert werden die zu ergreifenden Maßnahmen oder Anpassungen und nicht Fragen der Persönlichkeit oder des Charakters. Sie erzählen niemandem, er sei ein schlechter Mensch, sondern nur, er müsse bestimmte Sachen anders machen (die Versuche anpassen), um seine Ziele zu erreichen.

Ohne Feedback können wir nur annehmen, dass uns der eingeschlagene Weg zu unseren Zielen führt. In diesem Fall füllen wir die in unserem Gehirn erzeugten weißen Flächen lediglich mit Annahmen und Hypothesen. Nach Wahrheit suchendes Feedback ist die Rettungsleine zum Erfolg und liefert ein Maß für die Effektivität der von uns gewählten Vorgehensweise zum Erreichen unserer Ziele. Es liefert uns auch die Daten, um zukünftige Anpassungen und Versuche zu planen, die notwendig sein werden, damit wir unsere Ziele erreichen.

Brain Smart!

Nutzen Sie die folgenden Techniken beim Erhalten von Feedback:

- Prüfen Sie Feedback immer im Hinblick auf seinen Wahrheitsgehalt und seine Ausrichtung auf Ihre Ziele.
- Ermuntern und bitten Sie um Feedback. Nehmen Sie nicht an, dass es automatisch gegeben wird.
- Reagieren Sie nicht defensiv auf Feedback, wenn Ihnen die übermittelten Inhalte nicht gefallen.

Nutzen Sie die folgenden Techniken, wenn Sie Feedback geben:

- Drücken Sie Ihr Feedback so aus, dass der Empfänger zum Zuhören ermutigt wird.
- Bewahren Sie das Vertrauen in den Wert Ihres Feedbacks. Denken Sie immer daran, auch gute Nachrichten zu übermitteln, wenn Sie Feedback geben, das als negativ wahrgenommen werden könnte.
- Vergewissern Sie sich immer, ob der Empfänger von Feedback hierfür offen ist.
- Beziehen Sie Feedback immer auf die vom Empfänger verfolgten Ziele.
- Geben Sie sich ebenfalls Feedback.

Prüfen Sie das Feedback

Nachdem Sie Feedback erhalten haben, müssen Sie *prüfen* (Check), ob es stichhaltig und zutreffend ist. Wenn Sie sich nach unzutreffendem oder unvollständigem Feedback richten, kann Ihre Reise zum Erfolg gefährdet werden. Aus diesem Grunde sollte jedes Feedback, das Sie erhalten, im Hinblick auf seinen Wert überprüft werden. Die beste Möglichkeit zum Überprüfen von Feedback besteht darin, es mit Feedback aus bekannten verlässlichen Quellen zu vergleichen.

Wenn ein Meister, dem gesagt wurde, dass die späte Erledigung seiner Papierarbeit ein Problem ist, dieses Feedback prüfen möchte, dann könnte er mehrere Leute (Kollegen, Untergebene, andere Führungskräfte des Unternehmens) fragen, ob sie diese Einschätzung teilen. Wenn Sie sich allerdings dazu entschließen, einen Untergebenen zu fragen und ehrliches Feedback wünschen, dann darf sich der Untergebene nicht bedroht und daher verpflichtet fühlen, Ihnen die Antwort zu geben, die Sie nach seiner Einschätzung hören wollen.

Nachdem Sie das erhaltene Feedback überprüft und für richtig befunden haben, müssen Sie es akzeptieren. Wenn Sie das Feedback als ungenau oder falsch empfinden, dann könnte es einen negativen Einfluss auf Ihre Denkprozesse haben. Denken Sie daran, dass Ihr Gehirn die Wahrheit sucht (Intelligenzprinzip 6) und Inputs, deren Integrität von Ihnen angezweifelt werden, entsprechend ablegt. Das blinde Akzeptieren von Feedback – ohne zu prüfen, ob es zutreffend, relevant und effektiv ist – könnte negative Inputs einführen, die Ihren Aktionsplan unter Umständen so beeinflussen, dass Sie nicht mehr auf Ihre Ziele hinarbeiten.

Zutreffendes Feedback ist unschätzbar und kann uns durch das Nutzen der eingebrachten Informationen zum Erfolg führen. Das erhaltene Feedback sollte ausnahmslos geprüft werden, um festzustellen, ob es berechtigt ist. Sobald das Feedback überprüft ist, kann es genutzt werden, um von uns entworfene Aktionspläne zu ändern und anzupassen, damit wir dem Erfolg einen Schritt näher kommen.

Brain Smart!

Nutzen Sie diese Techniken beim Überprüfen:

- Überprüfen Sie gelegentlich Ihr Ziel, um sicherzustellen, dass es immer noch relevant ist.
- Überprüfen Sie Feedback daraufhin, ob es spezifisch und messbar ist.
- Überprüfen Sie, ob ein Ereignis Sie Ihrem Ziel näher gebracht hat oder ob dies nicht der Fall ist.
- Überprüfen Sie die Maßnahme, die Sie als Nächstes ergreifen müssen.

Anpassungen durchführen

Das „A“ in TEFCAS steht für *Anpassen* (Adjust). Dies ist der letzte Schritt auf dem Weg zum „S“, dem Erfolg (Success).

Das Anpassen ist die Stunde der Wahrheit. Nachdem Sie Ihre Ziele definiert, Versuche erwogen, Ereignisse herbeigeführt, Feedback erhalten und geprüft haben, müssen Sie entscheiden, ob Sie Ihre Maßnahmen anpassen – und wenn ja: wie. Sobald Sie das Feedback als zutreffend akzeptiert haben, werden Sie in dieser Phase damit anfangen, Ihre Maßnahmen anzupassen, so dass Sie Ihr Ziel erreichen.

Wenn Sie diesen Punkt erreichen, könnten Sie sich sträuben, Ihre Versuche anzupassen. Sie könnten der Idee, Dinge anders zu machen, widerstehen. Anstatt Ihre Versuche zu ändern, könnten Sie Ihr Verhalten rationalisieren: „Nun, ich möchte nicht zum nächsten April zum Abteilungsleiter befördert werden. Eine Führungskraft zu sein ist für mich ebenfalls schön.“ Wenn dies eintritt, passen Sie nicht Ihre Versuche, sondern Ihre Erfolgsdefinition an – anstelle Ihrer Maßnahmen passen Sie Ihr Ziel an. Manchmal kann dies angemessen sein. Wenn Sie Ihr Ziel aber beibehalten und hieran auch weiterhin denken, dann wird Ihr Gehirn neue Versuche kreieren, um andere Ereignisse herbeizuführen, bis es erfolgreich ist. Sie werden damit anfangen, die zum Erreichen Ihres Ziels erforderlichen Maßnahmen anzupassen.

TEFCAS: Zusammenfassung

Die Schritte von TEFCAS sind folgende:

1. *Definieren Sie den Erfolg*, weil Ihr Gehirn erfolgsgeleitet ist und ein klares Ziel benötigt, auf das es hinarbeiten kann.
2. *Versuchen oder erwägen Sie alle Vorschläge*, die Ihr Gehirn entwickelt, um den zur Zielerreichung notwendigen Aktionsplan zu erstellen.
3. *Ein Ereignis* wird auf Grund des von Ihnen ausgeführten Versuchs eintreten.
4. *Empfangen Sie Feedback* von sich und anderen.
5. *Prüfen* Sie Informationen, bevor Sie diese akzeptieren: Das menschliche Gehirn ist auf der Suche nach Wahrheit und benötigt für das Anpassen von Aktionsplänen zutreffende Informationen.

Brain Smart!

Nutzen Sie die folgenden Techniken zum Anpassen:

- Ihr Gehirn wird für die nächsten Versuche Anpassungen vornehmen. Sie bestimmen, was angepasst wird.
- So lange Sie sich Ihrem Ziel verpflichtet fühlen, sollten Sie nicht „in der Stunde der Wahrheit" aufgeben.
- Geben Sie Ihrem Gehirn die Möglichkeit, Lösungsalternativen zu finden.
- Manchmal bringt Ihnen schon eine kleinere Anpassung den Erfolg. Nehmen Sie nicht an, dass eine Anpassung Ihrer Versuche radikale Veränderungen beinhalten muss.
- Erwägen Sie beim Entwickeln neuer Aktionspläne, nach anderen Perspektiven Ausschau zu halten. Sie könnten Benchmarking oder andere Quellen von Ideen nutzen.

6. *Passen Sie Ihre Aktionen an* – entsprechend dem von Ihnen gesammelten Feedback.
7. Wiederholen Sie, wenn nötig, den TEFCAS-Prozess.
8. *Erreichen Sie den Erfolg* – wie Sie ihn definiert haben.
9. Feiern Sie!

Testen Sie dieses Modell, indem Sie es auf eine Situation anwenden, in der Sie zurzeit nicht den Erfolg haben, den Sie sich wünschen. Sie werden anfangen zu erkennen, wie Sie TEFCAS nutzen können, um Ihre Ziele zu erreichen. Abbildung 12 fasst das Modell in grafischer Form zusammen.

Der Erfolgsmechanismus des Gehirns wird durch ein allgemeines Modell beschrieben

T	E	F	C	A	S
Versuche alles!	Ereignisse	Feedback	Prüfen	Anpassen	Erfolg
Erwägen Sie alle Möglichkeiten und versuchen Sie, Ihrem Ziel näher zu kommen.	Etwas passiert, das Sie Ihrem Ziel näher bringt oder auch nicht.	Empfangen Sie im Hinblick auf das eingetretene Ereignis Feedback – von sich selber oder von anderen.	Prüfen Sie, ob das Feedback zutreffend und relevant ist.	Berücksichtigen Sie das Feedback: Passen Sie Ihren nächsten Versuch oder Ihre Erfolgsdefinition an.	Seien Sie erfolgreich! Wiederholen Sie gegebenenfalls die ersten fünf Schritte und Sie werden Ihr Ziel erreichen!

Wiederholung reduziert Widerstände

Abbildung 12: Das TEFCAS-Modell

Profil einer Führungskraft: Candace Jones

Das Holiday Inn Arena in Binghamton, New York, war nicht das schlechteste Holiday-Inn-Hotel in der Region. Es war aber im Hinblick auf die Kundenzufriedenheit am unteren Ende der Skala. Das Sagen hatte Generalmanagerin Candace Jones, eine Perfektionistin mit dem aufrichtigen Wunsch, aus dem Hotel einen Gewinner zu machen – ein Wunsch, der permanent von Faktoren durchkreuzt zu werden schien, die sie nicht richtig identifizieren konnte. Alles, was sie mit Sicherheit wusste, bestand darin, dass eine schlechte Arbeitshaltung, ein Mangel an Initiative und die vorherrschende Einstellung, alles was schiefgeht, zum Problem der Anderen zu machen, zu Unzufriedenheit bei den Gästen führte.

Einer dieser unzufriedenen Gäste war Tony Dottino, der sich im August 1996 im Holiday Inn Arena aufhielt. Es hatte ernste Probleme mit der Klimaanlage des Hotels gegeben. Nach drei Zimmerwechseln war Tonys Stimmung genauso aufgeheizt wie der Rest seines Körpers. Candace ordnete an, dass Tony einen Brief erhalten sollte, in dem ihm für seinen nächsten Besuch des Hotels freie Übernachtung geboten wurde. „Teilen Sie ihm mit: Wenn er uns noch einmal testet und wir es ihm wieder nicht Recht machen, dann haben wir ihn nicht als Gast verdient", sagte Candace. Als Tony den Brief erhielt, war er beeindruckt und merkte, dass sich Candace anscheinend verpflichtet fühlte, ihre Hotelgäste zufrieden zu stellen. Tony übernachtete daher im Holiday Inn Arena, als er das nächste Mal in Binghamton war. Dieses Mal traf er sich mit Candace. Als Tony einiges über sein Arbeitsgebiet erzählte, war Candace wie gefangen. Vielleicht konnte er einiges Licht auf ihre Probleme werfen. Als die beiden auf dem Golfplatz des Hotels umherschlenderten, fragte Tony Candace: „Welches ist Ihre Erfolgsdefinition?" Sie sagte ihm, dass sie ihr Hotel „weiterbringen" wollte. Er drängte sie, dies zu erläutern und erkannte dabei, dass Candace ihren Mitarbeitern keine klare Erfolgsdefinition kommunizieren konnte, weil sie selber nicht genau wusste, was sie wollte. Ein Teil ihrer Frustration beruhte auf diesem Kommunikationsproblem.

Tony rang ihr schließlich ab, was sie machen wollte: Jeden Gast wie eine VIP behandeln und eine Atmosphäre schaffen, in der sich alle möglichst wie zu Hause fühlen. Tony bemerkte aber, dass Candace etwas Negatives ausstrahlte. Sie einigten sich darauf, mit einem Mental-Literacy-Trainingsprogramm anzufangen.

In der ersten Sitzung bat Tony die Mitarbeiter des Holiday Inn, ihre Frustration in Form einer Gedächtniskarte auszudrücken. Was das Personal offenlegte, war erstaunlich. „Ich hatte meine Mitarbeiter bei zahlreichen Besprechungen gefragt: ‚Was halten Sie von meiner Arbeit?' Sie waren aber nie so unbefangen, dass sie mir die unangenehme Wahrheit sagten", erläuterte Candace: „Bei der Sitzung mit Tony sagten sie aber, was sie dachten. Das Zuhören war nicht leicht. Es war aber ein Schritt in die richtige Richtung, weil es mich dazu zwang, mich mit Dingen auseinanderzusetzen, die ich verbessern musste."

Candace erfuhr, dass sie ihre Mitarbeiter wie inkompetente Kinder behandelte. An einem Tag hatte sie z.B. alle Hotelmanager durch die Räumlichkeiten geführt, um nach Problembereichen zu suchen. An der Decke befanden sich Spinnweben. In der Bar war das Messing nicht poliert. In einem Vorratsraum herrschte das Chaos. „Ich bin von Ihnen total enttäuscht", dozierte Candace, „von Ihnen wird erwartet, dass Sie Fachleute sind. Warum muss ich Ihr Kindermädchen sein?" Alle waren beleidigt, verlegen und demoralisiert. Bis zur Sitzung mit Tony hatte niemand den Mut, die Frage von Candace zu beantworten. Ohne es zu merken, hatte Candace den bei allen Mitarbeitern vorhandenen Wunsch nach Eigeninitiative und selbstständigem Arbeiten untergraben, weil sie alles, was Mitarbeiter von sich aus machten, in die eigenen Hände nahm und die Mitarbeiter für ihre Herangehensweise kritisierte oder Anweisung gab, die Angelegenheit anders zu erledigen.

„Ich war frustriert und dachte, dass sie mich nicht unterstützten, den Ball nicht aufnahmen und mit ihm liefen. Wie konnten sie aber mit dem Ball laufen, wenn ich jeden ihrer Versuche unterbrach?", sagte Candace. „Mein Ansatz gab ihnen das Gefühl: ‚Warum soll ich mich um die Angelegenheit kümmern, wenn sie das sowieso übernimmt?'"

Der erste Schritt beim Angehen dieses Kontrollproblems – ein großer Schritt für Candace – bestand darin, Dinge laufen zu lassen, zu delegieren und die Tatsache zu akzeptieren, dass es beim Umgang mit einer Situation mehr als nur einen richtigen Weg gibt. Als Tony die Mitarbeiter darum bat, die nach ihrer Einschätzung von Candace verfolgten Ziele in einer Gedächtniskarte festzuhalten, entsprach keine dieser Darstellungen der von Candace gezeichneten Gedächtniskarte. Es war offensichtlich, warum Candace nicht die von ihr angestrebten Ergebnisse erzielte: Jeder hatte eine andere Vorstellung von dem, was sie wollte.

„Ich sagte meinen Mitarbeitern, dass ich das Hotel voranbringen wollte und sie nickten. Aber niemand fragte mich: ‚Wovon reden Sie?'", erinnert sich Candace. „Ich nahm einfach an, dass sie es wissen, und ihre Fehlinterpretation machte die Sache noch frustrierender. Wenn sie etwas anderes machten als ich wollte, nahm ich an, dass sie nicht in meinem Boot sitzen und gegen mich arbeiten."

Als das Problem erkannt war, erstellten sie gemeinsam eine Gruppengedächtniskarte, um einen Konsens über die für den Erfolg notwendigen konkreten Schritte zu bilden. Sie einigten sich, dass Kundenzufriedenheit das wichtigste Ziel sei, weshalb als zentrales Bild ein „Big Smile" gewählt wurde. „Für mich waren Freundlichkeit und eine positive Grundeinstellung *Hauptpunkte*", berichtet Candace, „und ich wusste, dass sie sich übertragen – ein Lächeln von mir würde auf mein Personal übergehen und dann auf den Kunden. Ich erkannte, dass von mir an meine Manager weitergegebene schlechte Laune wahrscheinlich auf das Personal übertragen wird und dann auf die Hotelgäste. Ich erkannte, dass mein Verhalten im gesamten Hotel vervielfältigt wird. Durch das Betrachten des ‚Big Smile' auf der Gedächtniskarte wurde ich gezwungen, anzuerkennen, dass der Fehler in Wirklichkeit bei mir selber behoben werden muss."

Die Übung half Candace auch dabei, zu entdecken, wer nie „in ihrem Boot" sitzen würde. „Zum ersten Mal hatte ich meine Teams erkannt", sagte sie, „zwei Mitarbeiter verließen unser Unternehmen. Nachdem wir ihre Gedächtniskarten gesehen hatten, war es für mich leichter, mit ihrer Entscheidung umzugehen." Es war leichter für diese zwei Mitarbeiter Ersatz zu finden, weil Candace eine genaue Vorstellung von den Anforderungen an geeignete Teammitglieder hatte. Mit all diesen Veränderungen läuft das Hotel gut, und die Arbeitsmoral ist wesentlich besser. „Ich habe das Ziel, die Entwicklung des Personals und des Management-Teams weiter voranzutreiben, indem ich ihnen die Möglichkeit eröffne, in Entscheidungsprozesse eingebunden zu werden", sagte Candace.

Als das Hotel vor kurzem den Beschluss fasste, die Ausrichtung seines Restaurants zu ändern, bat Candace das Personal, eine Arbeitsgruppe zu bilden, die hierzu Ideen entwickelt. „Früher hätte ich selber die Ideen entwickelt und ihnen gesagt: ‚Setzen Sie dies jetzt um'", erklärte Candace. Mitarbeiter – vom Haushaltspersonal bis hin zu den Managern – haben jetzt die Befugnis, Hotelgäste betreffende Entscheidungen ohne Rücksprache mit ihren Vorgesetzten zu treffen und umzusetzen. „Sie empfinden auf diese Weise mehr Mitverantwortung", erklärte Candace. „Sie nehmen nicht nur Anweisungen entgegen, sondern sind Teil dieses Prozesses. Wir haben dem Personal die Vollmacht zum Treffen von Entscheidungen gegeben, und die Mitarbeiter treffen gute Entscheidungen, weil sie wissen, dass ich ihnen den Rücken decken werde." Und das Beste daran? Die Gäste sind zufriedener, weil unverzüglich gehandelt wird.

Während Candace eifrig daran arbeitete, ihren Managementstil und die Arbeitsmoral der Mitarbeiter zu verbessern, stellte sie sich auch anderen Herausforderungen. Als sie die Leitung des Hotels übernahm, war Binghamton eine niedergehende Stadt. Das Holiday Inn Arena war genau in der Stadtmitte. Die Leute kauften in den Vororten ein, und Unternehmen bevorzugten Grundstücke an den Hauptverkehrsadern. Die Lage war trüb und die sich abzeichnende Zukunft sogar noch trüber. Es bestanden Zweifel, ob sich das Hotel am Markt behaupten könnte. Zwei große Unternehmen hatten vor kurzem die Stadt verlassen und nahmen 3000 Mitarbeiter mit. Die Hotelbelegung war so niedrig wie nie zuvor.

Candace identifizierte die Hauptprobleme und analysierte sie. Dann fing sie damit an, Möglichkeiten zur Überwindung der Probleme zu suchen. Auf dem TEFCAS-Modell basierende Versuche würden letztlich das Hotel retten. Anstatt händeringend herumzusitzen und nur zu reagieren, beschloss sie, Maßnahmen zu ergreifen.

Sie identifizierte die folgenden negativen Faktoren:

- Die Buchungen von Unternehmen, die früher die Haupteinnahmequelle des Hotels waren, hatten drastisch abgenommen, weil in der Umgebung des Hotels nur noch sehr wenige Unternehmen geblieben waren.
- Das Hotel hatte im Bereich der Unterhaltung nicht viel zu bieten.
- Die Leute bevorzugten teurere Hotels in besseren Lagen.
- Die Hotelzimmer waren klein.

Candace dachte sich Möglichkeiten aus, um diese Negativpunkte in positive Aspekte umzuwandeln. Weil die Buchungen von Unternehmen niedrig waren, mussten andere Kunden angezogen werden. Sie beschloss, ihr Hotel als ein bezahlbares Ziel für Golfspieler zu vermarkten. Sie schloss Verträge mit lokalen Veranstaltern von Golfturnieren, besuchte Messen der Reisebranche und entwickelte Broschüren. Im zweiten Jahr wurden 27 Prozent der erhöhten Hotelbelegung durch Golfspieler erzielt.

Angesichts der vielen Unternehmen, die ihre Budgets kürzten, bewarb sie das Hotel als preiswerten Tagungsort für Geschäftsbesprechungen, wobei als zusätzlicher Anreiz die Ausrichtung von speziellen Themenparties wie z.B. zum Fasching geboten wurde. Das Hotel bot außerdem ohne Aufpreis die Dienste eines Veranstaltungsplaners an. Hierdurch wurde das Tagen so bequem, dass sich das Hotel zu einem bevorzugten Tagungsort entwickelte.

Während der trostlosen Wochen von Januar bis März, in denen die Belegung gewöhnlich so niedrig war, dass Mitarbeiter entlassen werden mussten, bot das Hotel Ski- und Pferdereitprogramme an nahe gelegenen Erholungsorten und bemühte sich um Busreiseveranstalter. „An jedem Wochenende kamen zunächst neun oder zehn Busse mit insgesamt 400 bis 500 Reisegästen. Dies führte zu einer bedeutenden Erhöhung unseres Umsatzes", sagte Candace.

Anstatt die Größe der Hotelzimmer zu entschuldigen, wurden die Räume als „gemütlich" angepriesen. Es wurde sichergestellt, dass das gesamte Personal immer freundlich, offen und hilfsbereit war. „Wir wussten, dass wir nicht das Ritz Carlton sind. Jeder Hotelgast sollte aber sagen, so unser Ziel, dass er bei uns den angenehmsten Aufenthalt verbrachte, den er je erlebt hat. Unsere Gäste sollten das Hotel mit einem

Lächeln im Gesicht verlassen – sie sollten sich fühlen, als ob sie hier fast zu Hause gewesen wären."

Candace trat schließlich dem Ausschuss für Tourismus der lokalen Handelskammer bei, dessen Ziel darin besteht, „die Identität von Binghamton zu verändern". „Ich glaube, dass diese Stadt ein Comeback schaffen und aufblühen kann und dass sich der Erfolg, den wir mit unserem Hotel hatten, auf die ganze Stadt übertragen wird", sagt Candace.

Seit Candace in das Team des Holiday Inn Arena eingetreten ist, hat sich der Gesamtumsatz um 35 Prozent erhöht. Die Hotelbelegung nahm in dieser Zeit um 13 Prozent zu, und beim Rating der Kundenzufriedenheit verbesserte sich das Hotel von Platz 25 auf Platz 8. Es war nicht leicht – aber Candace schaffte es. Sie veränderte die Zukunftsperspektiven des Hotels, rettete ihren Arbeitsplatz und den von vielen anderen und machte aus dem Holiday Inn Arena einen sehr attraktiven Arbeits- und Aufenthaltsort.

Schlussfolgerung und Aktivitäten

Die Anwendungsmöglichkeiten von TEFCAS sind grenzenlos. Sie können TEFCAS nutzen, um Ihren nächsten Handlungsablauf zu definieren. TEFCAS ist ein mächtiges Tool, das Ihnen die Möglichkeit zum Handhaben der Probleme bietet, mit denen Sie jeden Tag konfrontiert sind, damit Ihr Erfolg sichergestellt wird. Die Verfasser nutzen TEFCAS permanent und sind von seiner Kraft und Wirksamkeit überzeugt.

Aktivitäten

1. Entwickeln Sie Definitionen Ihrer geschäftlichen und persönlichen Ziele und schreiben Sie diese auf.
2. Entwerfen Sie eine Gedächtniskarte, in der Sie alle Ideen eintragen, die Sie zum Erreichen Ihrer Ziele entwickeln.
3. Bauen Sie eine aus drei Leuten bestehende Unterstützungsgruppe auf, mit der Sie Ihre Ziele teilen und entwickeln können.
4. Geben Sie Geschäftspartnern oder Arbeitskollegen Feedback, wenn Sie Informationen über von Ihnen beobachtete spezifische Verhaltensweisen bieten können, die bei ihm oder ihr zur Zielverfehlung führen. Bieten Sie Verbesserungsvorschläge.
5. Wenn Ihnen jemand das nächste Mal Feedback gibt: Verifizieren Sie die erhaltenen Informationen mit mindestens zwei anderen Quellen. Listen Sie die Übereinstimmungen und die Abweichungen auf.

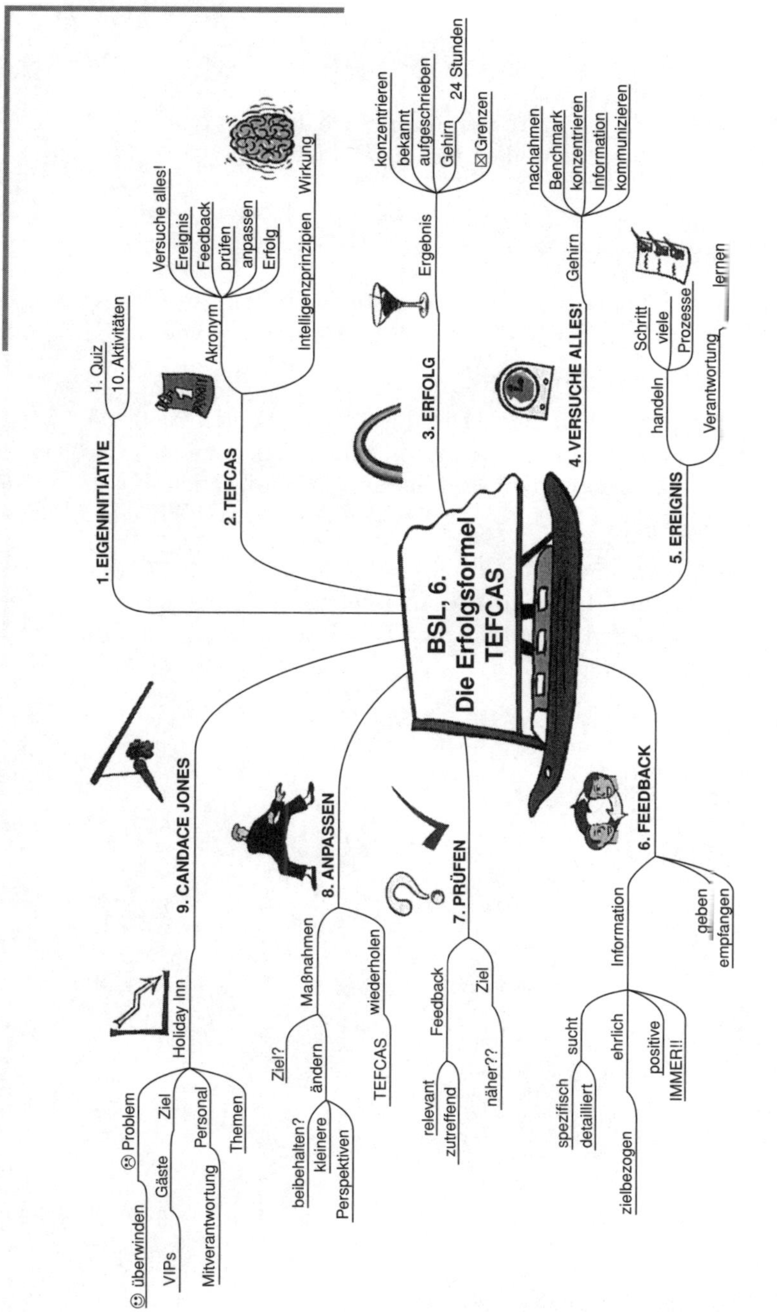

Abbildung 13: Gedächtniskarte zu „6. Die Erfolgsformel TEFCAS“

7. Der BrainSmart Leader

Dieses Kapitel verdeutlicht anhand einer Fallstudie, wie Führungskräfte die im Kapitel 3 behandelten Intelligenzprinzipien anwenden können, um in ihren Teams Vertrauen und Zuversicht aufzubauen. Für einen BrainSmart Leader ist Kommunikation von allergrößter Bedeutung, weshalb wir hierauf im Detail eingehen.

Test

		J	N
1	Halten Sie Ihre Mitarbeiter für den wichtigsten Aktivposten in Ihrem Unternehmen?	☐	☐
2	Glauben Sie, dass eine erfolgreiche Geschäfts- oder Arbeitsbeziehung ohne Vertrauen und Zuversicht möglich ist?	☐	☐
3	Überprüfen Sie regelmäßig, welche Qualifikationen Ihr Unternehmen benötigt, um wettbewerbsfähig zu bleiben?	☐	☐
4	Kennen Sie die Qualifikationslücke, die zwischen den Qualifikationen Ihrer Mitarbeiter und Ihrem zukünftigen Bedarf besteht?	☐	☐
5	Haben Sie zusammen mit Ihren Mitarbeitern einen Aus- und Weiterbildungsplan entworfen, um das Qualifikationsniveau Ihrer Mitarbeiter weiterzuentwickeln?	☐	☐
6	Reden Sie gegenüber anderen Menschen positiv von Ihren Mitarbeitern?	☐	☐
7	Verbringen Sie mehr als ein Drittel Ihres Tages mit der Bewältigung von Krisen?	☐	☐
8	Können Sie sich einen freien Tag nehmen und sicher sein, dass Ihr Geschäft oder Aufgabenbereich reibungslos weiterläuft?	☐	☐

9 Glauben Sie, dass Ihr Verhalten von Ihren Mitarbeitern beobachtet und imitiert wird?

10 Glauben Sie, dass die Personalabteilung für die Weiterbildung Ihrer Mitarbeiter verantwortlich ist?

Bewertung

Geben Sie für jedes „Ja" 2 Punkte. Ausnahmen sind die Fragen 2, 7 und 10, bei denen es für jedes „Nein" 2 Punkte gibt.

Wenn Sie 18 oder mehr Punkte erhalten haben, dann verfügen Sie über ausgezeichnete Führungsqualitäten, die Sie mit diesem Kapitel verfeinern können. Wenn Sie weniger als 18 Punkte erhalten haben, dann wird Ihnen das vorliegende Kapitel zeigen, wie Sie diese wichtigen kommunikativen Fähigkeiten gemeinsam mit Ihren Mitarbeitern entwickeln.

BrainSmart-Führungsverhalten

Nur wenige würden bestreiten, dass der wichtigste Aktivposten eines Unternehmens sein Personal ist. Obwohl diese Einschätzung inzwischen so weit verbreitet ist: Warum verschwenden so viele Unternehmen auch weiterhin die Intelligenz ihrer Mitarbeiter? Wie viele Geschäftsberichte haben Sie gelesen, in denen das Unternehmen seine Mitarbeiter nur als wichtigsten Aktivposten bezeichnet, um ein Downsizing anzukündigen, das anschließend Tausende überflüssig macht?

Wie können Sie das Potenzial Ihrer Mitarbeiter realisieren? Indem Sie ihre Kraft nutzbar machen und sich Zugang zu ihrer natürlichen Kreativität und ihrem geistigen Kapital verschaffen, wie es in diesem Buch beschrieben wird. Die Intelligenz Ihrer Mitarbeiter muss durch das Erzeugen einer herausfordernden und anregenden Atmosphäre erhalten und gespeist werden, was in ähnlicher Form für jedes wertvolle Aktivum gilt. Wie wir in Kapitel 3 erwähnt hatten, benötigt das menschliche Gehirn permanent neue Informationen, um aktiv und kreativ zu bleiben (Intelligenzprinzip 5). Eine Möglichkeit um dies zu erreichen besteht darin, Ihre Mitarbeiter zum Fortsetzen ihrer Ausbildung zu ermutigen

– egal ob intern durch vom Arbeitgeber finanzierte Trainingsprogramme oder extern durch Hochschulkurse. Weil das Hauptziel der Ausbildung im Training der Gehirne Ihrer Mitarbeiter besteht, werden Themen, mit denen sie nicht vertraut sind, am günstigsten sein.

Um sich den größten Ertrag von Ihren menschlichen Aktivposten zu sichern, müssen Sie erkennen, dass *alle* kreativ sind. Ihre Fähigkeit zum Erschließen der Aufregung, Begeisterung und Energie Ihres Personals wird letztendlich die langfristige Performance Ihres Unternehmens determinieren. Die kombinierte Intelligenz Ihrer Mitarbeiter wird bei einem guten Management zum Erfolg führen – und bei einem schlechten Management zum Desaster.

Bedenken Sie die Ergebnisse, die eine Gruppe von Mitarbeitern hervorbringen kann, wenn sie sich einer Führungskraft mit einem klar definierten Ziel verpflichtet fühlt. Um diese Kraft bestmöglich zu nutzen, muss die Führungspersönlichkeit jeden in der Gruppe ermutigen, zu fragen: „Welches ist die beste Möglichkeit der Zusammenarbeit?" und „Wie laufen meine Denkprozesse ab?".

Große Manager sind große Trainer

Wenn Sie das nächste Mal ein Sportereignis verfolgen, bei dem ein permanent siegreiches Team im Mittelpunkt steht, dann sollten Sie den Trainer beobachten. Erfolgreiche Trainer spielen mehrere Rollen, die von entscheidender Bedeutung für die Performance ihres Teams sind. Sie müssen Visionäre sein, die ein klares Bild von dem haben, was ihre Programme und Teams erreichen sollen. Sie müssen hervorragende Kommunikatoren sein, die ihre Vision für die Spieler klar definieren, so dass sie ebenfalls hieran glauben. Erfolgreiche Trainer müssen ihre Spieler motivieren und begeistern. Sie müssen Lehrer sein, die Ihren Spielern die nötigen Instruktionen geben, damit sie ihre Fähigkeiten optimal nutzen. Schließlich müssen erfolgreiche Trainer Talente bewerten und Feedback zur Performance bieten, so dass die Spieler wissen, wie gut oder schlecht ihre Leistungen sind. Obwohl Trainer in Wettkämpfen nicht den Ball werfen, treten oder schlagen, wird ihre Fähigkeit zum Ausfüllen dieser Rollen darüber mitentscheiden, ob ihre Teams gewinnen oder verlieren.

BrainSmart Leader sind Trainer. Sie müssen ihre Mitarbeiter ermutigen, ihre Grenzen zu verschieben, so dass sie Leistungen erbringen, die sie nie für möglich hielten. Sie müssen ihren Managern und ihrem Personal die Vision der obersten Unternehmensleitung kommunizieren und mit ihren Untergebenen ein Team aufbauen, das zusammenarbeiten kann und die Vision zur Realität werden lässt. BrainSmart Leader setzen dies um, indem sie die Funktionsweise der menschlichen Intelligenz verstehen und die sieben Intelligenzprinzipien und TEFCAS anwenden, um ihre Arbeit und die ihrer Teams zu strukturieren, so dass ein Maximum an Effektivität erreicht wird.

Fallstudie: Eine erfolglose Managerin

Joe Friday ist ein erfolgreicher Experte für das Rechnungswesen bei der XYZ-Gesellschaft. Joes Abteilung ist dafür zuständig, die Produktions- und Vertriebsorganisationen des Unternehmens über die Ergebnisse des operativen Inlandsgeschäfts zu informieren. Joe wurde eines Tages von der Personalabteilung angerufen. Auf Grund von organisatorischen Veränderungen würde ihm eine neue Managerin, Jane Doe, zugewiesen. Der gegenwärtige Manager, Mike Merryfield, würde in den Unternehmensbereich für das internationale Rechnungswesen versetzt. Jane hatte schon andere für die Ermittlung von operativen Ergebnissen zuständige Gruppen geleitet. Sie hatte aber keine direkte Erfahrung mit Joes Abteilung.

Um ihren Wechsel in die neue Abteilung so reibungslos wie möglich zu machen, verbrachte Mike mehrere Tage damit, Jane einzuarbeiten. Er machte sie mit dem Personal bekannt, das für die Hauptaufgaben der Abteilung zuständig war und erläuterte die Arbeitsabläufe. Wegen der von Mike Merryfield praktizierten Personalpolitik und seiner Betonung der Aus- und Weiterbildung beherrschte das Personal viele Fachgebiete mit einer ausgewogenen Mischung aus theoretischen und praktischen Kenntnissen.

Als Jane dazu überging, eine aktivere Rolle zu spielen, merkten die Mitarbeiter schnell, dass ihr Führungsstil im Widerspruch zum Führungsstil von Mike stand. Noch bevor der erste Monat unter ihrer Leitung vergangen war, hielt sie mit ihrer Abteilung eine Besprechung ab, in der sie viele neue Regeln aufstellte, ohne zu erläutern, warum dies notwendig sei. Obwohl ihr gesamtes Personal ein Festgehalt bezog, verlangte Jane, dass jeder einzelne Mitarbeiter sie benachrichtigt, wenn er eine Pause zum Mittagessen oder aus einem anderen Grund macht.

Die neuen Regeln und der mit der Überwachung einhergehende Druck machten die Mitarbeiter misstrauisch.

Jane äußerte ihre Besorgnis, dass ihr Personal nicht in der Lage sei, die gelieferten Arbeitsergebnisse richtig zu analysieren. Ihre Lösung bestand in der Auflage für ihre Mitarbeiter, die endgültigen Daten früher bereitzustellen als die vollständigen Berichte. Dieses Ersuchen alarmierte die Mitarbeiter, weil sie ihren Arbeitszyklus bereits wesentlich verkürzt hatten und ein weiteres Verkürzen eine sehr aufwendige Neuausrichtung ihrer Arbeit erfordern würde. Außerdem stand das Ersuchen nicht im Einklang mit den Zielen der Abteilung für das laufende Jahr.

In der Abteilung bauten sich Spannungen auf und das Vertrauen und die Sicherheit des Personals nahmen im Zeitablauf weiter ab. Im Rahmen von späteren Besprechungen der Abteilung tadelte Jane Mitarbeiter öffentlich für Fehler, selbst wenn sie bei Versuchen auftraten, neue Lösungen zu finden, um den Service für wichtige Kunden zu verbessern. Sie verlangte für alle neuen Projekte, unabhängig vom Umfang, vorab um Zustimmung gebeten zu werden. Während einer Besprechung verkündete Jane, dass alle Mitarbeiter am folgenden Wochenende arbeiten müssten, obwohl mehrere Teammitglieder bereits mit ihren Familien Reisen geplant hatten.

Die Frustration der Gruppenmitglieder nahm weiter zu, wenn sie die Besprechungen untereinander diskutierten. Jedes Teammitglied bemerkte die Veränderung der Arbeitsmoral und der Ausrichtung der Abteilung. Der Mangel an Zuversicht und Vertrauen in das Management vergrößerte sich, als die Abteilung die Arbeit an einer neuen Sonderaufgabe aufnahm. Jane schien Ideen und Beiträge bei Projektbesprechungen zu begrüßen. Sie griff Vorschläge aber nie konsequent auf. Wenn eine kleine Änderung der ursprünglichen Projektplanung vorgeschlagen wurde, widersetzte sich Jane. Dieser Widerspruch führte dazu, dass die Mitarbeiter nicht mehr in der Lage waren, klare Ziele zu erkennen. Jane verhielt sich so, als ob sie das Gefühl hatte, sich auf niemanden in der Abteilung verlassen zu können und daher die ganze Arbeitslast allein zu tragen hätte.

Die Mitarbeiter bemerkten schnell, dass Jane durch jede Abweichung der Teamperformance von ihren Erwartungen leicht frustriert werden konnte. Ihr Motto wurde: „Ich möchte, dass *alles jederzeit perfekt läuft.*“ Die Erreichung dieses Ziels wurde von den Mitarbeitern als unmöglich eingestuft, weil die gesamte Organisation laufend von Veränderungen betroffen war. Das Team hatte traditionell daran gearbeitet, eine Kombination aus niedrigen Fehlerquoten und kreativen

Lösungen für auftretende neue Fragen zu bieten. Als offensichtlich war, dass jeder Fehler mit einer Demütigung bestraft wurde, entwickelten die Mitarbeiter weniger innovative und kreative Ideen, weil solche Ideen ein hohes Risiko beinhalteten und jeder vor allem damit beschäftigt war, die Wahrscheinlichkeit für einen Tadel zu minimieren. Die unselige Konsequenz dieser Einstellung bestand darin, dass sie das geistige Kapital der Abteilung vereinigte – aber gegen die Abteilungsleiterin! Der Selbsterhaltungstrieb der Mitarbeiter führte dazu, dass alle bei im Zusammenhang mit Jane stehenden Fragen eine defensive Haltung entwickelten.

Ein verdeckter Bürgerkrieg brach aus, in dem beide Seiten nur daran interessiert waren, kleine Schlachten zu gewinnen. Die frustrierten und demoralisierten „Untertanen" zogen sich von ihrer despotischen und intoleranten „Herrscherin" zurück. Die Kommunikation zwischen dem Personal und Jane wurde selektiv, und Probleme wurden verheimlicht. Bei Besprechungen der Abteilung stellte sich allmählich Schweigsamkeit ein, und die Kreativität verflüchtigte sich. Es gab keine Führung, die für die notwendige Orientierung sorgte, um die Abteilung auf ihre Ziele auszurichten. All dies führte zu antriebslosen, unbeteiligten Arbeitskräften, was unzufriedene Kunden zur Folge hatte. Wegen der Erosion des Vertrauens in ihre Führungsqualität waren die Teammitglieder unfähig, einen Kommunikationsprozess einzuleiten, um ihre Anliegen zur Sprache zu bringen.

Vertrauen und Zuversicht: Das menschliche Gehirn ist auf der Suche nach Wahrheit (Intelligenzprinzip 6)

Umfragen haben gezeigt, dass Menschen Vertrauen und Zuversicht als den wichtigsten Faktor ansehen, der bestimmt, wie sie miteinander kommunizieren und umgehen. Beim Aufbau von Beziehungen wird anderen das Vertrauen – wie eine wertvolle Gabe – vorsichtig geschenkt. Es braucht Zeit um sich zu entwickeln und kehrt nie mehr ganz zurück, wenn es hintergangen wurde. Besteht Vertrauen, dann öffnet es Türen, reißt Wände ein und entfesselt Kreativität. Vertrauen erhöht unsere Bereitschaft, neue Ideen zur Kenntnis zu nehmen und Risiken einzugehen. Ein Mangel an Vertrauen lässt uns auf gesichertes Territorium zurückweichen und beeinträchtigt unsere Fähigkeit zum freien und kreativen Denken. Vertrauen muss verdient werden und sollte, sobald es gewonnen wurde, sorgfältig gepflegt werden.

Die im Überblick zusammengefassten Ergebnisse sollten keine Überraschung sein, weil uns Intelligenzprinzip 6 sagt, dass das menschliche Gehirn nach Wahrheit sucht und nach dem handelt, was es für zutreffend hält. Ein BrainSmart Leader sollte die Kraft dieses Prinzips erkennen, damit sichergestellt wird, dass sich sein Personal auf das Erreichen eines gemeinsamen Ziels konzentriert und entsprechend handelt. Wie viel leichter wäre es für Jane gewesen, wenn sie ihre Ziele mit ihrer Abteilung besprochen und einen Gruppenkonsens gebildet hätte? Sie hätte nicht das Gefühl gehabt, alles selber machen zu müssen. Und wichtiger: Sie hätte Zugang zu den natürlichen Denkprozessen ihrer erfahrenen Mitarbeiter erhalten.

Mit dem Auftreten von Reengineering-Programmen wurde die Arbeitsplatzsicherheit von vielen Mitarbeitern bedroht. Wenn die Organisation verändert wird, spielt das Teilen von Informationen sogar eine noch wichtigere Rolle. Das menschliche Gehirn sucht nach Wissen und Information, so dass es zu einem Thema Verbindungen und Assoziationen bilden kann (Intelligenzprinzip 5). Wenn ihm ungenaue, unvollständige oder überhaupt keine Informationen gegeben werden, dann wird es daran arbeiten, die Lücken auszufüllen (Intelligenzprinzip 4). Das Prinzip der Synergie (Intelligenzprinzip 1) kommt ins Spiel und das Gehirn erzeugt mögliche Szenarios, wodurch die Gerüchteküche angeheizt wird.

Wenn ein Management-Team den Einfluss der Gerüchteküche begrenzen will, muss es seinem Personal Informationen kommunizieren, mit denen die weißen Flecken auf glaubhafte Weise ausgefüllt werden. Die Mitarbeiter, die diese Informationen erhalten, werden anschließend in der Lage sein, das Synergieprinzip zu nutzen um angemessen zu reagieren. Dies führt zu einem natürlichen Prozess, der Ideen erzeugt, die innovative Lösungen für Kundenbedürfnisse und Geschäftsprobleme hervorbringen können und der im Team Begeisterung erzeugt.

Weil der Erfolg bei allen organisatorischen Veränderungen weitgehend von der Kreativität der Teammitglieder und ihrer Bereitschaft zum Eingehen von Risiken abhängt, ist es von entscheidender Bedeutung, das Vertrauen des Teams zu gewinnen und aufrechtzuerhalten. Ein effektiver Weg, um dies zu erreichen, besteht im Teilen von Informationen mit den Teammitgliedern, so dass sie Lösungen finden können, die sich auf die korrekten Ziele beziehen. Das Top-Management muss immer versuchen, ein Umfeld zu schaffen, in dem Vertrauen und Zuversicht aufgebaut und erhalten werden können. Außerdem muss das Top-Management beachten, dass die von den Vorgesetzten gewählten

Worte und ergriffenen Maßnahmen von ihren Mitarbeitern nachgeahmt werden (Intelligenzprinzip 3).

Unternehmen, in denen es wenig oder überhaupt kein Vertrauen gibt, weisen gewöhnlich eine große Personalfluktuation auf. Die Mitarbeiter werden im Allgemeinen zur Weiterbildung ermuntert, um ihren Ausbildungsstandard auf dem neuesten Stand zu halten. Ein Unternehmen, das die Ausbildung seiner Mitarbeiter bezahlt, wird bei einem Arbeitsklima, in dem es nur wenig Vertrauen gibt, nicht von seiner Investition profitieren, weil Mitarbeiter die Vorteile ihrer verbesserten Qualifikation einem anderen Arbeitgeber zugute kommen lassen, bei dem sie sich wohler fühlen. Unternehmen mit einem Arbeitsklima, in dem es nur wenig Vertrauen gibt, befinden sich daher in einer Zwickmühle: Wenn solche Unternehmen in die Ausbildung ihrer Angestellten investieren, werden ihnen die hiermit verbundenen Vorteile nur zum Teil zugute kommen, weil unzufriedene Mitarbeiter wegen ihrer zusätzlichen Schulung bei einem Konkurrenten leichter bessere Arbeitsplätze finden. Wenn diese Unternehmen hingegen die Weiterbildung ihrer Mitarbeiter einschränken, werden die Qualifikationen der Mitarbeiter veralten und schließlich wertlos sein. In beiden Fällen wird das geistige Kapital der Unternehmen aufgezehrt, bis es nicht mehr reicht, um die Performance des Unternehmens aufrechtzuerhalten.

Die Bedeutung, die das Unterrichten Ihrer Mitarbeiter über alle Änderungen der Mission und der Ziele Ihres Unternehmens hat, darf nicht unterschätzt werden, weil es dazu beiträgt, dass Ihnen die Mitarbeiter vertrauen. Mitarbeiter mit verschiedenartigen und modernsten Qualifikationen kommen in schlechten Zeiten wieder auf die Beine und passen sich wesentlich leichter und schneller an. Betrachten Sie dieselbe Situation in einem Unternehmen mit veralteten Qualifikationsprofilen, in dem kein Vertrauen existiert. Die Arbeitnehmer werden defensiv, risikoscheu und skeptisch, wobei jeder den anderen argwöhnisch beobachtet. Einige der verdrossenen Mitarbeiter könnten sich insgeheim freuen, weil sie die Schwierigkeiten ihres Arbeitgebers als gerechte Strafe für vergangene Sünden empfinden. Ein unglücklicher Mitarbeiter könnte sogar den Zusammenbruch des Unternehmens als Erfolg sehen!

Erfolgreiche Manager bauen nicht nur in ihrer eigenen Organisation Vertrauen auf. Um erfolgreich zu bleiben benötigt ein Unternehmen enge Beziehungen zu seinen Kunden, die auf Vertrauen und Zuverlässigkeit basieren. Wenn Sie einem Kunden z. B. zusagen, seinen Bedarf zu 100 Prozent zu decken, dann werden Sie ihn enttäuschen, wenn Sie nur 80 Prozent liefern. Andererseits könnten Sie Ihren Kunden darüber aufklären, dass Sie höchstens 80 Prozent der angeforderten Menge liefern können. Sie sollten dies aber garantieren. Im ersten Fall wird es Ärger und Misstrauen geben; Sie könnten in Zukunft weniger Aufträge erhalten. Im letzten Fall gibt es keine gebrochenen Zusagen; die Beziehung zu Ihrem Kunden wird nicht aufs Spiel gesetzt, und das vom Kunden in Sie gerichtete Vertrauen wird erhalten oder bestärkt. Der Kunde erhielt das Zugesagte. Obwohl dies weniger als gewünscht war, konnte der Kunde rechtzeitig entsprechende Alternativpläne machen.

Jane Doe von XYZ erlegte ihren Mitarbeitern neue Vorschriften auf, ohne sich die Zeit zu nehmen, die Gründe dafür zu erläutern. Dies erzeugte in der Vorstellung ihres Personals weiße Flecken, die mit Szenarios von Misstrauen und Feindseligkeit ausgefüllt wurden. Ein ineffektiver Manager, der versucht, neuen Vorschriften einseitig Geltung zu verschaffen, wird mit Widerstand und Zynismus konfrontiert. Neue Vorschriften werden wahrscheinlich verbogen oder gebrochen, wenn sie dem Personal nicht erläutert werden. Im Fall von Jane Doe waren Besprechungen der Abteilung für alle negative Erlebnisse, was das Misstrauen verstärkte. Die Gehirne des Personals der Abteilung verwendeten die negativen Inputs aus diesen Besprechungen, um neue Verknüpfungen und Assoziationen zu bilden, die ebenfalls negativ waren. Ihre Gehirne beschworen auch das Prinzip der Nachahmung herauf (Intelligenzprinzip 3), um die übertriebene Kritik und den von Jane demonstrierten Mangel an Vertrauen in Worte zu fassen. Das Zusammenwirken all dieser Faktoren wendete die Abteilung schließlich gegen die Leiterin.

BrainSmart Leader können neue Vorschriften leicht einführen, weil sie zu ihren Mitarbeitern auf Vertrauen basierende Beziehungen entwickeln. Sie gewinnen das Vertrauen ihrer Mitarbeiter vor allem, indem sie das hinter den neuen Vorschriften stehende Grundprinzip offen legen und ihre Vorgehensweise rechtfertigen. Sie bestärken das Vertrauen ihrer Mitarbeiter, indem sie ihre Mitarbeiter zum Feedback ermuntern. Sie werden nicht defensiv, wenn sie mit Kritik konfrontiert werden, und sie sind bereit, Vorschriften zu ändern oder abzuschaffen, die sich nach Anhörung ihrer Mitarbeiter als ungünstig erweisen. Sie bitten um die Unterstützung ihrer erfahreneren Mitarbeiter, um den Übergang leichter zu machen.

Als Jane neue Ziele setzte, erreichte sie weder einen Konsens noch das Mitwirken ihrer Mitarbeiter. Sie unterließ es auch, vom Team bereits geleistete Arbeit zu würdigen. Wenn neue Ziele definiert werden, dann ist es immer wichtig, dass Sie Ihren Mitarbeitern die zu Grunde liegende Motivation erläutern. Dies trifft insbesondere zu, wenn sich Ihre Mitarbeiter anstrengen müssen, um die neuen Vorgaben zu erfüllen. Wenn Ihre Mitarbeiter das Gefühl haben, dass das neue Ziel nicht realisierbar ist oder sich hiermit nicht identifizieren, dann werden sie nicht das Prinzip der Beharrlichkeit (Intelligenzprinzip 7) zur Geltung bringen. Ihre Gehirne werden keine Wege zum Erreichen des Ziels entwickeln, sondern Argumente, warum es nicht geht. Die öffentliche Demütigung und Verweise wegen aufgetretener Fehler verstärkten den von Janes Mitarbeitern gegen die neuen Ziele an den Tag gelegten Widerstand. Diese Angriffe aktivierten die Abwehrmechanismen ihrer Mitarbeiter. Würde Jane Fehler mit der Bemerkung „Wie interessant, was können wir hieraus lernen?" kommentieren, dann hätte sie kreatives und positives Denken entfesselt.

Leonardo DaVinci sagte einmal: „Alles hängt mit allem zusammen." Ein Manager muss sich darüber im Klaren sein, dass das Gehirn eines Menschen weder Angelegenheiten aus dem Arbeitsleben zu Hause beiseite legt noch Privatangelegenheiten bei der Arbeit ignoriert. Mehrere ihrer Mitarbeiter hatten schon Reisepläne mit ihren Familien geschmiedet, die nur mit großen Schwierigkeiten aufgeschoben werden konnten. Einen Mitarbeiter zu zwingen, zwischen Arbeit und Familie zu wählen, spaltet eher die Aufmerksamkeit seines Gehirns anstatt seine Gedanken natürlich fließen zu lassen. Mitarbeiter, die gemeinsame Zeit mit ihren Familien aufgegeben hatten, um an den vorgeschriebenen Wochenenden zu arbeiten, verbrachten daher viel mehr Zeit damit, an ihre Familien zu denken, als dies sonst der Fall gewesen wäre: „Ich vermisse meine Familie wirklich. Ich bin wütend, dass Janes Sorgen um unseren Zeitplan wichtiger geworden sind als meine Freizeit. Jane denkt mehr an ihren eigenen Erfolg als an die Aufrechterhaltung meiner Arbeitsmoral." Dies verstärkte die Spannung zwischen Jane und ihrem Personal weiter und nährte eine „Wir-gegen-die"-Mentalität.

Vertrauen und Zutrauen schaffen das Klima, das offene zweiseitige Kommunikation ermöglicht. Dieser Austausch von Information und Wissen ermöglicht unserem Gehirn, angemessene Korrekturen zum Erreichen seiner Ziele vorzunehmen und schafft die Basis zum Aufbau langfristiger Beziehungen. Vertrauen und Zutrauen sind Schlüsselfaktoren, welche die Fähigkeit eines Unternehmens bestimmen, Veränderungen vorzunehmen und sein vorhandenes geistiges Kapital voll zu nutzen. Die Synergie kreativer Denkprozesse ist effektiver, wenn sie in einer angenehmen und vertrauensvollen Umgebung vonstatten geht. Um erfolgreich zu sein, muss jeder Manager ein stabiles Umfeld schaffen, das es ermöglicht, jede potenziell riskante Situation mit gegenseitigem Respekt zu bewerten. Wenn die unerforschten Pfade unserer Gehirne als vermint gelten, wird niemand das Risiko auf sich nehmen und versuchen, durch das Hervorbringen von neuen Ideen auf ihnen zu reisen.

Brain Smart!

Nachfolgend einige Bemerkungen über Vertrauen und Zuversicht:

- Nutzen Sie so viele ihrer fünf Sinne und zehn geistigen Fähigkeiten wie möglich, um genau das zu vermitteln, was Sie denken.
- Denken Sie daran, dass das menschliche Gehirn nach Wahrheit sucht und nach dem handelt, was es für zutreffend hält.
- Achten Sie das Vertrauen, das Ihnen andere entgegenbringen.
- Denken Sie an die Bedeutung von Feedback.
- Achten Sie darauf, zu anderen Leuten ehrlich zu sein.
- Seien Sie sich des Umfeldes bewusst, in dem Sie sich bewegen.
- Denken Sie daran, dass es Zeit braucht, um Vertrauen zu bilden.

Aus der Sicht des Gehirns werden Vertrauen und Zuversicht in Wahrheit und Glauben übersetzt, weshalb sich BrainSmart Leader darauf konzentrieren sollten, mit ihren Mitarbeitern Vertrauen und Zuversicht aufzubauen.

Kommunikation

Das menschliche Gehirn lernt am besten durch Assoziieren, indem es neue Informationen synergetisch mit bereits existierenden Informationen verknüpft. Ihre Lebenserfahrung definiert die Verknüpfungen, die Ihr Gehirn zwischen zwei Informationen bildet. Die Verfahrensweise Ihres Gehirns beim Bilden dieser Verknüpfungen ist einmalig und tritt nur bei Ihnen auf.

Um die Effektivität Ihrer Kommunikation zu maximieren, sollten Sie lernen, beim Kommunizieren Fähigkeiten von beiden Seiten Ihres Gehirns einzusetzen. Sie sollten nicht nur Zahlen, Fakten und Statistiken (linke Kortex) kommunizieren, sondern auch Bilder, Farben und Rhythmus (rechte Kortex) nutzen. Sie sollten aber daran denken, dass Ihre Vorstellung von dem, was Sie kommunizieren, von der Vorstellung Ihres Zuhörers abweichen kann, weil es keine zwei identischen Gehirne gibt. Wir sind nur mit unseren eigenen Assoziationen vertraut, weshalb wir nicht davon ausgehen können, dass dieselben Reaktionen bei anderen Menschen auftreten werden. Überlegen Sie z.B., welche Temperatur für einen Bewohner New Yorks im Vergleich mit jemandem aus Florida einen „warmen Tag" ausmacht. Betrachten Sie die Konfusion in den verschiedenen Funktionsbereichen eines Unternehmens, wenn die Führungsmannschaft auf Grund eines neuen Reengineering-Programms „dramatische" Verbesserungen der Arbeit und Performance verspricht. Stellen Sie sich die Bandbreite der Antworten vor, wenn Unternehmensleiter darum gebeten werden, die Bedeutung von „dramatisch" oder „signifikant" zu quantifizieren. Stellen Sie sich auch die Probleme vor, die hieraus erwachsen könnten.

Wenn Leute mit anderen Menschen bekannt gemacht werden, dann werden diese Leute sehr oft von der Person, die sie vorstellt, mit bestimmten Etiketten versehen. Wenn wir denjenigen kennen, der die Vorstellung vornimmt, werden diese Etiketten oft von unserem Gehirn als „Wahrheit" akzeptiert, bevor es selber die Angemessenheit der Etiketten einschätzt. Sie haben hiervon wahrscheinlich schon Beispiele erlebt, wenn Sie zwei verschiedenen Menschen zugehört haben, die dasselbe Objekt oder dieselbe Person beschrieben haben. Haben Sie sich schon jemals gefragt, wie zwei Leute dasselbe Objekt ansehen und total verschiedene Perspektiven haben können?

Als Joe die Abläufe erklärte, hat er wahrscheinlich weiße Flecken in Janes Vorstellung hinterlassen. Ein Manager hat oft nicht genügend Detailwissen, um jemandem Probleme oder Angelegenheiten gut zu erklären, weshalb genaue Erläuterungen von wenig vertrauten Abläufen am besten demjenigen überlassen werden sollten, der die Arbeit verrichtet. Ein BrainSmart Leader, der in ein für ihn neues Unternehmen eintritt, kann dieses Wissen zur Einschätzung des Unternehmens nutzen, indem er prüft, ob die Person, die ihm Abläufe erklärt, weiße Flecken ausfüllt oder kreiert – eine exzellente Möglichkeit, mit der sich beurteilen lässt, wie gut jemand seine Arbeit kennt.

Die fehlende Vertrautheit mit jedem Detail einer neuen Abteilung kann das normale Gefühl der Überforderung verschärfen, das jeder Manager empfindet, wenn er eine neue Position übernimmt. In einem solchen Fall können die Gedanken des Managers am besten folgendermaßen beschrieben werden: „Ich hoffe, dass hier jemand weiß, was läuft, bis ich verstehe, wie ich überleben kann."

Obwohl es relativ leicht ist, Informationen durch Sprechen zu übermitteln, bereitet es große Schwierigkeiten, beim Sprechen wirklich zu *kommunizieren*, weil dasselbe Wort bei verschiedenen Leuten unterschiedliche Assoziationen hervorrufen kann. Mit jemandem effektiv zu kommunizieren erfordert, dass Sie „von Gehirn zu Gehirn" kommunizieren. Eine Kombination aus Vertrauen und Ihrem Wissen über die Qualifikationen Ihres Zuhörers ist dabei hilfreich: Sie können dies nutzen, um auf eine Weise zu kommunizieren, die Ihre Gedanken über die fünf Sinne Ihres Zuhörers mit seinen geistigen Fähigkeiten verbindet. Hiermit im Hinterkopf sollten Sie ein Gesprächsthema eröffnen, indem Sie Schlüsselfragen stellen, um eine Informations- und Wissensbasis zu schaffen.

Auf Grund von Mikes Training verfügte das Personal auf bestimmten Gebieten über Fachkenntnisse, die eine ausgewogene Mischung aus praktischem und theoretischem Wissen beinhalteten. Jane hätte die in ihrer Abteilung vorhandenen Qualifikationen anhand der zehn geistigen Fähigkeiten des menschlichen Gehirns einschätzen können, um die Stärken und Schwächen des gesamten Teams zu beurteilen. Sie hätte sich z. B. mit jedem Mitarbeiter zusammensetzen können, um seine Arbeitsaufgabe kennen zu lernen und seine dominanten geistigen Fähigkeiten in die in Kapitel 4 dargestellte Matrix einzutragen. Hierdurch hätte Jane die Möglichkeit gehabt, eine Bestandsaufnahme der in ihrer Abteilung vorhandenen Qualifikationen durchzuführen. Sie hätte prüfen können, ob bestimmte geistige Fähigkeiten wie das Denken in größeren Zusammenhängen, Vorstellungskraft und Logik fehlen oder ob es einen Mangel an Detailkenntnis und Fachwissen gibt.

Worte sind mächtige Kommunikationswerkzeuge, und sie rufen eine Vielfalt an Assoziationen hervor, was uns veranlasst, Worte individuell zu interpretieren – so einmalig wie unsere Erfahrungen. Um die Macht der Assoziation von Worten zu demonstrieren, sollten Sie einen Kreis auf ein Blatt Papier zeichnen und in die Mitte des Kreises das Wort „Geld" schreiben. Zeichnen Sie zehn strahlenförmig vom Kreis ausgehende Linien. Überlegen Sie sich zehn Worte, die Sie mit Geld assoziieren und schreiben Sie jeweils ein Wort an jede Linie. Behalten

Sie Ihre Antworten für sich. Bitten Sie anschließend vier andere Leute, die Sie kennen, dieselbe Übung allein durchzuführen. Nachdem alle die Übung abgeschlossen haben, sollten Sie Ihre zehn Wörter mit den Wörtern der anderen Teilnehmer vergleichen und nach identischen Wörtern suchen. Zusammen mit einer Gruppe von vier Leuten ist es ziemlich normal, überhaupt nichts Übereinstimmendes zu finden. Sie finden bestenfalls ein oder zwei Wörter, die für zwei Leute übereinstimmen.

Jane brachte ihre gesamte Abteilung bei der ersten Besprechung gegen sich auf, indem sie Anweisungen gab, aus denen folgte, dass die Abteilung nicht vertrauenswürdig war. Die Assoziationen jedes Mitarbeiters zu dieser Botschaft – ob bewusst oder unbewusst – riefen Zorn und Abwehr bei ihrem Personal hervor. Hätte Jane die bei ihrem Team hervorgerufenen Assoziationen berücksichtigt, als sie der Abteilung ihr Anliegen mitteilte, dann hätten alle in einer viel angenehmeren Atmosphäre zusammenarbeiten können, um eine Lösung zu entwickeln, die ihrem Anliegen gerecht geworden wäre. Jane hätte z. B. darum bitten können, bei neuen Projekten auf dem Laufenden gehalten zu werden: Nicht einfach, um vorab ihre Zustimmung geben zu können (was bedeutete, dass sie die einzige Person war, der die Entscheidung anvertraut werden konnte, ob ein Projekt durchgeführt werden sollte oder nicht), sondern weil sie die Informationen benötigte, um die Arbeit ihrer Abteilung effektiver managen zu können (was bedeutet hätte, dass Jane sich darum kümmern würde, die Arbeitsbelastung tragbar und gerecht zu halten). Beide Anfragen hätten um dieselben Informationen gebeten. Letztere hätte aber zu einem viel weniger feindseligen Arbeitsklima geführt.

All diese Gelegenheiten hätten dem Personal ein exzellentes Rollenvorbild und einen Coach zum Nachahmen geboten. Stellen Sie sich den Einfluss vor, den sie ausüben könnte, wenn sie das Vorbild beim Aufbau von Vertrauen und Zuversicht wäre, das offene Kommunikation ermöglicht. Durch dieses Vorbild würden die Mitarbeiter eine Grundlage erhalten, auf der sie ihre Anliegen mit Jane teilen könnten. Diese Perspektive würde ihnen die Möglichkeit geben, beharrlich zu sein und sich beim Entwickeln von Ideen zum Erreichen der Organisationsziele nicht so hilflos zu fühlen. Das Team hätte schließlich zur Förderung der Kommunikation Gedächtniskarten entwerfen können, um das Wissen und die Informationen zu erhalten, die notwendig sind, damit sie sich so schnell wie möglich wohl fühlt.

Wenn Sie mit jemandem kommunizieren, sollten Sie nach Möglichkeit ein Bild in der Vorstellung des Zuhörers entwerfen und lebendige Worte benutzen, mit denen das Ganze beschrieben wird. Wenn das Bild klar ist und zwischen Redner und Zuhörer Vertrauen existiert, dann wird das Konzept schnell verstanden und sofort akzeptiert.

Ein vertrauensvolles Umfeld mit offenen Kommunikationskanälen und effektiver Kommunikation führt zu unbegrenzter Kreativität. Stellen Sie sich einen Arbeitsplatz vor, an dem regelmäßig Innovationen und Durchbrüche auftreten. Denken Sie an ein Unternehmen, in dem Mitarbeiter ihre Aufgaben enthusiastisch und motiviert angehen, wo sie sich tatsächlich darauf freuen, jeden Tag zur Arbeit zu kommen. In diesem Unternehmen ist die Produktivität Weltklasse, weil offene und ehrliche Kommunikation zwischen allen Funktionsbereichen und Hierarchieebenen ein schnelles Identifizieren, Besprechen und Lösen von Problemen ermöglicht. Das Eingehen von Risiken wird als wichtiger Bestandteil von kreativen Prozessen gesehen, und ein Fehlschlag als einmalige Gelegenheit zum Lernen. Kunden schwärmen von der gebotenen Servicequalität. Sie haben das Gefühl, dass ihre Anmerkungen und Wünsche gewürdigt und respektiert werden.

Betrachten Sie jetzt die Alternative. Malen Sie sich einen Arbeitsplatz aus, an dem Innovationen selten sind und wo das Eingehen von Risiken offen als unerwünscht angesehen wird. Das Motto des Unternehmens lautet: „Wenn dies eine gute Idee wäre, dann hätte sie schon jemand gehabt." Information ist ein eifersüchtig gehütetes Gut und wird nur weitergegeben, wenn dies unbedingt erforderlich ist. Kommunikation dient lediglich dazu, beschränkte, fragmentierte und häufig aus dem Zusammenhang gerissene Informationen hin und her zu schieben. Die Belegschaft reagiert auf Versuche zum Verbessern der Arbeitsbedingungen oder des Kundenservice mit Zynismus, und die Personalfluktuation ist hoch. Die Produktivität ist niedrig und nimmt weiter ab, weil sich jeder schützt und weil das Vermeiden von Rügen für aufgetretene Fehler Energie verschwendet. Der Wettbewerb zwischen den Abteilungen ist hart; Rückschläge von anderen Abteilungen werden als Gelegenheit für Ihre eigene Abteilung gesehen, in den Augen des höheren Managements besser dazustehen.

Für welches Unternehmen würden Sie lieber arbeiten? Welches Unternehmen wird nach Ihrer Einschätzung die bessere Performance aufweisen? Welches Unternehmen wird nach Ihrer Einschätzung allmählich nur noch um sein Überleben kämpfen?

Das Vermögen eines Unternehmens ist in den Fertigkeiten der einzelnen Individuen verkörpert. Es ist die Fähigkeit eines BrainSmart Leaders zum Nähren dieser Fertigkeiten, die ein Unternehmen zum langfristigen Erfolg führt. In Ihren zwischenmenschlichen Beziehungen haben Sie die Möglichkeit, ein Vorbild zu bieten, dem andere folgen können. Wie wird es aussehen? Wird Ihre Kommunikation ehrlich und hilfreich sein oder unaufrichtig und irreführend? Wird Ihr Arbeitsumfeld aufregend sein und Innovationen ermutigen oder wird es langweilig sein und Tratsch ermuntern? Wird Ihre Kommunikation interessant und informativ sein oder stumpfsinnig und nutzlos? Sie entscheiden.

Brain Smart!

Nachfolgend einige andere Vorschläge zum Verbessern der Kommunikation:

- Beim Aufbau von Vertrauen und beim Gestalten der Gesprächsthemen in einer Beziehung könnten Sie zu Beginn fragen, welches für Ihren Gesprächspartner die bedeutenden Maßstäbe und Standards sind, die er zur Beurteilung seiner im Zeitablauf erreichten Fortschritte verwendet.
- Leiten Sie eine Gruppe. Übernehmen Sie die Verantwortung zum Leiten eines Teams (z.B. für ein Hobby oder bezogen auf eine Qualifikation, die Sie erlangt haben).
- Teilen Sie Wissen mit den Menschen in Ihrem Arbeitsumfeld oder zu Hause.
- Konzentrieren Sie sich stärker auf Kommunikationstechniken, die alle fünf Sinne und alle zehn geistigen Fähigkeiten ansprechen.
- Überprüfen Sie Ihre Kommunikation: Bitten Sie um Feedback zu den von Ihnen beim Kommunizieren hervorgerufenen Interpretationen und Assoziationen.

Profil einer Führungskraft: Sandy Hahn, IBM

Sandy Hahn managt bei IBM das Change Integration Department und weiß, wie sie ihre Mitarbeiter motivieren kann. Aus diesem Grunde reduzierte ihr aus sechs Mitarbeitern bestehendes Team die Kosten des Unternehmens im Zeitraum von 1996 bis 1998 um jährlich 1 Million US-$.

Anfang 1996 wurde Sandy darum gebeten, das von nach Übersee versetzten IBM-Mitarbeitern (bekannt als „internationale Anspruchsberechtigte") genutzte System zum in Rechnung Stellen von Umzugskosten zu vereinfachen. Das vorherige System brachte es mit sich, dass Anspruchsteller mit aufwendiger Handarbeit komplizierte Unterlagen ausfüllen mussten. Diese Papierunterlagen wurden dann zur Bearbeitung an die Organisation für das Abrechnen von internationalen Forderungen geschickt. Die Bearbeitung der Unterlagen erforderte jemanden, der die Informationen in einen Computer eingibt. Der Prozess war für den Anspruchsberechtigten verwirrend: Es gab zahlreiche Fehlerquellen im manuellen Ablauf, und weil er so arbeitsintensiv war, stellten lange Verzögerungen den Normalfall dar.

Sandy und ihr Team hatten die Aufgabe, einen Prozess zu entwickeln, bei dem die Anspruchsberechtigten ihre Informationen direkt in das System von IBM eingeben könnten und hierdurch die Bearbeitungszeit reduziert und die Kosten gesenkt würden. Dies war nicht so leicht umzusetzen wie es sich anhört, weil viele Variablen zu berücksichtigen waren, was viel Feinarbeit und Forschung erforderte. Ihr Team war nicht nur in der Lage, das Ziel rechtzeitig zu erreichen. Das Team entwickelte ein so gutes System, dass IBM den Beschluss fasste, die Verarbeitung der internationalen Anspruchsberechtigten in das nationale System zu integrieren, wodurch Sandy eine weitere Herausforderung erhielt. Diese Konsolidierung hat dem Computergiganten große Einsparungen ermöglicht.

Sandy wurde anschließend gebeten, eine weitere schwierige Aufgabe zu übernehmen: Das Aufmöbeln des Prozesses der Steuerabstimmung. Wenn Anspruchsberechtigte nach Übersee gehen, müssen sie sowohl US- als auch ausländische Steuern entrichten – und IBM hat sicherzustellen, dass an beide Länder die richtigen Steuerbeträge gezahlt werden. Dies ist komplex und so arbeitsaufwendig, dass bis zur Implementierung eines neuen Prozesses durch Sandy und ihr Team jeden Tag ein Rückstand von buchstäblich Hunderten von Fällen auftrat, was die „Kunden", die Anspruchsberechtigten, frustrierte und ebenso die

Mitarbeiter, die derartige Informationen zu sammeln und zu verarbeiten hatten. Dies führte zu Kostenüberschreitungen und unnötigen Gemeinkosten.

Sandy war wieder durch Teamarbeit und Kreativität erfolgreich. Die ersten Arbeiten des Teams betrafen nur Mitarbeiter in einem Land, in Japan. Das für das Pilotprojekt ausgewählte Land hatte am Ende des ersten Jahres keinen Rückstand mehr und ein Rating der Kundenzufriedenheit in Höhe von 90 Prozent aufzuweisen. Im nächsten Schritt sind Frankreich, Hongkong und Singapur in den neuen Prozess zu integrieren, und es gibt Pläne, das System auf Deutschland, Italien und Großbritannien auszudehnen.

Wie hat Sandy solche bemerkenswerten Ergebnisse erzielt? Der Ausgangspunkt war das von Sandy zusammengestellte Team. Das Team bestand aus Leuten, die nach ihrer Einschätzung begeistert und wahrscheinlich in der Lage waren, sich gegenseitig zu inspirieren. Sandy suchte persönlich Mitarbeiter aus anderen Abteilungen bei IBM aus, die sie für „Agenten des Wandels“ hielt – qualifiziert, offen für Veränderungen, flexibel und begeistert. Sie lehnte Bürokraten ab, die den Eindruck erweckten, nur daran interessiert zu sein, einen Gehaltsscheck nach Hause zu bringen. Sandy berücksichtigte die von ihr benötigten spezifischen Qualifikationen und stellte sicher, dass sie den richtigen Mix hatte. Der Projektmanager wurde wegen seiner Fachkenntnisse über die weltweiten Steuersysteme ausgewählt. Die interpersonellen Fähigkeiten der Teamleiterin sind so, dass sie bei Bedarf zehn IBM-Führungskräfte dafür gewinnen kann, sich drei Stunden für eine Besprechung zur Verfügung zu stellen. Der Controller ist ein Experte aus dem Rechnungswesen, der Lohnbuchhaltungs- und Systemerfahrung sowie einen exzellenten Blick für Details hat. Ein qualifizierter Schreiber dokumentiert die Vorgänge und legt nieder, wie alles funktioniert. Dies beinhaltet auch die Bedeutung und Zuständigkeit von internen und externen organisatorischen Einheiten. Sobald das Team am rechten Ort war, wurde das Motto geübt: „Wenn einer von uns erfolgreich ist, dann sind wir alle erfolgreich.“

Sandy führte von Anfang an mehrere Grundsätze ein: Niemand wird für das Artikulieren von Ansichten oder das Unterbreiten von Vorschlägen bestraft oder kritisiert. „Meine Teammitglieder nehmen kein Blatt vor den Mund“, sagt Sandy. „Als ich kürzlich ein Ziel vorschlug, das sie für zu ehrgeizig hielten, sagten sie dies und erläuterten warum. Wir änderten schließlich das Ziel.“ Ironischerweise arbeitete das Team so reibungslos, dass erreicht wurde, was Sandy ursprünglich von ihrem Team wollte – aber niemand fühlte sich gedrängt, etwas zu leisten, was als belastend empfunden wurde.

Jedem Mitarbeiter wird ermöglicht, zu glänzen und Anerkennung vom Management zu erhalten. „Ich habe keine Angst davor, Mitarbeiter in den Mittelpunkt zu stellen und sie vor den Augen von höheren Vorgesetzten aufzubauen“, sagt Sandy. „Oft sind Manager nicht daran interessiert, jemanden außer sich selber aufzubauen. Ich erzeuge auf diese Weise aber mehr Loyalität im Team.“ Sandy und ihr Team treffen sich mindestens einmal pro Monat persönlich mit Sandys Chef. Sie eröffnet diese Treffen, tritt dann zurück und lässt ihre Teammitglieder reden. Die Teammitglieder erhalten direktes Feedback und werden nicht über eine Befehlskette informiert. Außerdem wird ihnen die Möglichkeit gegeben, Anerkennung für ihre Beiträge zu erhalten.

Ein Mitarbeiter, der IBM besser auf einer Stelle mit einem höheren Qualifikationsniveau dienen kann, wird sogar dann zur Beförderung vorgeschlagen, wenn hierdurch eine Lücke im Team hinterlassen wird. Sandy nahm kürzlich eines ihrer wichtigsten Teammitglieder und transferierte diese Mitarbeiterin zu ihrem eigenen Chef, weil sie das Gefühl hatte, dass diese Mitarbeiterin IBM als Ganzem auf diesem Qualifikationsniveau besser dienen und auch persönlich wachsen könnte. „Ich denke, dass sie uns allen auf dieser Stelle helfen kann, erfolgreich zu sein“, erklärte Sandy.

Jedes Teammitglied wird als Individuum angesehen. Wenn notwendig werden die Bedürfnisse jedes einzelnen Individuums berücksichtigt. Eine Mitarbeiterin von Sandy teilt ihre Arbeitsabläufe nach Möglichkeit so ein, dass sie um 15.30 Uhr zu Hause sein kann, wenn ihr Kind vom Schulbus kommt. Sandy lässt sie früh beginnen und versucht, Teambesprechungen nicht für den späten Nachmittag anzusetzen. Ein anderes Teammitglied, das in den Wochen vor dem Antritt seines Urlaubs in Florida Überstunden leistete, hatte ursprünglich an einem Donnerstag wieder an seinen Arbeitsplatz zurückzukehren. Sandy sagte ihm, dass er als Anerkennung für seine außergewöhnlichen Bemühungen um den Abschluss von Arbeitsprojekten am Donnerstag und Freitag zwei Tage bezahlten Sonderurlaub nehmen kann, wodurch er und seine Familie vier zusätzliche Urlaubstage erhielten. „Er machte diese zwei Tage zehnfach wett“, sagte Sandy. „Leide ich darunter, wenn ich diese Sachen mache? Nein. Verliert IBM etwas? Mit Sicherheit nicht. Wir gewinnen alle.“

Sandy verlässt sich auf Gedächtniskarten, um einen Berg von komplexen Informationen verarbeiten zu können. Bei der Arbeit an den

Projekten zur Abstimmung der Steuern wählten Sandy und ihr Team den „frustrierten Kunden“ als zentrales Bild, weil es Unzufriedenheit bei den Kunden gab, was abgestellt werden musste. Die Äste der Gedächtniskarten behandelten die verschiedenen Ursachen der Frustration und mögliche Gegenmittel. Im Rahmen von Besprechungen der Mitarbeiter wurden die Gedächtniskarten immer ausgebreitet und regelmäßig ergänzt. „Dies war eine schnelle und einfache Möglichkeit, um alle daran zu erinnern, was wir machen“, sagte Sandy, die ebenfalls Gedächtniskarten zu Besprechungen mit ihren Chefs mitnahm: „Auf einer Gedächtniskarte konnte ich unterbringen, was normalerweise ein Dutzend Tabellen und Diagramme erfordern würde.“

Sandy hatte einen großen Einfluss auf das Kerngeschäft von IBM ausgeübt und ist bei der Mitteilung und Weitergabe von Ergebnissen nicht ängstlich. Für Sandy war es mit einer ungeheuer großen persönlichen Befriedigung verbunden, andere Menschen zu coachen und ihnen hierdurch zum Ausschöpfen ihres Potenzials zu verhelfen. Sandy sagt: „Ich ließ meine Mitarbeiter wissen, dass sie benötigt werden und erwünscht sind.“ Außerdem will sie nicht jemanden im Team haben, der nicht dazu gehören möchte. „Und wissen Sie was? Jedes Mal, wenn jemand befördert wird und die Abteilung verlässt, erhalte ich früher oder später einen Anruf und werde gefragt, ob es möglich ist, zurückzukehren und auf einer Stelle mit dem Team zu arbeiten.“ Sandy weiß offensichtlich, wie sie jedem helfen kann, ein Gewinner zu werden. Sie ist ein BrainSmart Leader.

Schlussfolgerung und Aktivitäten

Jede Führungskraft, die einen positiven Einfluss auf ihre Teammitglieder ausüben will, muss bei ihrem täglichen Handeln die sieben Intelligenzprinzipien berücksichtigen. Wesentlich für den Erfolg ist der Aufbau von Vertrauen und Zuversicht – bis zu dem Punkt, an dem die Mitarbeiter offen kommunizieren.

Aktivitäten

1a Wählen Sie ein hervorragendes Mitglied Ihres Teams aus und entwickeln Sie ein kleines PR-Programm, um andere über Ihren Star-Performer zu informieren.

1b Bitten Sie Ihren Star-Performer, das Gleiche für jemanden zu machen, der als herausragendes Mitglied in seinem Team gesehen wird.

2 Listen Sie alle Mitarbeiter auf, die Ihnen Bericht erstatten. Schreiben Sie jede Woche über jeden dieser Mitarbeiter einen positiven Satz. Besprechen Sie diese Liste alle paar Wochen mit den betreffenden Mitarbeitern.

3 Setzen Sie mit jedem Ihrer Mitarbeiter eine 90-minütige Besprechung an, um über seine Karriereziele zu sprechen und wie Sie dabei behilflich sein können.

4 Führen Sie einen Zeitkalender, aus dem hervorgeht, wo und mit was Sie Ihre Zeit verbringen. Prüfen Sie die Liste Ihrer Aktivitäten. Überlegen Sie, ob Möglichkeiten bestehen, Ihrem Personal einige dieser Aktivitäten beizubringen.

5 Entwickeln Sie mit Ihrem Team auf Basis der Unternehmensvision die Ziele Ihrer Teilorganisation, so dass alle Mitarbeiter dieselben Ziele verfolgen.

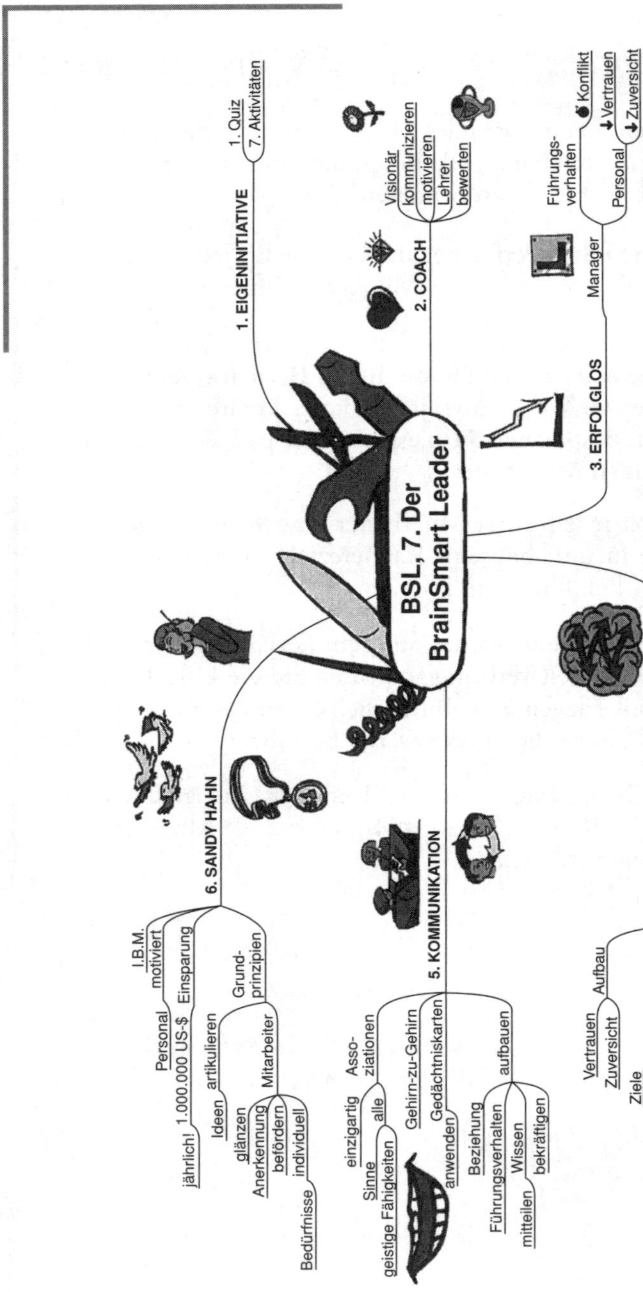

Abbildung 14: Gedächtniskarte zu „7. Der BrainSmart Leader“

8. Menschliche Kraft

Begeisterte und aufgeregte Mitarbeiter kreieren permanent Ideen und neue Wege zum Verrichten von Aufgaben. Diese Fähigkeit kann aber durch selbst gezogene Grenzen oder ihre Vorgehensweise beim Übermitteln von Gedanken und Nachrichten beschränkt sein. Wir haben alle schon Teams aus Athleten gesehen, die auf die verschiedenen Fertigkeiten ihrer einzelnen Mitglieder zurückgreifen, um erfolgreich zu sein. Um effektiv zu kommunizieren, müssen Sie vor allem Ihre Fähigkeiten beim Denken und die Art und Weise, auf die Sie Informationen verarbeiten, verstehen.

Test

Nr.	Frage	J	N
1	Denken Sie, dass es wichtig ist, Ihre Fertigkeiten und Ihr Wissen permanent zu verbessern und zu erweitern?	☐	☐
2	Haben Sie sich jemals damit auseinander gesetzt, wie das menschliche Gehirn arbeitet?	☐	☐
3	Teilen Sie anderen Ihre Ideen mit?	☐	☐
4	Glauben Sie, dass andere Ihr Denken aus geschäftlichen Gründen verstehen sollten?	☐	☐
5	Sollte das geistige oder Humankapital im Geschäftsbericht eines Unternehmens bewertet werden?	☐	☐
6	Ist es eine gute Idee, Ihr Wissen in einem Unternehmen für sich zu behalten?	☐	☐
7	Gibt es für die Menge an Wissen, die das menschliche Gehirn speichern kann, eine Höchstgrenze?	☐	☐

8 Gibt es eine Korrelation zwischen dem Einkommen und dem Wortschatz?

9 Gibt es Unternehmen, die Mitarbeiter in ihrem Geschäftsbericht als Aktivposten berücksichtigen?

10 Sucht das menschliche Gehirn auf Grund seiner natürlichen Eigenschaften nach neuem Wissen?

Bewertung

Geben Sie für jedes „Ja" 2 Punkte. Ausnahmen sind die Fragen 6 und 7, bei denen es für jedes „Nein" 2 Punkte gibt.

Wenn Sie mehr als 18 Punkte erhalten haben, dann wissen Sie, wie Menschen geführt werden. Dieses Kapitel wird Ihnen bei der Feinabstimmung Ihrer Management-Qualitäten helfen. Wenn Sie 18 oder weniger Punkte erhalten haben, dann wird Ihnen dieses Kapitel zeigen, wie Sie das unbegrenzte kreative Potenzial Ihrer Mitarbeiter entfesseln.

Das Management des Wandels

Der Bestand an Fertigkeiten

Ihr Gehirn besitzt einen im Laufe der Jahre entwickelten natürlichen Bestand an Wissen und Überzeugungen, der bestimmt, wie Sie sich heutzutage verhalten und wie Sie reagieren. Ihre Verhaltensweisen werden von Ihrer Umwelt und Ihren Reaktionen auf Ihre Umwelt entwickelt und verstärkt. Wenn in Ihrem Leben neue Ereignisse auftreten, dann assoziiert, verbindet und speichert Ihr Gehirn die neuen Informationen in seiner Wissens- und Überzeugungsdatenbank. Erinnerungen und Erfahrungen sind ähnlich wie die Straßen und Autobahnen auf einer Landkarte miteinander verbunden. Wenn Sie denselben Weg mehrmals wählen, dann lernen Sie die meisten Unebenheiten und Serpentinen der Straße kennen.

Denken Sie an Ihre in der Kindheit gesammelten Erfahrungen, als Sie zum ersten Mal damit anfingen, eine neue Fertigkeit wie Sprechen,

Schreiben oder die Ausübung einer Sportart zu entwickeln. Erinnern Sie sich daran, wie sich Ihr Vertrauen in die neue Fertigkeit herausgebildet hat? Wie beeinflusste dies Ihren Eifer beim Ausüben und weiteren Lernen? Vergleichen Sie dieses Gefühl jetzt mit dem ersten Mal, als Sie glaubten, dass Sie nicht in der Lage seien, eine neue Fertigkeit wie Zeichnen, Schreiben oder das Auswendiglernen von Multiplikationstafeln zu erlernen. Vielen von uns wurde seit ihrer Kindheit eingeredet, dass wir einfach nicht mit den Anlagen für bestimmte Fertigkeiten geboren werden. Und weil wir nicht mit den Anlagen geboren werden, gibt es angeblich keine Möglichkeit, diese Fertigkeiten durch harte Arbeit und Übung zu erwerben. Wir werden dazu ermutigt, unsere Grenzen zu entdecken und hieran zu glauben. Dieser Glaube wird eine sich selbst erfüllende Prognose, weil er dazu führt, dass wir den Erfolgsmechanismus unseres Gehirns kurzschließen und eine Straße in unserem geistigen Netzwerk an Fertigkeiten versperren. Dies bedeutet, dass wir es unterlassen, unser gesamtes Spektrum an geistigen Fähigkeiten zu entwickeln, was wiederum unsere Fähigkeit reduziert, kreativ zu sein.

Unser Gehirn ist in Wahrheit in der Lage, *jede* Fertigkeit zu erlernen und *jeden* Weg zu öffnen, wenn wir interessiert sind, das richtige Vorbild finden, nach dem wir uns richten können, Zugang zu gutem Coaching und Übung haben.

Um Ihr Gehirn voll zu entwickeln, müssen Sie Ihren Bestand an Fertigkeiten fortlaufend vergrößern und die Fertigkeiten weiterentwickeln, für die Verbesserungsbedarf besteht. Wenn Ihr Beruf wie z. B. eine Tätigkeit im Rechnungswesen auf Fertigkeiten basiert, die vorwiegend der linken Kortex zuzuordnen sind, dann sollten Sie daran arbeiten, mehrere Ihrer Fertigkeiten der rechten Kortex wie Musik oder Zeichnen zu entwickeln. Wenn Ihr Beruf wie z. B. Kunst Fertigkeiten erfordert, die vorwiegend der rechten Kortex zuzuordnen sind, dann sollten Sie daran arbeiten, Fertigkeiten der linken Kortex wie Logik oder Fremdsprachen zu entwickeln.

Warum sollten Sie versuchen, scheinbar „irrelevante" Fertigkeiten zu verbessern? Weil bei einem gut arbeitenden Gehirn eine permanente Kommunikation zwischen der linken und der rechten Kortex des Gehirns stattfindet. Natürliche Kreativität wird erzeugt, wenn die beiden Seiten des Gehirns harmonisch zusammenarbeiten.

Es ist nicht überraschend, zu erfahren, dass Innovatoren wie Einstein oder Disney jede der zehn geistigen Fähigkeiten in einem hohen Maße entwickelten. Albert Einstein wird von vielen als der größte Wissenschaftler des 20. Jahrhunderts angesehen. Wir wissen alle auf Grund seiner Entwicklung der Relativitätstheorie von seinen wissenschaftlichen Qualitäten. Es war aber Einsteins Vorstellungskraft, die ihm erlaubte, die Beziehung zwischen Masse und Energie sowie den Zusammenhang von Raum und Zeit zu verstehen. Einstein sagte, dass seine erste Erkenntnis zur Relativitätstheorie aus einem Tagtraum stammt, in dem er sich vorstellte, dass er auf einem Lichtstrahl zum Ende des Universums reitet. Zu seinem Erstaunen war er am Ende seiner Fantasiereise zu seinem Ausgangspunkt zurückgekehrt!

Auf einem etwas anderen Niveau der Errungenschaft ist Walt Disney für seine farbenprächtige Vorstellungskraft, seine Fähigkeit zum Erzählen von Geschichten und seine Schöpfung der Cartoon-Charaktere Mickey Mouse und Donald Duck bekannt. Er konnte aber auch Details sehr große Aufmerksamkeit widmen. Während der Errichtung von Disneyland leitete er Disney „Imagineure" (eine Wortschöpfung aus „Imagination" und „Ingenieur") dabei an, mit wissenschaftlicher Präzision und größter Aufmerksamkeit für jede Einzelheit zu arbeiten, so dass Attraktionen entstanden, mit denen sowohl die linke als auch die rechte Kortex der Parkbesucher angeregt werden sollte.

Solange sich Ihre geistigen Fähigkeiten entwickeln, besitzt Ihr Gehirn eine unbegrenzte Fähigkeit zum Verknüpfen und Assoziieren von neuen Ideen mit bestehendem Wissen. Alle Grenzen beim Erzeugen von neuen Ideen beruhen auf selbst auferlegten Glaubenssystemen. Egal ob Sie die Grenzen selber gezogen haben oder mit Hilfe eines Elternteils, Lehrers oder Trainers: Wir haben die Kraft, uns zu entschließen, diese Grenzen zu entfernen.

Eine verbreitete Fehlinterpretation besteht darin, dass unser Gehirn angeblich nur einen begrenzten Raum zum Speichern von neuen Ideen und Wissen aufweist: Wenn wir wertvollen Speicherplatz unseres Gehirns zum Erlernen von Fertigkeiten nutzen, die nicht unmittelbar auf unseren Beruf bezogen sind, dann riskierten wir eine „Knappheit an Speicherplatz" für wichtigere Informationen. Je mehr wir lernen, desto leichter wird es in Wirklichkeit für uns, neues Wissen zu assoziieren und zu verknüpfen – in der Tat: Unser Gehirn expandiert. Neue Straßen, auf denen bislang noch niemand gereist ist, entdecken wir in dem Maße, in dem wir Straßensperren beseitigen, mit denen die Autobahnen unseres Gehirns versperrt werden. Wie schnell Sie auf diesen Straßen navigieren können, wird vom Ausmaß Ihrer Fertigkeiten determiniert. Auf den Straßen kann allerdings jeder reisen.

Aufnahmegeräte

Das menschliche Gehirn hat mehr als 10 Trillionen Zellen, die als *Neuronen* bezeichnet werden. Jedes Neuron besteht aus einem Teil zum Senden, der als *Axon* bezeichnet wird und aus Teilen zum Empfangen, die als *Dendriten* bezeichnet werden. Wenn ein Axon eine Botschaft sendet, kann es sich mit bis zu 100 000 angrenzenden Zellen verbinden. Jede mit dem ersten Neuron verbundene Zelle kann sich mit weiteren 100 000 Neuronen verbinden. Dieses Verknüpfen und Verbinden von Zellen erzeugt Gedächtnisspuren und Gedankenmuster. Wie viele einzigartige Gedanken und Gedächtnisspuren kann das Gehirn nach Ihrer Einschätzung bei so vielen möglichen Kombinationen erzeugen?

Wenn Sie das unbegrenzte biologische Potenzial des menschlichen Gehirns mit den in Kapitel 3 erläuterten Intelligenzprinzipien kombinieren, dann entdecken Sie, dass die Informationen, die Sie Ihrem Gehirn zuführen, die Richtung Ihrer eigenen Gedanken diktieren. Dies wird entweder die Ressourcen zum Überwinden der unsere Reise zum Erfolg blockierenden Hindernisse liefern oder die Gründe, warum wir wirklich nichts erreichen können. Um hiervon zu profitieren, müssen Sie vor allem das GRGW- und MRMW-Modell genauer verstehen (siehe Seite 49).

Beginnen Sie, indem Sie darüber nachdenken, wie Sie den Erfolg definiert haben und ob Sie Ihre Definition auf Grund von falschen Annahmen beschränkt haben oder nicht. Denken Sie daran, dass das menschliche Gehirn nach Wahrheit sucht und auf der Basis von dem handeln wird, was es für zutreffend hält. Manchmal wollen Sie vielleicht hinterfragen, warum Sie einige Ihrer Annahmen als zutreffend akzeptieren. Schreiben Sie die Gründe auf, warum Sie die Annahmen für zutreffend halten. Erklären Sie die Gründe noch einmal für zutreffend oder stellen Sie die Gründe in Frage. Vielleicht stufen Sie die Annahmen als ungültig ein, weil Sie erkennen, dass sie in der Gegenwart nicht angemessen sind (so hat Ihnen Ihr Bruder z.B. vor Jahren gesagt, dass Sie niemals ein Buchsachverständiger werden oder nie lernen, Zahlen zu addieren).

Wie fangen Sie damit an, Ihr Gehirn auf das Überwinden von Hindernissen und Beschränkungen auszurichten? Der erste Schritt besteht darin, dass Sie die Informationen genau untersuchen, die Sie Ihrem Gehirn zuführen. Wie in Kapitel 3 erläutert, nimmt Ihr Gehirn alle neuen Informationen und verknüpft und assoziiert sie mit bestehendem Wissen. Diese Informationen werden zum Ausgangspunkt für das

Entwickeln von neuen Ideen und wirken wie eine Investition in die Entwicklung Ihres geistigen Kapitals und Ihrer menschlichen Kraft. Um den Ertrag dieser Investitionen zu maximieren, müssen Sie sicherstellen, dass die Art und Qualität Ihrer Inputs im Einklang mit Ihren persönlichen Zielen stehen.

Typische Quellen für neue Informationen sind TV, Zeitungen, Fachzeitschriften und die Menschen, mit denen Sie täglich zu tun haben. Obwohl Sie nicht immer alles direkt kontrollieren können, was Sie in Ihrem Langzeitgedächtnis speichern, müssen Sie sich darüber im Klaren sein, dass die Qualität der von Ihnen aufgenommenen Informationen darüber entscheidet, wie gut sich Ihr Bestand an Fertigkeiten entwickelt. Sogar Ihre eigenen Gedanken können als Inputs fungieren und Ihr Gehirn dabei beeinflussen, ob es bereit ist, den Wert des Entwickelns von neuen Fertigkeiten zu akzeptieren.

Ihr Gehirn folgt dem MRMW- und GRGW-Modell, und Sie kontrollieren letztlich, ob der erste Buchstabe „Müll“ repräsentieren wird („Müll rein, Müll wächst“) oder „Gutes“ („Gutes rein, Gutes wächst“). Wenn Ihre Inputs zurzeit in die „Müll“-Kategorie fallen, dann können Sie die notwendigen Änderungen vornehmen und „Gutes“ aufnehmen. Ihr Gehirn nutzt unbewusst das Prinzip der Nachahmung, um das Verhalten und den Stil Ihrer Assoziationen zu modellieren und zu duplizieren. Wenn diese Verhaltensweisen Zynismus und einen Mangel an positivem Denken beinhalten, dann könnte Ihr Gehirn diese Inputs als zutreffend akzeptieren und sich zum Versagen programmieren. Wenn Sie negatives Denken mit zusätzlichen „Müll“-Inputs kombinieren, wird Ihr Gehirn sich selber programmieren, um sehr schnell und effektiv zu versagen.

Der Wunsch nach Vermeidung von Problemen und Frustration ist natürlich. Mitarbeiter, die dieselbe Frustration erleben, werden sich schnell zusammenfinden und diese Gefühle weiter verstärken. Die Kombination aus „Müll“-Inputs und dem Prinzip der Nachahmung könnte Sie dazu veranlassen, sich diesem Konsens anzuschließen, bevor Sie merken, dass sich Ihr Denken geändert hat. Sogar ohne sich dessen bewusst zu sein, könnten Sie ein Hindernis aufgestellt haben, das Ihre Kreativität beeinträchtigt. Egal ob Sie ein Manager oder ein jüngerer Stabsmitarbeiter sind: Sie müssen für die Inputs sensibel sein, die Sie empfangen und anderen senden. Die Qualität Ihrer Gedanken wird bestimmen, ob Sie von einem Team aus kreativen, enthusiastischen Denkern umgeben sind oder von einer Gruppe aus negativen apathischen Waschlappen. Sie wählen die Richtung der von Ihnen jeden Tag erzeugten Gedanken.

Mit bestehendem Wissen kombinierte neue Informationen halten Ihr Gehirn lebendig und versetzen es in die Lage, neue Ideen zu erzeugen. Hierdurch erhalten Sie den Treibstoff, der Ihnen ermöglicht, sich in die Richtung Ihrer Ziele zu bewegen. Einige der Ressourcen, die Sie benötigen um verbesserte Inputs zu entwickeln, sind wahrscheinlich schon jetzt in Reichweite. Mit etwas Beharrlichkeit (Intelligenzprinzip 7) können Sie gewöhnlich ein Vorbild finden, das Ihre Ziele repräsentiert und das Ihr Gehirn nachahmen kann (Intelligenzprinzip 3). Eine exzellente Informationsquelle ist ein Buch zu einem Thema, das Sie interessiert. Die Zufuhr von positiven, nützlichen Informationen trägt dazu bei, Ihre mentalen Kräfte zu stärken.

Ein anderer Weg der Informationsbeschaffung besteht darin, jemanden zu fragen, der eine Fertigkeit besitzt, die Sie verbessern oder erwerben möchten. Unsere Erfahrungen haben regelmäßig gezeigt, dass die erfolgreichen Mitarbeiter eines Unternehmens von ihren Kollegen am seltensten nach ihren Erfolgsgeheimnissen gefragt werden. Manchmal hält unser Ego uns davon ab, unsere engsten Verbündeten um Hilfe zu bitten. Menschen sind gewöhnlich bestrebt, über ihre Erfolge zu reden und genießen die Erfahrung, anderen mitzuteilen, wie sie diese erreicht haben.

Tony Dottino erlebte ein Beispiel für diese Tendenz, als er einen Künstler im Metropolitan Museum of Art traf. Tony war daran interessiert, mehr über Kunst zu lernen und fragte den Künstler, woran er arbeitete. Im Laufe der nächsten Stunde beschrieb der Künstler leidenschaftlich, wie er seine Bilder mit verschiedenen Hilfsmitteln malte. Er erläuterte, wie er seine Themen mit weitaus mehr Aufmerksamkeit für Details studierte und visualisierte als untrainierte Augen. Die einstündige Kunstlektion versetzte Tony in die Lage, alle gemalten Kunstwerke aus einer neuen Perspektive zu sehen, weil sein Gehirn für ein bestehendes Interessengebiet neue Beziehungen und Verbindungen entwickelt hatte.

Die Bedeutung des Zuhörens

Zuhören ist ein wesentlicher Bestandteil der Kommunikation. Wenn wir anderen Menschen beim Reden zuhören, beginnen wir oft mit der Meinungsbildung über das, was gesagt wird, bevor die anderen Menschen zu Ende geredet haben („Es wird nicht funktionieren und ist eine fürchterliche Idee. Die wissen nicht, worüber sie reden!"). Hierdurch nehmen wir unserem Gehirn die Motivation zum Zuhören, um diese Möglichkeiten zu untersuchen und neue Ideen zu entwickeln.

Wenn die Meinung einer Person bei einer Gruppenbesprechung in der Minderheit ist, neigen wir gleichfalls dazu, sie zu ignorieren und den Vertreter als Einzelgänger zu behandeln, als „nicht Teil des Teams". Hingegen wird der Einzelgänger unter Umständen fehlende Informationen präsentieren, die zu kreativen Lösungen führen könnten.

Wenn Sie anderen beim Darstellen ihrer Ideen zuhören, sollten Sie versuchen, Verständnis zu gewinnen und Mitgefühl aufzubauen. Sie sollten Ihren eigenen Standpunkt kommunizieren, ohne dabei andere zu bekämpfen.

Lernen, den Wandel zu gestalten

Wie wenden Sie all die Informationen und das Wissen an, um Veränderungen im Geschäftsleben zu erreichen? In vielen Unternehmen ist das Erlernen der Fähigkeit zum Gestalten des Wandels zur größten Herausforderung geworden. Wegen der Beschleunigung des technologischen Wandels und der zunehmenden Differenzierung der Nachfrager mussten sich selbst die größten Unternehmen darum bemühen, schnell und flexibel zu werden. Obwohl die modernste Technologie verfügbar ist, erleben viele Unternehmen das Implementieren des Wandels (anstatt nur auf ihn zu reagieren) als Kampf. Warum ist dies der Fall? Um diese Frage zu beantworten, müssen Sie vor allem verstehen, wie wir beim Lernen denken und wie wir neue Gewohnheiten entwickeln.

Brain Smart!

Nachfolgend einige Techniken zum Verbessern der Qualität Ihrer eigenen Inputs und der Inputs von den Sie umgebenden Menschen:

- Denken Sie an das Prinzip „Gutes rein, Gutes wächst".
- Vermeiden Sie die negative Bestärkung von Ideen. Dies bringt Gehirne zum Kultivieren von Skepsis und hemmt ihre Fähigkeit zum Entwickeln von Lösungen für existierende Probleme.
- Stellen Sie Menschen Fragen, die in besonderem Maße über bestimmte Fertigkeiten verfügen, die Sie nachahmen möchten.
- Seien Sie sich der Qualität von Informationsquellen bewusst, die Ihrem Gehirn Inputs liefern.
- Investieren Sie in die Bildung von geistigem Kapital.
- Prüfen Sie neue Informationsquellen wie Bücher, das Internet, Hochschulkurse oder berufliche Aus- und Fortbildung.

Lernen zu lernen

Sie sind wahrscheinlich mit dem Konzept der „Lernkurve" vertraut, mit dem der Prozess des Verbesserns einer Fertigkeit auf Grund von Übung und Erfahrung beschrieben wird. Wir bezeichnen das Konzept manchmal als „Veränderungskurve", weil Menschen in dem Ausmaß lernen, in dem sie sich verändern. Wenn Sie eine typische Lern-/Veränderungskurve zu zeichnen hätten: Wie würde sie aussehen? Die meisten Leute zeichnen eine Kurve, die ähnlich wie in Abbildung 15 aussieht.

Jede Lernkurve, die Menschen auf unsere Bitte gezeichnet haben, sieht tatsächlich ähnlich wie in Abbildung 15 aus; Variationen gab es nur bei der Steigung der Kurve. Das Diagramm ist trotzdem nicht richtig.

Was wären die Konsequenzen, wenn Sie herausfinden würden, dass die Lernkurve des menschlichen Gehirns nicht wie die Kurve in diesem Beispiel aussieht? Was wäre, wenn Sie entdeckten, dass das Erlernen von

Wie sieht die Lernkurve des menschlichen Gehirns nach Ihrer Einschätzung aus?

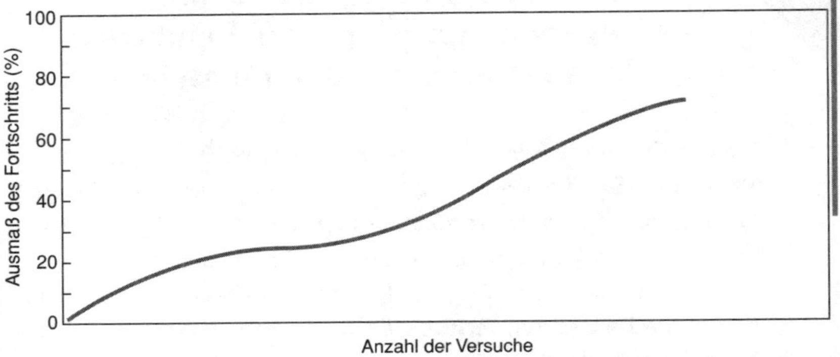

Abbildung 15: Die gewöhnliche Vorstellung über den Verlauf der Lernkurve

neuen Fertigkeiten im Zeitablauf nicht kontinuierlich erfolgt, sondern stattdessen viele Höhen und Tiefen aufweist?

Die Lern-/Änderungskurve ist nicht glatt.

Obwohl Ihr Gehirn permanent lernt, erfolgt die Integration von neuem Wissen in Ihre bestehende Wissensbasis nicht kontinuierlich. Haben Sie im Rahmen Ihrer eigenen Erfahrungen das Gefühl gehabt, dass Ihre Beherrschung einer neuen Fertigkeit trotz regelmäßiger Ausübung gelegentlichen Schwankungen unterliegt? Hatten Sie jemals den Eindruck gehabt, dass eine von Ihnen bereits beherrschte Fertigkeit nachlässt? Die gute Nachricht besteht darin, dass beide Erscheinungen völlig normal sind! Abbildung 16 repräsentiert den Lernprozess Ihres Gehirns wesentlich genauer.

Vielleicht sind Ihnen bereits einige wichtige Unterschiede aufgefallen:

- *Der Lernprozess verläuft nicht glatt*: Ihre Verbesserung einer Fertigkeit wird viele Höhen und Tiefen beinhalten. Es wird Zeiten geben, in denen Sie eine Fertigkeit sehr schnell verbessern. Es wird andere

Zeiten geben, in denen Ihre Beherrschung einer Fertigkeit zurückgeht und Sie kämpfen werden, um nur den Status quo zu erhalten. Beide Erfahrungen sind normal und treten regelmäßig in Lernprozessen auf.

- *Der Lernprozess beinhaltet viele Tiefen*: Vielleicht haben Sie bemerkt, dass die Kurve viele Bereiche aufweist, in denen die Performance stagniert oder niedergeht. In mindestens einem Fall ist die Beherrschung der Fertigkeit nicht viel besser als am Anfang des Lernprozesses. Wir haben diesen Punkt in Abbildung 16 mit einem „großen schwarzen Loch" veranschaulicht.

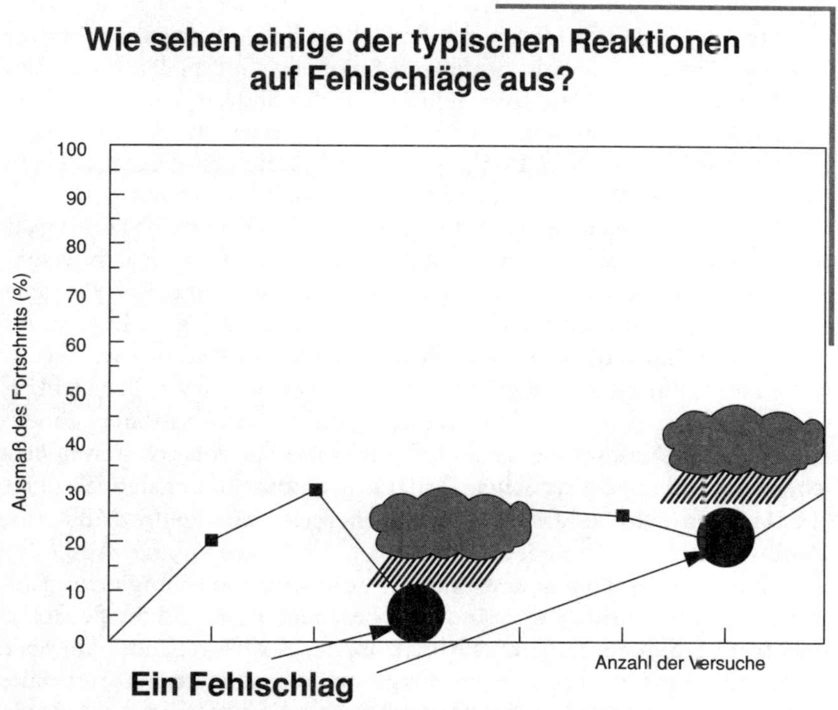

Abbildung 16: Der wirkliche Verlauf der Lern-/Veränderungskurve

Was passiert normalerweise beim großen schwarzen Loch?

Versuchen Sie sich an das letzte Mal zu erinnern, als Sie übten, um eine neue Fertigkeit zu verbessern. Erinnern Sie sich an eine Phase, in der Sie glaubten, am Tiefpunkt zu sein? Welche Art von Selbstgesprächen führten Sie, als dies auftrat? Was sagen sich die meisten Menschen nach Ihrer Einschätzung in einer solchen Phase? Unsere Befragungen haben gezeigt, dass das schlechteste (und häufigste) Selbstgespräch in dieser Phase lautet: „Ich schaffe es nicht! Ich gebe auf!“

Stellen Sie sich jetzt vor, Sie verstehen, dass der Lernprozess viele Perioden beinhaltet, in denen der Fortschritt beim Aufbau von Fertigkeiten gering oder negativ ist. Fragen Sie einen Golfspieler, ob er dies jemals erlebt hat. Wären Ihre Selbstgespräche anders, wenn Sie diese Phasen der Stagnation oder des Rückgangs für normal und vorübergehend halten? An diesem Punkt wäre Ihr hilfreichstes Selbstgespräch: „Wie interessant! Wie faszinierend! Was kann ich hieraus lernen?“

Wenn Sie glauben, dass Lernprozesse kontinuierlich und glatt verlaufen, dann muss jedes Ausbleiben von Fortschritten negativ wahrgenommen werden. Dies ermutigt negatives Denken und Selbstbezichtigungen, weil jede auch noch so kleine Enttäuschung ein Hinweis auf Versagen ist. Ein Rückgang wird als Versagen angesehen, was wiederum mit anderen Gedanken über das Versagen assoziiert wird. Ihr Denken wird pessimistischer, weil jede dieser negativen Assoziationen andere Assoziationen auslöst. Sie werden einen Wasserfall von selbstzweiflerischen und selbstzerstörerischen Gedanken entfesseln, der den Glauben „Ich kann es nicht“ bestärkt – und aufgeben (ein Beispiel für Müll rein, Müll wächst).

Wenn Sie erkennen, dass Lernen normalerweise in ungleichmäßigen Schüben auftritt, dann sind vorübergehende Rückschritte keine Katastrophe. Sie werden letztere nicht mehr als Versagen oder Beweise sehen, die Ihre Fähigkeiten in Frage stellen, sondern als normale, erwartete Ereignisse. Dies löst die emotionale Reaktion und die Angst zu versagen vom Ereignis und ermöglicht Ihrem Gehirn, ohne negative Gedanken mit der Angelegenheit umzugehen.

Malen Sie sich den Unterschied zwischen den beiden Sichtweisen von Lernprozessen und Ereignissen aus. Denken Sie an die Auswirkungen auf sich, Ihr Unternehmen und seine Interpretation von „Versagen“. Ist Versagen eine Unebenheit auf der Straße zum Erfolg? Oder wird

Versagen als ausweglose Situation gesehen oder als Fehler, der bestraft werden sollte? Die Einstellung Ihres Unternehmens zum Versagen wird sehr stark beeinflussen, ob Sie eine dynamische innovative Organisation haben oder nicht. (Eine ausführliche Behandlung dieses Themas findet sich in Tony Buzans Video *If at first* …, das von Charthouse produziert wurde.)

Lernen, das Verhalten zu ändern

Sie sind jetzt bereit, das in diesem Kapitel erlernte Wissen zu kombinieren und anzuwenden, um in Ihrem Leben eine Veränderung zu bewirken, indem Sie eine Verhaltensweise oder Gewohnheit ändern.

Lassen Sie uns annehmen, dass Sie eine Verhaltensweise oder Gewohnheit haben, die Sie gern ändern würden (wie z.B. jeden Morgen zu spät zur Arbeit zu kommen). Wenn Sie Selbstgespräche entwickeln möchten, die Ihre Aussichten auf eine Verhaltensänderung maximieren: Wie würden sie aussehen?

Ihr Gehirn wird jedes eingegebene Selbstgespräch mit existierenden Gedanken assoziieren. Wenn Sie sich jeden Morgen Vorwürfe machen, nachdem Sie zu spät gekommen sind und sich sagen: „Morgen werde ich nicht zu spät kommen", dann wird Ihr Gehirn die Phrase „morgen zu spät kommen" betonen. Dieses Selbstgespräch wird tatsächlich die Wahrscheinlichkeit vergrößern, dass Sie morgen und an anderen Tagen zu spät kommen! Ihr Ziel muss immer positiv sein und das gewünschte Ergebnis beinhalten. In diesem Fall sollte das Ziel etwas wie „pünktlich zur Arbeit kommen" oder „pünktlicher werden" beinhalten.

Wenn Sie jedoch positive Selbstgespräche entwickeln, die in Wirklichkeit falsch sind (wie z.B. „Ich bin jemand, der pünktlich zur Arbeit erscheint", wenn Sie oft zu spät kommen), dann wird Ihr Gehirn diesen Input zurückweisen. Sie werden sich auf Grund von Kapitel 3 daran erinnern, dass das menschliche Gehirn nach Wahrheit sucht (Intelligenzprinzip 6). Wenn Ihrem Gehirn Informationen zugeführt werden, von denen Ihr Gehirn weiß, dass sie falsch sind, dann wird es diese Informationen beiseite legen.

Wenn Sie andererseits positive Selbstgespräche entwickeln, die faktisch korrekt, aber nicht zeit- und handlungsbezogen sind, dann wird Ihr Gehirn die Informationen akzeptieren, aber nicht danach handeln. Wenn Ihr Selbstgespräch z.B. lautet: „Ich werde pünktlich zur Arbeit kommen", dann mag dies richtig sein, bezieht sich aber auf die Zukunft. Weil diese Aussage nicht gegenwartsbezogen ist, wird Ihr Gehirn nicht handeln, um sie wahr zu machen. Die Verhaltensänderung wird auf „später" verschoben und später wird immer neu definiert werden, so dass sich das Verhalten nie ändert.

Wenn keiner dieser Ansätze funktionieren wird: Welche Art von Selbstgesprächen *sollten* Sie anwenden, um effektiv zu sein? Ihr Input muss:

- *positiv* sein – das Ziel als positives Ergebnis formulieren;
- *faktisch korrekt* sein – nicht das zum Ausdruck bringen, was Sie sich als Wahrheit wünschen;
- *gegenwartsbezogen* sein – so dass Ihr Gehirn sofort und dauerhaft zum Handeln bewegt wird.

Wir empfehlen, dass Sie sich sagen: „Ich werde pünktlich." Diese Aussage erfüllt alle oben angegebenen Anforderungen und berücksichtigt auch Ihre Lernkurve, was noch wichtiger ist. Was passiert, wenn Sie heute damit anfangen, sich diesen Satz zu sagen und morgen zu spät zur Arbeit kommen? Wäre das obige Selbstgespräch dann immer noch korrekt? Ja, weil Sie sich im *Prozess* des pünktlich Werdens befinden. Weil der Lernprozess nicht kontinuierlich verläuft, sind auch Ereignisse wie das zu späte Erscheinen zur Arbeit möglich. Sie geben sich immer noch die Möglichkeit, aus Ereignissen zu lernen, die an einem bestimmten Tag nicht Ihrem Ziel entsprechen. Sie vermeiden aber die Frustration und das negative Denken, das mit der Interpretation von Ereignissen als „Versagen" einhergeht. Das beharrliche Anwenden dieses Selbstgesprächs wird Sie auf der Straße zum Erfolg voranbringen, bis sich Ihr Gehirn neu programmiert hat, um pünktlich zu sein.

Betrachten Sie die in Ihrem Unternehmen vertretenen Ansichten über den Wandel. Werden Sie ermutigt zu sagen: „Sie schaffen das!" oder gibt es Zynismus und Resignation, wenn neue Ziele nicht sofort erreicht werden? Werden Ziele so formuliert, dass sie mit der Art und Weise kompatibel sind, in der das menschliche Gehirn lernt, sein Verhalten zu ändern? Werden die Ziele positiv formuliert? Wenn Sie z.B. in einem Prozess eine Fehlerquote von zehn Prozent haben: Wird Ihr Ziel darin bestehen, die Fehlerquote zu senken, etwa auf fünf Prozent? Effektiver wäre es, das Ziel durch die angestrebte Erfolgsquote auszudrücken – 95 Prozent.

Stehen Ihre Ziele im Einklang mit den gegenwärtigen Realitäten? Sagt sich das Führungsteam: „Wir sind ein Weltklasse-Anbieter von Informationsdienstleistungen“, wenn Sie in Wirklichkeit darum kämpfen, Ihre bestehende Kundenbasis zu halten? Ihre Ziele müssen positiv sein, aber auch ehrlich.

Sind Ihre Ziele schließlich gegenwartsbezogen? Erfordern sie daher ein sofortiges Handeln oder sind sie so formuliert, dass Maßnahmen bis in die ferne Zukunft verzögert werden können? Haben Sie Ziele, die lauten: „Wir werden der Branchenführer in XYZ“ oder sind sie definiert wie: „Wir sind dabei, uns zum Branchenführer in XYZ zu entwickeln“? Selbst dieser kleine Unterschied wird die Aussichten Ihres Unternehmens zum Erreichen seines Ziels beeinflussen.

Profil einer Führungskraft: Mary Vasso-Ortega

Mary Vasso-Ortega erhielt 1996 eine in ihrem Leben einmalige berufliche Herausforderung, als sie von ihrem Arbeitgeber, einem großen Produktionsunternehmen an der Westküste der USA, zur Reengineering-Expertin der Fabrik ernannt wurde. Sie wurde damit beauftragt, die Arbeitsmoral zu verbessern und einen von elf Aspekten der inferioren Fabrikperformance deutlich zu verbessern – die Qualität des Materiallagers.

Das Unternehmen hatte ein Downsizing hinter sich, bei dem alle Manager entlassen wurden, die lange im Unternehmen tätig waren. Allen verbliebenen Mitarbeitern wurden Aufgaben zugewiesen, die sie vorher noch nie ausgeübt hatten. Die Mitarbeiter waren verunsichert und nicht zufrieden.

Mary hatte einige Jahre früher am Mental Literacy Workshop teilgenommen, um ihre natürliche Intelligenz und Kreativität nutzen zu können. Mary lernte im Workshop das Modell des Gehirns als eines erfolgsgeleiteten Mechanismus kennen. Sie wurde angeleitet, jedes Problem als eine faszinierende Lernmöglichkeit zu sehen. Außerdem sollte sie glauben, dass sich lösen lässt, was man sich vorstellen kann.

„Ich lernte eine neue Sichtweise für den Umgang mit Fehlschlägen kennen. Wenn ein Teilnehmer mit einem schwer zu lösenden beruflichen Problem konfrontiert war, dann lernten wir zu sagen: ‚Wie interessant. Wie faszinierend. Was können wir hieraus lernen?‘ Wir lernten Fehler nicht als Versagen zu interpretieren, sondern als Ereignisse, aus denen wir lernen können, Dinge besser zu machen. Weil Versagen ein Ereignis und kein Ergebnis war, musste der Erfolg bei richtiger Anwendung der Intelligenzprinzipien nicht nur wahrscheinlich, sondern *unvermeidbar* sein! Wir lernten auch, dass erhöhte Intelligenz und Kreativität entfesselt werden, wenn wir Zugang zur intrinsischen Motivation von Mitarbeitern erhielten. Wenn es uns gelingt, die Arbeit ‚lustiger' zu machen, dann erzeugen wir Begeisterung und Enthusiasmus, wodurch die Kreativität angeregt wird. Die Kreativität ließe sich auch verbessern, indem die Anzahl der regelmäßig genutzten geistigen Fähigkeiten erhöht wird."

Mary glaubte, dass dies den Tatsachen entspricht. Um die nicht der Norm entsprechende Performance der Fabrik zu verbessern musste sie ihren Glauben aber bis aufs Äußerste strapazieren – ganz zu schweigen von einer großen Portion Kreativität und harter Arbeit.

Teamarbeit

Mary hatte sich mit den Kleingruppen-Verbesserungsteams auseinanderzusetzen. Sie war Mitglied im SGIA (Kleingruppen-Verbesserungsaktivität – Small Group Improvement Activity) Lenkungsausschuss und im SGIA Werbungs- und Marketingteam. Ihre Aufgabe bestand darin, Mitarbeiter zu bewegen, auf freiwilliger Basis ein sechs- bis achtköpfiges Team zu bilden, um ein bestimmtes Problem zu lösen. Die Unternehmensleitung wollte niemanden zur Teilnahme an diesen Teams zwingen, weil man wusste, dass die Teams effektiv arbeiten, wenn die Teilnehmer begeistert sind.

Das Unternehmen hatte Monate vor Marys Ankunft versucht, mit seinen 1 000 Mitarbeitern nur 20 Teams zu bilden. Es war aber „wie beim Zähne ziehen". Die meisten Mitarbeiter wollten nur zur Arbeit gehen, einen Gehaltsscheck nach Hause bringen und „jemand anders" die Probleme lösen lassen. Mary war daher mit einem schwierigen Problem konfrontiert:

„Als ich eines Abends in meinem Appartment saß und an die vor mir liegende Herausforderung dachte, das Fabrikziel von 20 aktiven SGIA-Teams zu erreichen, stellte sich mir die Frage: ‚Was würde Mitarbeiter motivieren, Teams beizutreten und mitzumachen?' Die Bemühungen hatten bislang nur zu einer Hand voll Teams geführt. Im Hintergrund konnte ich das im Radio gespielte Lied ‚YMCA' hören. Plötzlich kam mir die Antwort auf meine Frage – in Form von Musik!

Als ich mir das Lied anhörte, kehrte eine vertraute Welle von Energie und Enthusiasmus zurück. Wenn diese Musik bei mir positive und erhebende Assoziationen hervorrufen kann, dann kann sie sehr wohl auch andere in gleicher Weise beeinflussen. Bevor ich zu Bett ging, stellte ich meinem Gehirn eine weitere Frage: Wie komme ich zu einem Text für das Lied? Als der nächste Morgen anbrach, war ich angenehm überrascht, weil ich merkte, dass ich den Text hatte.

Voller Begeisterung und bis zum Platzen gespannt, meine Idee anderen mitzuteilen, sang ich an diesem Morgen ‚YMCA' mit SGIA-Text vor einigen meiner Kollegen beim Treffen des Lenkungsausschusses. Ich redete von gesammelten Erfahrungen und betonte die Bedeutung der Kreativität beim Erwecken der Aufmerksamkeit und Beteiligung der Mitarbeiter. Ich machte das Lied während des ganzen Tages bekannt, wenn sich hierzu die Möglichkeit bot:

Hallo ihr! Seht euch eure Arbeit an!
Ich sagte du da! Gibt es Probleme zu lösen?
Du kannst das mit SGIA.
Es kann dich auf deinem Weg voranbringen.

Sobald du in einem Team mitmachst,
Wirst du merken, dass die Probleme nicht so groß sind, wie sie aussehen.
Die kannst sie mit Hilfe deiner Freunde lösen,
Wir können es zusammen schaffen!

SGIA, es macht Spaß, bei SGIA zu sein.
Du wirst alles lernen, was du zum mitmachen brauchst
Du kannst erreichen, dass deine Stimme heute gehört wird!
SGIA, es ist großartig bei SGIA zu sein.
DU bist es, den wir alle für unseren Erfolg brauchen.
So mache jetzt gleich mit!"

Das Feedback, das Mary erhielt, war gemischt. Einige hielten diesen Ansatz für abwegig, während andere sein Potenzial erkannten. „Ich wusste, dass es funktionieren kann und schlug vor, hieraus ein Musikvideo zu machen", sagte Mary.

Während darüber beraten wurde, wie mit der Angelegenheit zu verfahren sei, lief Marys auf drei Monate befristete Versetzung aus. Mary hatte Heimweh und beschloss, das Unternehmen zu verlassen und zurück an die Westküste zu gehen. Sie ahnte jedoch nicht, dass ihre „abwegige“ Kreativität einen großen Einfluss auf ihr altes Unternehmen ausüben würde.

Vier Monate nach ihrem Ausscheiden erhielt Mary einen Telefonanruf. Die Stimme am anderen Ende der Leitung sagte: „Mary, ich habe etwas, was Sie sich anhören sollten!“ Als Mary zuhörte, vernahm sie den als Lied produzierten vertrauten SGIA-Text. Ihr wurde gesagt, dass das Video mit Hilfe von einigen „inspirierten“ Teammitgliedern hergestellt wurde. Es wurde am SGIA-Tag uraufgeführt, einem Tag, der dazu gedacht ist, Kleingruppen-Verbesserungsteams zu feiern und zu promoten. Die Feier fand in der Cafeteria des Unternehmens mit Mitarbeitern aus allen Schichten statt.

Als das Video gespielt wurde, waren die Mitarbeiter wie elektrisiert. Das Lied wurde auch auf die Mailboxen der Fabrik-Profit-Center-Manager übertragen. Am nächsten Tag überfluteten Mitarbeiter die Telefonzentrale mit Anfragen für Kopien. Das Ergebnis? Mehr als 150 Mitarbeiter meldeten sich, um 30 Teams zu bilden. Das Ziel von 20 SGIA-Teams, das vorher unerreichbar schien, wurde praktisch über Nacht übertroffen. Mary wurde zur Legende, über die sogar noch heute geredet wird.

Nachdem sie ihren langjährigen Arbeitgeber verlassen hatte, beschloss Mary, sich selbstständig zu machen. Sie ist heute eine Personalberaterin und wendet immer noch viele der wunderbaren Lektionen an, die sie in ihrem alten Beruf gelernt hat: „Ich weiß, dass die schöne ‚Gabe‘ der Kreativität bei uns allen vorhanden ist, und ich habe ihre Kraft beim Motivieren, Inspirieren und Erziehen selber erlebt“, sagt Mary, „jetzt hoffe ich, dies anderen auch weiterhin vermitteln zu können.“

Schlussfolgerung und Aktivitäten

Wir leben in einer Welt, in der Technologie als die treibende Kraft des Wandels gesehen wird. Wir sollten daran denken, dass es *Menschen* sind, die Technologie kreieren, verbessern und anwenden, um den Wandel zu bewerkstelligen. Ohne das Anwenden der Kreativität von Menschen würde keine Technologie existieren.

Heutzutage tauschen Menschen auf Grund von Hilfsmitteln wie dem Internet, Faxgeräten und Funktelefonen mehr Informationen mit einem größeren Tempo aus als je zuvor. Wir müssen uns aber ständig bewusst sein, dass das menschliche Gehirn die Entwicklung steuern muss – unterstützt von den Wundern der modernen Technik.

Aktivitäten

1 Schreiben Sie die Themen auf, die Ihr Vorgesetzter mit Ihnen während der letzten sechs Monate mit Bezug auf Ihre persönliche Entwicklung besprochen hat. Welchen Plan möchten Sie umsetzen?

2 Schreiben Sie jemandem einen Brief, mit dem Sie ihm zu seinem Erfolg gratulieren.
Wer:
Was:

3 Lernen Sie jede Woche jemanden kennen. Schreiben Sie während der nächsten zwei Monate fünf interessante Dinge über jede Person auf, die Sie neu kennen gelernt haben.

4 Treten Sie einer Gruppe aus Freiwilligen bei und übernehmen Sie eine Führungsposition.

5 Wenn Sie am Ende des Tages nach Hause kommen: Reservieren Sie die ersten fünf Minuten Ihrer Konversation für „gute Sachen", die jedes Familienmitglied im Laufe des Tages erlebt hat.

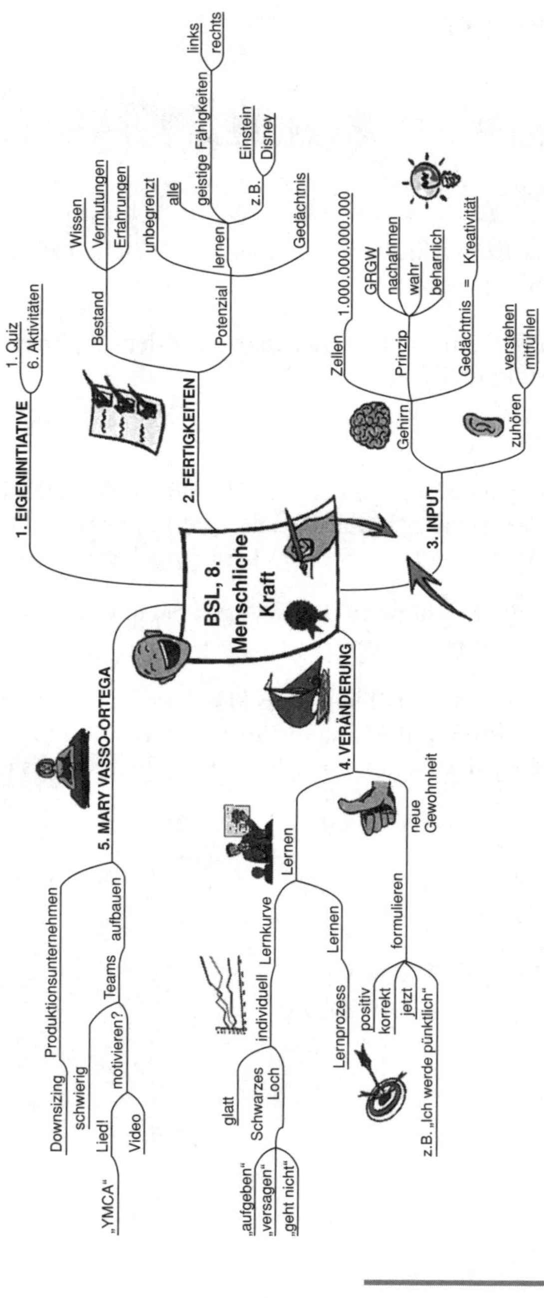

Abbildung 17: Gedächtniskarte zu „8. Menschliche Kraft“

9. Informationsmanagement I

Wir nehmen Daten mit unseren fünf Sinnen auf und leiten hieraus Informationen ab und bilden unsere Wahrnehmung der Realität. In diesem Kapitel wird der vollständige Prozess betrachtet – von rohen Daten zu Informationen und schließlich Wissen.

Test

Nr.	Frage	J	N
1	Verfügen Sie über sämtliche Informationen, die Sie für Ihren beruflichen Erfolg benötigen? Sind Sie hierbei auf dem neuesten Stand?	☐	☐
2	Gibt es ein Wissensgebiet, auf dem Sie sich als Experte sehen?	☐	☐
3	Vermeiden Sie das Weitergeben von Wissen, um die Sicherheit Ihres Arbeitsplatzes zu erhöhen?	☐	☐
4	Glauben Sie, dass Sie im Vergleich zur gegenwärtigen Situation mehr Wissen weitergeben könnten?	☐	☐
5	Denken Sie, dass Wissen und Information der ultimative Wettbewerbsvorteil sind?	☐	☐
6	Verwenden Sie Computer zur Informationsbeschaffung?	☐	☐
7	Wissen Sie, wie man Wissen und Information nutzt, um andere zu informieren und auszubilden?	☐	☐
8	Verfügen Sie über eine Methode, um alle Ihre täglich auftretenden Ideen zu erfassen?	☐	☐

9 Kommunizieren Sie auf Ihrem Gebiet mit Experten?

10 Dokumentieren Sie Ihre erhaltenen Kundeninformationen in einer Wissensdatenbank?

Bewertung

Geben Sie bei allen Fragen 2 Punkte für „Ja". Die Ausnahme ist Frage 3, wo Sie 2 Punkte für „Nein" geben.

Wenn Sie mehr als 18 Punkte erhalten haben, dann verstehen Sie bereits die Kraft von Informationen. Dieses Kapitel bietet Ihnen Vorschläge, damit Sie zum Wissenskraftwerk werden. Wenn Sie 18 oder weniger Punkte erhalten haben, dann wird Ihnen dieses Kapitel dabei helfen, ein effektiver Wissensarbeiter zu werden.

Daten, Information und Wissen

Daten, Information und Wissen sind das Lebenselixier jedes Unternehmens. Nein, dies sind nicht nur drei Möglichkeiten, dasselbe zu sagen. Jeder Begriff bedeutet etwas anderes, und die Unterscheidung ist wichtig. Für unsere Zwecke werden wir die Begriffe folgendermaßen definieren:

- *Daten* bestehen aus rohen Fakten.
- Daten, die organisiert worden sind, werden zu *Information.*
- Information, die genutzt werden kann, um etwas mit positivem Wert zu erzeugen, wird zu *Wissen.*
- Wissen, das angewendet wird, wird zu *Erfahrung* – und schließlich zu *Weisheit.*

Im größten Teil dieses Kapitels werden wir Information diskutieren. Wenn wir über Daten oder Wissen reden, werden wir den Unterschied klarstellen.

Im Zusammenhang mit Information besteht das Problem darin, dass wir bei Bedarf nie genau das zu haben scheinen, was wir benötigen. Wir können zu viel und zu wenig haben. Und wenn wir die richtige Menge haben, dann entdecken wir manchmal, dass die falschen Leute über die Information verfügen – nicht diejenigen, die sie anwenden können.

In unserem Informationszeitalter stellt sich allzu oft heraus, dass die Information, über die wir nicht verfügen, sehr wesentlich ist.

Ein zweites Problem besteht darin, dass wir Information selbst dann, wenn wir sie haben, nicht immer in Wissen umwandeln – wir verwenden sie nicht zum Entwickeln von Lösungen für uns und unsere Kunden. Wir müssen nicht lange suchen, um Beispiele zu finden. Beispiele gibt es überall.

Zu wenig Wissen ist eine gefährliche Sache

Nehmen Sie das Beispiel American Airlines. Das Unternehmen hatte eine sehr große Menge an Informationen über die besten Möglichkeiten zum Zusammenstellen von Urlaubsprogrammen gesammelt. Obwohl dies wichtig und wertvoll war, sah das Unternehmen die Informationen nur als einen nebensächlichen Umstand für sein eigentliches Geschäft: Menschen zu günstigen Preisen von Ort zu Ort fliegen.

Führungskräfte des Unternehmens entdeckten zu ihrer Überraschung, dass viele Kunden den Urlaubsinformationen mehr Interesse entgegenbrachten als den niedrigen Preisen, die von der Fluglinie eingeführt wurden, um Preiskämpfe zu gewinnen. Die Information war verfügbar, wurde anfangs aber unterbewertet. Sie war nicht in Wissen umgewandelt worden.

Oder betrachten Sie den Fall eines Grafikunternehmens, das häufig einen bestimmten Kunden befragte. Gestellt wurden typische Fragen über die Zufriedenheit des Kunden mit dem Niveau der gebotenen Produktunterstützung, der rechtzeitigen Bereitstellung von Dienstleistungen und der in Charts präsentierten Farbschemata. Als das Unternehmen dem Kunden schließlich eine andere Serie von Fragen stellte, die einige Verbesserungsvorschläge enthielt, entdeckte es zu seinem Entsetzen, dass der Kunde vorhatte, in seine eigene Grafiktechnologie zu investieren und alles in eigener Regie zu machen. Das Grafikunternehmen hatte pflichtbewusst Daten gesammelt. Es waren aber die falschen Daten. Das Unternehmen hatte einfach nicht die richtigen Fragen gestellt, weshalb seine Bemühungen zur Verbesserung des Kundenservice fruchtlos waren.

Glücklicherweise entdeckte das Grafikunternehmen seinen Fehler noch rechtzeitig, um die Geschäftsbeziehung zu retten. Das Grafikunternehmen machte den Vorschlag, dass beide Unternehmen zusammenarbeiten sollten, um den zukünftigen Anforderungen gerecht zu werden. Es erläuterte dem Kunden, dass es viel Erfahrung beim Anfertigen von Berichten, Präsentationen und anderem grafischem Material hatte sowie ein enzyklopädisches Wissen über den Prozess, das der Kunde weder schnell noch leicht erwerben konnte. Der Kunde stimmte zu, und beide Unternehmen entwickelten eine neue Arbeitsgrundlage.

Obwohl Information wertvoll ist, kann die falsche Art von Information schlechter als nutzlos sein – sie kann verheerend sein. Lassen Sie uns ein einfaches Beispiel nehmen. Ein Produktionsunternehmen stellte überraschend fest, dass Kunden wegen seiner Verschiffungspolitik unzufrieden waren. Um die Lieferung zu beschleunigen hatte der Produzent die Routine, jedes verfügbare Teil einer Order unverzüglich zu verschiffen und den Rest später, wenn er verfügbar war. Die Unternehmensleitung nahm an, dass dem Kunden eine schnelle Lieferung gefalle. Ein Arbeitsteam entdeckte aber, dass Kunden unvollständige Lieferungen negativ beurteilten. Sie nannten solche Lieferungen „Teilaufträge" und lehnten dies entschieden ab.

Die Verkäufer, die jeden Tag mit Kunden zu tun hatten, waren sich dieser Einstellung bewusst. Dieses Wissen war aber nie an die Mitarbeiter in den Produktions-, Versand- und Planungsabteilungen weitergegeben worden. Als den zuständigen Führungskräften das Problem mitgeteilt wurde, waren sie in der Lage, ihre Abläufe entsprechend zu ändern. In diesem Fall hielt das Personal, wenn auch unabsichtlich, gegenüber den Führungskräften Informationen zurück und hinderte dadurch das Unternehmen, etwas Nützliches für seine Kunden zu leisten. Dasselbe Problem kann aber auch umgekehrt auftreten – mit Führungskräften, die es unterlassen, ihren Mitarbeitern wichtige Informationen mitzuteilen.

In einem Unternehmen gaben Arbeiter aus der Instandhaltung ihr Bestes, um einige alte Ausrüstungsgegenstände aufzumöbeln, damit sie noch bis zum Ende des Kalenderjahres genutzt werden konnten. Die Arbeiter glaubten, dass die Ausrüstungsgegenstände dann zur Verschrottung vorgesehen seien. Diese Wahrnehmung kam während eines Workshops ans Tageslicht, der dazu diente, operative Probleme zu beleuchten. Die Instandhaltungsabteilung bezweifelte, ob es unter Kostengesichtspunkten effektiv sei, so viel Arbeit in Ausrüstungsgegenstände zu stecken, die nach kurzer Zeit überflüssig werden. Der

President des Unternehmens war erstaunt: Die Maschinen sollten nicht verschrottet werden. Das Unternehmen hatte vor, die Produktion der von diesen Maschinen erstellten Güter um 200 Prozent zu erhöhen. Das Management und die Arbeiter verstanden sich nicht richtig, weil die verfügbaren Informationen nicht denjenigen mitgeteilt wurden, die sie benötigten.

Ein Faktor, der den meisten dieser Probleme gemeinsam ist, besteht in der unzureichenden Kommunikation von Daten/Informationen. Die Kommunikation ist eines der mächtigsten und preiswertesten Hilfsmittel, das Sie nutzen können, um Informationen über Ihre internen und externen Kunden zu erhalten. Es ist daher überraschend, dass so wenig Unternehmen dieses Hilfsmittel effektiv nutzen.

In einem Unternehmen oder zwischen einem Unternehmen und seinen Kunden wird immer ein gewaltiges Volumen an Information ausgetauscht. Wie in einigen der oben diskutierten Beispiele findet die Kommunikation aber zu oft entweder zwischen den falschen Parteien statt – oder es werden nicht die relevanten Informationen weitergegeben. Häufig erhalten die Leute, die am meisten von bestimmten Informationen profitieren können, diese Informationen als Letzte.

Der Mangel an Kommunikation ist gewöhnlich unbeabsichtigt – das Ergebnis von schlechten Leitungsstrukturen oder der Fehleinschätzung eines Mitarbeiters oder einer Abteilung, dass jeder schon über die betreffenden Informationen verfüge. Manchmal ist der Mangel an Kommunikation aber beabsichtigt – das Ergebnis der natürlichen Tendenz, die Rolle des Überbringers von schlechten Nachrichten zu vermeiden. Dies trifft insbesondere zu, wenn vorhergehende Überbringer von schlechten Nachrichten nicht gut behandelt wurden.

Ein weiteres Problem beim Übermitteln von Information wird häufig in Unternehmen beobachtet, die viele Arbeiter entlassen haben. Wenn Unternehmen ein Downsizing durchführen, besteht unter den verbliebenen Arbeitern eine Tendenz, die Informationsübermittlung einzustellen: Die Arbeiter haben das Gefühl, dass ihr Arbeitsplatz sicherer wird, wenn sie Informationen besitzen, die andere nicht haben. Das Unternehmen ist daher nicht in der Lage, seine Ressourcen voll zu nutzen. Die durch das Übermitteln von Informationen hervorgerufene Kreativität geht verloren. Die verfügbaren Informationen weisen außerdem in zunehmendem Maße Lücken auf, die zu oft durch Mutmaßungen und falsche Annahmen gefüllt werden.

Die mit dieser unzureichenden Kommunikation verbundenen Probleme sind offensichtlich. Stellen Sie sich dagegen vor, wie es wäre, wenn wir so effektiv kommunizieren könnten, dass unsere gesamten Informationen und unser gesamtes Wissen auf die Kundenbedürfnisse ausgerichtet wären. Dies ist genau das, worum wir uns bemühen. Die Möglichkeiten sind fast jenseits unserer Vorstellungskraft. Weil alle Mitarbeiter eines Unternehmens in ihren Gehirnen unterschiedliche Informations- und Wissensmengen gespeichert haben, eröffnet ihre Interaktion endlose Möglichkeiten für neue Einsichten. Wenn Informationen weitergegeben werden, verknüpft unser Gehirn neue Inputs mit Millionen von verschiedenen Assoziationen, die vielleicht nie zuvor berücksichtigt wurden.

Die Herausforderung besteht in Folgendem: Finden Sie Wege, um all diese Informationen aufzunehmen, dies schneller zu bewerkstelligen, die Information länger zu behalten, sie zu kommunizieren und für das Entwickeln von Ideen und Lösungen zu nutzen. Wir werden dies in Kapitel 10 weiter diskutieren.

Sie können zu viel von einer guten Sache haben

Bis jetzt haben wir das Problem unzureichender Information betrachtet. Heutzutage besteht ein zunehmendes Problem aber darin, dass wir sehr oft nicht zu wenig Daten haben – sondern zu viele.

Wir leben in einem Informationszeitalter. Wir sind von Informationen umgeben. Wir empfangen Informationen nicht nur aus den traditionellen Quellen wie Zeitungen, Magazinen, Radio und TV, innerbetrieblichen Gesprächen und Gesprächen mit unseren Kunden, sondern auch aus neuen Quellen wie dem Internet, insbesondere E-Mail und dem World Wide Web.

Allein E-Mail hat für die meisten von uns die mit der Kommunikation verbundene Arbeitsbelastung dramatisch erhöht. Manche Mitarbeiter empfangen täglich mehr als 200 E-Mail-Nachrichten. Als ein Pathologe nach drei Wochen wieder in sein Büro zurückkehrte, entdeckte er 1500 E-Mail-Nachrichten, die auf ihn warteten. Das World Wide Web des Internets beinhaltet Millionen von Präsenzen, die von Einzelpersonen, Universitäten und Hochschulen sowie Unternehmen betrieben werden, die in ihrer Größe von Einzelunternehmen wie kleinen Floristengeschäften bis hin zu multinationalen Unternehmen reichen. Sie können im Web über fast alles Informationen finden – im Überfluss, zu viel davon.

Diese Informationsüberladung führt zu Frustration, Konfusion und manchmal auch totaler Unfähigkeit, wichtige Entscheidungen zu treffen. Sie kann auch zu seelischen und physischen Gesundheitsproblemen führen. Eine neuere Befragung von 1 313 Managern in Großbritannien, den USA, Australien, Hongkong und Singapur, *Dying for Information? An Investigation into the Effects of Information Overload in the UK and Worldwide*, enthüllte, dass jeder Vierte die Informationsflut als so überwältigend empfindet, dass sie Seelenqualen und sogar physische Krankheiten hervorruft. Laut Bericht bewirkte der mit der Informationsüberladung verbundene Stress Folgendes:

- 33 Prozent der Manager berichteten von zunehmenden Spannungen mit Kollegen, wodurch die Arbeitszufriedenheit gemindert wurde.
- 62 Prozent hatten den Eindruck, dass ihre persönlichen Beziehungen gelitten hatten.
- 43 Prozent dachten, dass wichtige Entscheidungen verzögert wurden.
- 33 Prozent litten unter einer angegriffenen Gesundheit Bezogen auf das höhere Management erhöhte sich diese Zahl auf 43 Prozent.

Fast die Hälfte der befragten Führungskräfte bezeichnete das Internet als die Hauptursache für die Informationsüberladung. Mehr als 80 Prozent nannten die rapide Zunahme der internen Unternehmenskommunikation und der Kommunikation mit Kunden und Lieferanten.

Die Hauptanwendungen des Internets – E-Mail, Newsgruppen und das World Wide Web – haben allesamt Konsequenzen für das Problem der Informationsüberladung.

Das Problem der elektronischen Post besteht darin, dass sie zu einfach funktioniert. Eine E-Mail können Sie innerhalb von Sekunden verfassen und absenden – aber Sie können Stunden damit verbringen, dies zu bedauern. E-Mail ermutigt eher leichte als gedankenvolle Kommunikation und eher Quantität als Qualität. Außerdem erweckt E-Mail den Anschein, eine sofortige Antwort zu verlangen. In früheren Zeiten ließen Manager eingehende Briefe, deren Inhalt eine große Menge an Denkarbeit erforderte, manchmal tagelang in ihren Eingangsablagen, während sie in Gedanken eine Antwort verfassten. Wenn sie andererseits eine Nachricht per E-Mail erhalten, fühlen sie sich gezwungen, innerhalb von Stunden zu antworten.

E-Mails können wie Briefe, Memos und Faxe ein weiteres Problem erzeugen, weil alle Hinweise entfallen, die wir meistens unbewusst in der persönlichen Kommunikation aufnehmen: Die Tonlage der Stimme, Lächeln, finstere Blicke und hochgezogene Augenbrauen, die oft mehr sagen als gesprochene Worte. Der Empfänger von E-Mail kann daher die Intentionen des Senders falsch interpretieren, was wiederum zu einem weiteren Austausch von E-Mails führen kann oder zu Anmerkungen, die klarstellen, was gemeint war und verletzte Gefühle besänftigen.

Das Problem der Newsgruppen ist die relativ schlechte Qualität der verfügbaren Informationen. Jeder kann sich an einer Diskussion im Rahmen einer Newsgruppe beteiligen – egal ob er was Nützliches zu sagen hat oder nicht. Es spielt auch keine Rolle, ob er irgendwelches Spezialwissen zum Thema beitragen kann. Allerdings übermitteln auch wahre Experten Nachrichten in Newsgruppen, die unschätzbare Informationen beinhalten können. Den Weizen von der Spreu zu trennen ist ein monumentales Problem.

Das Problem des World Wide Web ist ähnlich. Jeder auf der Welt mit Zugang zur notwendigen Technologie kann eine Webseite veröffentlichen. Das Spektrum der verfügbaren Webpräsenzen reicht von Universitätsseiten zu ernsten Problemen wie der globalen Erwärmung über Seiten mit Produktinformationen von Großkonzernen bis hin zu Bildern vom Goldfisch aus dem Aquarium einer Privatperson.

Die Schwierigkeiten beim Evaluieren der im Internet gesammelten Informationen werden durch einen Vorfall im Sommer 1997 illustriert, als die Ansprache von Kurt Vonnegut am Massachusetts Institute of Technology die Herzen von vielen Menschen berührte und mit Lichtgeschwindigkeit via Internet über die ganze Welt verbreitet wurde. Jemand erhielt eine Kopie der Rede und sendete sofort Kopien an seine Freunde, von denen viele die Rede ebenfalls weiterleiteten. Das Problem war nur: Es war keine Rede, es war nicht von Vonnegut und es wurde nicht am MIT vorgetragen. Die „Rede" war die Kopie eines Artikels der Journalistin Mary Schmich von der *Chicago Tribune*, der die Form einer spöttischen Rede hatte. Jemand hatte hiervon eine Kopie gezogen und entweder zufällig oder mit Absicht den Verfasser falsch angegeben. Hierdurch wurden viele Menschen zum Narren gehalten, darunter auch Vonneguts Frau.

Nichts im Internet – egal ob in einer Newsgruppe, E-Mail oder Webpräsenz – kann für bare Münze genommen werden. Dies betrifft alle Informationen, egal von wo sie stammen. Es ist sehr wichtig, die Information durch das Anwenden des gesunden Menschenverstandes zu evaluieren und dann mit anderen Quellen abzugleichen. Wenn Sie das Internet als Informationsquelle nutzen, sind die gleichen Regeln anzuwenden wie bei jeder anderen Form von Forschung. Sie sollten immer:

- die Informationsquelle identifizieren;
- herausfinden, warum die Information verfügbar gemacht wurde (der Verfasser könnte Hintergedanken haben);
- den gesunden Menschenverstand anwenden (wenn eine Webpräsenz z.B. ein Perpetuum Mobile zum Kauf anbietet, sollten Sie skeptisch sein);
- alles mit mindestens zwei weiteren Quellen abgleichen.

Es sind aber nicht nur neue Ressourcen wie das Internet, die eine Informationsüberladung wahrscheinlicher machen. In jeder durch ein gemeinsames Ziel zusammengehaltenen Gruppe bringt jeder Beteiligte seine eigene einzigartige Informationsdatenbank ein. Wenn Information übermittelt wird, verknüpft unser Gehirn neue Inputs mit Millionen von verschiedenen Assoziationen, was bislang vielleicht noch nie zuvor in Betracht gezogen wurde. Wir sind hier aber wieder mit der Möglichkeit der Informationsüberladung konfrontiert.

Das Problem zu formulieren ist eine leichte Sache. Gibt es irgendwas, das gegen Informationsmangel und Informationsüberladung getan werden kann? Bringen uns die neuen Fortschritte beim Verständnis der menschlichen Intelligenz einer Lösung etwas näher? Die Antwort lautet: „Ja, aber ...“ Das „Aber“ bedeutet, dass die Anwendung dieser Ergebnisse Arbeit in Anspruch nehmen wird.

Das Problem lautet: Wie können wir alle Informationen aufnehmen, mit denen wir jeden Tag überflutet werden, herausfiltern was wir benötigen, dies in unseren Unternehmen verbreiten und es nutzen, um die von unseren Kunden benötigten Produkte oder Dienstleistungen zu produzieren? Es gibt mehrere Hilfsmittel oder Ansätze, die wir hierzu benutzen können. Wir können z.B. unsere Fertigkeiten zum Filtern von Informationen verbessern, lernen, schneller und umfassender zu lesen, daran arbeiten, unser Gedächtnis besser zu nutzen, unsere Kreativität erhöhen und lernen, wie Gedächtniskarten zum Umgang mit Daten angewendet werden können.

Wir werden diese und andere Bewältigungsstrategien in Kapitel 10 untersuchen. Wir werden auch entdecken, wie einige Unternehmen gelernt haben, aus einigen der bemerkenswerten neuen Hilfsmittel das Beste zu machen.

Profil einer Führungskraft: Jim Kalinowski, British Airways, USA

Jim Kalinowski ist ein Meister beim Umwandeln von Daten in Information und Wissen – eine Fertigkeit, die dazu beigetragen hat, dass seine Fluglinie einen Wettbewerbsvorteil in den USA erzielt hat. Kalinowski, Regionaler Marketing Manager bei British Airways für den Osten der USA, analysierte Daten über Flugbuchungen und verwandelte sie in Wissen. Anschließend entwickelte er ein neues System für die Vergütung der Dienste von Reisebüros.

In der Vergangenheit waren Fluglinien beim Verkauf ihrer Produkte und Dienstleistungen stark vom Umsatz der Reisebüros abhängig. Die Fluglinien haben sich in den letzten fünf Jahren aber intensiv darum bemüht, direkt an Endverbraucher zu verkaufen. Bei den Geschäftskunden (Nicht-Freizeitkunden) erfolgt der Direktvertrieb über Kontakte zu Kapitalgesellschaften, mit denen jeweils ein Abkommen über die zu Grunde zu legenden Konditionen geschlossen wird. Bei den Privatkunden (Freizeitkunden) erfolgt der Direktvertrieb durch Kooperationen mit Reiseveranstaltern, die den Flugtransport als Teil ihrer Produktangebote benötigen. Der Konsument wird auch durch Werbung und Verkaufsförderung erreicht, wodurch Reisende an die Fluglinie gebunden werden sollen. Diese Möglichkeiten erfordern keinen zusätzlichen Verkauf und führen zu einer größeren Anzahl von Buchungen bei Agenturen.

Hiermit wird nicht gesagt, dass Reisebüros keine Passagiere dazu bewegen, eine bestimmte Fluglinie zu bevorzugen – manche machen das. Trotz der Direktvertriebs- und Marketingaktivitäten der Fluglinien verlassen sich viele Passagiere auf die Hinweise ihrer Vermittler, die ihnen bei der Entscheidungsfindung helfen. Fluglinien wie British Airways verlassen sich ebenfalls auf die Vermittler: In erster Linie beim Verkauf von Tickets, aber auch als Ergänzung ihrer eigenen Vertriebsmannschaft. Wie aber können Fluglinien unterscheiden, welche Agenturen nur Tickets distribuieren und welche die Produkte aktiv promoten und absetzen?

Bis 1995 erhielten Reisebüros in den USA für den Verkauf von nationalen und internationalen Flugtickets gewöhnlich etwa zehn Prozent Provision und in vielen Fällen auch zusätzliche Anreize, die im Allgemeinen auf dem erzielten Umsatz basierten. Die erste Provisionskürzung betraf Inlandsflüge: Delta Airlines kappte die Provision, die ein Agent für einen verkauften Inlandsflug im Wert von 50 US-$ (Hin- und Rückflug) bzw. 25 US-$ (einfacher Flug) erhielt. Die meisten Fluglinien folgten diesem Vorstoß. In der zweiten Hälfte des Jahres 1997 reduzierte United Airlines die Provision für internationale Flugtickets auf acht Prozent. Die meisten Fluglinien folgten mit ähnlichen Kürzungen. Diese Maßnahmen demoralisierten die Reiseagenturen, die diese Veränderungen als Kostensenkung und Angriff auf ihre Existenz einschätzten.

British Airways USA war nicht daran interessiert, die Kosten zu senken, sondern eher den Ertrag auf das eingesetzte Kapital zu maximieren. British Airways kämpfte seit zwei Jahren darum, das branchenübliche Provisionssystem zu ändern. Die Fluglinie musste mehr Verantwortung für das Promoten und Verkaufen ihrer Produkte übernehmen. Die den Reisebüros generell gewährten Provisionen waren in vielen Fällen schlechte Investitionen. Es wurde Zeit, dieses Geld Agenten zukommen zu lassen, die wirklich British Airways promoten und aktiv verkaufen. Erforderlich war auch, dass die Fluglinie eigene Aktionen im Direktmarketing entwickelt, um Passagiere für ihre Flüge zu gewinnen.

Egal wie andere Fluglinien reagierten oder welchen Druck die Reisebüros ausübten: British Airways USA blieb standhaft. Das Unternehmen war hierzu in der Lage, weil es sich selbst und seinen Daten vertraute – Daten, die mit einer Vielzahl von Methoden analysiert wurden, u.a. Rentabilitätsmodellen, Agentur-Sensitivitätsanalysen und Bester-Fall-/Schlechtester-Fall-Szenarios.

British Airways USA nutzte das durch die Analysen erhaltene Wissen, um einen Plan zu entwickeln, der auf zwei grundlegenden Ideen basierte: Ein Reisebüro sollte eine faire Gebühr für das Buchen und Verkaufen von Tickets erhalten und besser für Verkaufsanstrengungen bezahlt werden, die sich positiv auf die Performance auswirken. Hierzu wurde ein neues Vergütungssystem entwickelt, das auf einer Formel beruht, mit der berücksichtigt wird, wie aktiv das betreffende Reisebüro British Airways unterstützt. Wegen der Datenanalyse und des von Kalinowski entwickelten Agentur-Anteilsmodells kann British Airways beurteilen, ob ein Reisebüro das verkauft, was die Fluglinie als ihren fairen Anteil am Gesamtumsatz des Reisebüros betrachtet. Eine

Agentur, die mehr als diese Quote verkauft, wird als Verkaufsagent vergütet, und eine Agentur, die unter dieser Quote liegt wird lediglich mit einer Distributionsgebühr als Distributionsagent bezahlt. Außerdem können Agenten zusätzliche Provisionen erhalten, wenn sie im Namen von British Airways aggressiv verkaufen.

Die meisten Reisebüros hatten den Eindruck, dass das Vergütungssystem von British Airways gerechter war als das der Konkurrenten. Viele waren aber unzufrieden, weil das Umsatzvolumen nicht mehr als Hauptkriterium diente.

Was macht nach Ansicht von British Airways einen fairen Anteil aus? Kalinowski sagt: „Wir prüfen zunächst, wie groß unsere Kapazität ist, die wir in allen Flugklassen auf den Linien zwischen den USA und London haben. Wir hoffen, dass es eine Korrelation zwischen dem prozentualen Anteil der Sitze, den wir für eine bestimmte Route haben und dem prozentualen Anteil an Buchungen gibt, den wir für diese Route erhalten. Wenn wir z. B. über 40 Prozent der Sitze nach London verfügen, dann besteht unser Ziel darin, mindestens 40 Prozent der Buchungen nach London zu erhalten."

Wie erhält British Airways seine Daten? Wenn ein Reisebüro eine Reservierung vornimmt, verwendet es ein als CRS (Computer-Reservierungssystem) bekanntes System. Fünf Unternehmen liefern für Agenturen auf der ganzen Welt CRS-Terminals. Eine Agentur sammelt beim Reservieren viele Informationen: Herkunft, Ziel, Sitzplatz, Zahlungsmittel, Privatadresse, geschäftliche Adresse, bevorzugte Speisen usw. Diese Informationen werden in ein kompliziertes System eingegeben, das u. a. sicherstellt, dass Reisende am richtigen Ziel ankommen und Fluglinien ihr Geld für die beförderten Passagiere erhalten.

Jede Fluglinie kann diese Informationen von einem der CRS-Unternehmen kaufen. British Airways gibt jährlich Dollarbeträge in Millionenhöhe aus, um diese Daten für den weltweiten Gebrauch zu kaufen. Kalinowski stellt sicher, dass sie gut genutzt werden: „Mit diesen Informationen sind wir in der Lage, Dinge zu erkennen wie die Größe des Marktanteils und was wir insgesamt von den Reisebüros erhalten. Auf dieser Basis können wir z. B. versuchen zu verstehen, warum wir in einer bestimmten Periode 40 Prozent der Buchungen in der Business Class nach London erhalten haben."

British Airways hat das Verfahren sogar noch weiter verfeinert. Das Unternehmen betrachtet nicht nur den Durchschnitt der gesamten Branche, sondern auch Daten für kleine als Einzelunternehmen geführte Reisebüros, verschiedene Gruppen von Agenturen und Mega-Agenturen wie American Express oder Rosenbluth International. Dies ist aber nicht alles. Kalinowski und das Unternehmen untersuchen die Daten bis ins kleinste Detail, bis zur Ebene der einzelnen Flüge und Städte, um die aussagekräftigsten Indikatoren zu entdecken. Das Unternehmen verdichtet diese Daten anschließend zu Information und extrapoliert Wissen, mit dem British Airways die Möglichkeit erhält, den Reisebüros zu sagen: „Wir werden Sie für Ihre Performance bezahlen. Wir werden Sie dafür bezahlen, uns *mehr als* unseren fairen Anteil zu geben."

Kalinowski sagt: „British Airways USA hat den Reisebüros gesagt, dass wir denjenigen, die nur die Distribution für unsere Tickets übernehmen, eine faire Distributionsgebühr zahlen werden. Wir werden aber denjenigen, die wirklich losziehen und British Airways promoten, eine hohe Verkaufsprovision zahlen. Wir haben eine Unterscheidung eingeführt – zwischen jemandem, der ein Ticket *verkauft* und jemandem, der nur ein Ticket *distribuiert*. Wenn jemand anruft und sagt: ‚Ich will nach London fliegen', dann können Sie das Produkt von British Airways anbieten. Wenn Sie das machen, werden wir Sie belohnen. Jetzt sind Sie ein auf Provisionsbasis arbeitender Handelsvertreter – ebenso wie andere Handelsvertreter für andere Produkte."

Es erforderte viel Arbeit, bis British Airways den Punkt erreicht hatte, an dem der revolutionäre Plan in die Praxis umgesetzt werden konnte. Das Unternehmen baute eine riesige Datenbank auf – weltweit eine der größten. Aber rohe Daten sind weitgehend nutzlos, wenn sie nicht jemand zu Information verdichtet und auf Basis des erhaltenen Wissens handelt.

Schlussfolgerung und Aktivitäten

Angesichts der zunehmenden Zahl an Veröffentlichungen, Büchern und Magazinen sowie Verbesserungen im Telekommunikationsbereich müssen wir lernen, schneller zu lesen und mehr zu behalten. Wir müssen Information organisieren und strukturieren und in der Lage sein, Information in Wissen umzuwandeln. Dies ist der Prozess, der zu kreativen Durchbrüchen führen wird.

Aktivitäten

1. Bitten Sie drei Kunden, die glauben, dass Sie gute Arbeit geleistet haben, um Feedback. Dokumentieren und prüfen Sie die Sachverhalte.

2. Legen Sie eine „Kundenwissen"-Datei an. Sammeln Sie relevante Kundendaten und speichern Sie diese Informationen in der Datei. Prüfen Sie diese Information jeden Monat. Eine gute Möglichkeit zum Aufzeichnen und Erinnern der Daten besteht darin, dass Sie für die entsprechenden Informationen eine Gedächtniskarte anfertigen und jeden Monat ein Update der Gedächtniskarte vornehmen.

3. Wählen Sie ein für Sie interessantes berufsbezogenes Thema aus, um Ihre Geschäftsintelligenz weiterzuentwickeln. Suchen Sie relevante Bücher und Informationsquellen zum Thema und kondensieren Sie die erhaltenen Informationen in einer Gedächtniskarte.

4. Schreiben Sie einen Artikel oder Newsletter über Ihr Wissensgebiet.

5. Wählen Sie ein berufsbezogenes Thema, für das Sie als Experte angesehen werden und halten Sie in einer anderen Abteilung Ihres Unternehmens einen Vortrag.

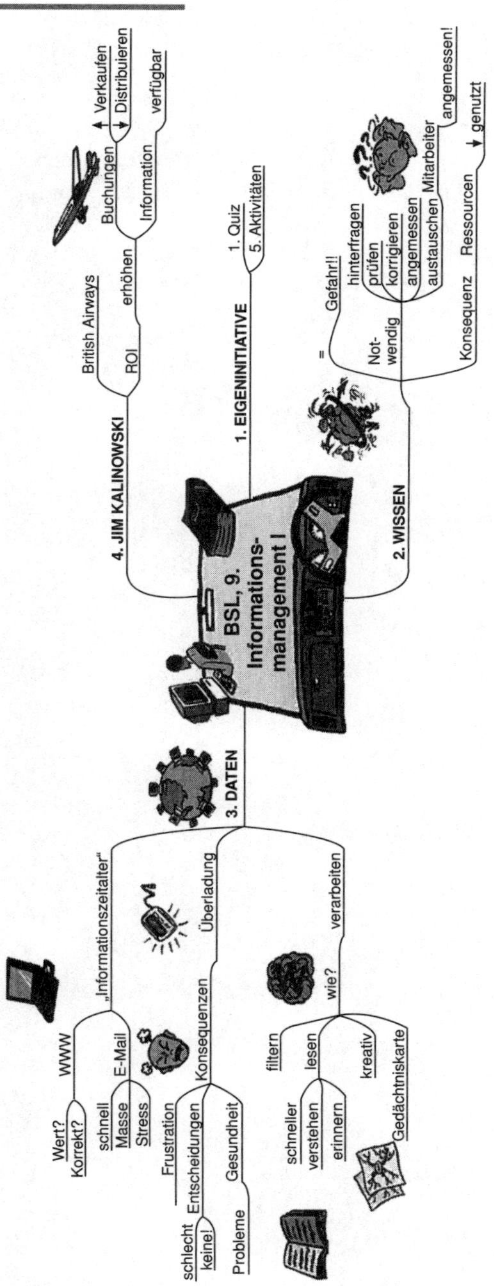

Abbildung 18: Gedächtniskarte zu „9. Informationsmanagement I"

10. Informationsmanagement II

In diesem Kapitel werden wir ausgewählte geistige Hilfsmittel ausführlich besprechen. Zu diesen Hilfsmitteln gehören neue Ansätze zum Lesen und Verbessern der Gedächtnisleistung. Außerdem werden wir untersuchen, wie einige Unternehmen und Einzelpersonen diese Ansätze genutzt haben – mit beeindruckenden Ergebnissen.

Test

Nr.	Frage	J	N
1	Haben Sie mehr Lektüre als Sie lesen können?	☐	☐
2	Glauben Sie, dass Sie Ihr Tempo beim Lesen verdoppeln können?	☐	☐
3	Fertigen Sie dem Ablauf entsprechende Notizen an, wenn Sie in einer Besprechung oder in einem Seminar sind?	☐	☐
4	Verwenden Sie Grafiken oder Bilder, um die Kernaussagen zu verdeutlichen, die Sie bei Vorträgen im Rahmen von Mitarbeiter- oder Geschäftsbesprechungen präsentieren?	☐	☐
5	Bereitet es Ihnen Schwierigkeiten, die für Ihre Arbeit erforderlichen Informationen zu behalten?	☐	☐
6	Verwenden Sie beim Anfertigen von Notizen Farben?	☐	☐
7	Verwenden Sie alle fünf Sinne, um Ihr Gedächtnis zu verbessern?	☐	☐
8	Ist Ihnen gelehrt worden, wie Sie Ihr Gedächtnis verbessern können?	☐	☐

9 Glauben Sie, dass häufige Pausen dazu beitragen, neue Informationen besser im Gedächtnis zu behalten? ☐☐

10 Glauben Sie, dass Sie Informationen zu mehr als 90 Prozent behalten können? ☐☐

Bewertung

Geben Sie bei allen Fragen 2 Punkte für „Ja". Die Ausnahmen sind Frage 1, 3 und 5, bei denen es jeweils 2 Punkte für „Nein" gibt.

Wenn Sie mehr als 18 Punkte erhalten haben: Glückwunsch! Dieses Kapitel wird Ihnen bei der Feinabstimmung Ihrer Lese- und Gedächtnisfertigkeiten helfen. Wenn Sie 18 oder weniger Punkte erhalten haben, dann wird Ihnen dieses Kapitel zeigen, wie Sie Ihre Fähigkeit zum Aufnehmen, Speichern und Abrufen von Information verbessern.

Mit Information fertig werden

Wir leben in einem Zeitalter der Globalisierung, und Information wird mit einer ständig steigenden Geschwindigkeit über den gesamten Erdball verbreitet. Unternehmen, die im Wettbewerb bestehen und erfolgreich sind, werden gelernt haben, diese Information durch das Entfalten und Weiterbilden der Intelligenz ihrer Mitarbeiter zu nutzen und in Wissen zu verwandeln. Die zunehmende Anerkennung dieser Einsicht findet ihren Niederschlag in der Tatsache, dass viele Beratungsunternehmen inzwischen Chief Knowledge Officers oder Learning Officers haben, und zumindest eine Universität hat ihren ersten Professor of Knowledge berufen.

Um die Kraft des Lernens nutzbar zu machen, müssen wir die Unternehmensprozesse so gestalten, dass die Kreativität gefördert wird und Durchbrüche beim Denken auftreten. Wir müssen dieses Wissen dann in unseren Unternehmen verbreiten, damit einzelne Abteilungen nicht dazu gezwungen sind, das Rad neu zu erfinden.

Lesen zum Spaß und für den Gewinn

Weil ein sehr großer Teil der Informationen in schriftlicher Form auf Papier oder zunehmend auf dem Monitor präsentiert wird, besteht die wichtigste unmittelbare Maßnahme zum Verbessern unserer Informationsnutzung darin, dass wir lernen, schneller und effizienter zu lesen. Der erste Schritt um dies zu erreichen, ist das Überdenken der Aufnahme von Information.

Die beste Vorgehensweise besteht darin, neues Material zunächst zu überfliegen und nach Informationen zu suchen, die Sie bereits kennen und verstehen. Hierdurch wird Ihrem Gehirn ermöglicht, eine Basis aus bereits existierendem Wissen zu identifizieren, worauf neue Informationen aufgebaut werden können. Wenn Sie eine 30-seitige Broschüre erhalten, in der das Verhalten und die Abläufe für eine neue Tätigkeit beschrieben werden, besteht die erste Aufgabe darin, die Broschüre zu überfliegen, die Überschriften zu lesen und nach Grafiken und Bildern zu suchen. Dies dient zwei Zwecken: Sie erhalten einen Gesamteindruck von der Broschüre und fördern außerdem das Herausbilden einer Orientierung, um beurteilen zu können, welche Informationen Sie bereits kennen und welche Informationen neu sind.

Wir erläuterten in vorhergehenden Kapiteln die Bedeutung, die ein Ziel beim Herangehen an eine Aufgabe hat. Wenn Sie keine klare Vorstellung von dem haben, was Sie lernen müssen, so werden Sie kaum in der Lage sein, zu sagen, ob Sie dies geschafft haben. Es ist daher hilfreich, bei jedem neuen Material den Schlussteil zu lesen, bevor Sie damit anfangen, sich hiermit detailliert auseinanderzusetzen.

Fangen Sie anschließend damit an, sich intensiv mit dem Material auseinanderzusetzen. Beginnen Sie mit den Abschnitten, die Sie vollständig verstehen. Lesen Sie dann die Abschnitte, mit denen Sie etwas vertraut sind und zum Schluss die Abschnitte, über deren Inhalt Sie am wenigsten wissen. Dies kann bedeuten, dass Sie – anstatt die Broschüre vom Anfang bis zum Ende durchzuarbeiten – die Seiten in der Reihenfolge 4, 17, 23, 30, 1-3, 25-29 usw. lesen. Obwohl dies wie eine zufallsgesteuerte Herangehensweise wirkt, ist es der effizienteste Weg beim Lesen der Broschüre, weil hierdurch die Arbeitsweise Ihres Gehirns beim Aufnehmen von neuem Material ausgenutzt wird – durch das Verknüpfen des Materials mit Ideen, Konzepten und Fakten, die Ihr Gehirn bereits kennt.

Den meisten von uns wurde beigebracht, dass ein unkomplizierter, schrittweiser Ansatz beim Lesen und Durcharbeiten am besten ist. Dies ist aber falsch – und wenn es ans Lesen geht, dann neigen wir dazu, viele gehirnunfreundliche Verfahren anzuwenden. Das *Speed Reading Book* von Tony Buzan listet 20 Aussagen über das Lesen auf. Viele dieser Aussagen beinhalten das, was uns wahrscheinlich während unserer Schulzeit beigebracht wurde, z. B. „Zum besseren Verständnis sollten Sie langsam und sorgfältig lesen“, „Sie sollten bestrebt sein, das von Ihnen Gelesene zu 100 Prozent zu verstehen“, „Mit dem Finger auf dem Papier zu lesen macht Sie langsam und sollte durch Training abgestellt werden“. Diese Aussagen sind falsch! Langsames Lesen verbessert *nicht* das Verständnis, das Bemühen um 100-prozentiges Verständnis führt zwangsläufig zum Misserfolg, und ein Finger auf dem Blatt unterstützt die Augen dabei, sich glatt und natürlich über den Text zu bewegen.

Heutzutage lesen viele Menschen einen großen Teil ihrer Lektüre auf einem Computermonitor. Dies kann zu physikalischen Problemen führen, von Augenermüdung bis hin zu Rückenschmerzen. Einige der Techniken zum Erhöhen der Geschwindigkeit und Effizienz beim Lesen von Printmaterial können auch auf Texte am Monitor angewendet werden:

- Verwenden Sie einen langen dünnen Zeiger – ideal ist ein Essstäbchen oder eine Stricknadel – als „Ersatzfinger“. Der Zeiger gibt Ihren Augen die Möglichkeit, kontinuierlich über den Bildschirm zu wandern und Sie können entspannt mit größerem Abstand zum Monitor sitzen.
- Verändern Sie die vom Monitor angezeigte Schriftart, wenn Ihnen das Computerprogramm hierzu die Möglichkeit gibt. Experimentieren Sie, um die Schriftart zu finden, die Ihre Augen am wenigsten ermüdet.
- Legen Sie alle 15 bis 20 Minuten kurze Pausen ein. Entspannen Sie Ihre Augen, indem Sie auf weiter entfernte Objekte sehen.

Sie brauchen von der Überfülle an Informationen, die Sie lesen und aufnehmen müssen, nicht erdrückt zu werden. Wir haben hier nur einige der verfügbaren Techniken untersucht. Weitergehende Informationen zum Verbessern Ihrer Geschwindigkeit und Ihres Verständnisses beim Lesen finden sich im *Speed Reading Book* von Tony Buzan.

Ach, übrigens: Welches war die einzige Aussage in Buzans Buch über das Lesen, die uneingeschränkt richtig ist? „Beim Lesen sind Geschwindigkeiten in Höhe von mehr als 1000 Worte pro Minute möglich.“

Mit einem besseren Gedächtnis verknüpfen

Die Techniken zum Erhöhen Ihrer Geschwindigkeit und Effizienz beim Lesen werden Ihnen helfen, besser mit den sehr großen Informationsmengen umzugehen, denen Sie täglich ausgesetzt sind. Wie aber können Sie das alles nur berücksichtigen? Wie können Sie dies behalten, wenn Sie es müssen?

Die Art und Weise, in der das menschliche Gehirn Informationen verknüpft, verbindet und assoziiert, war in diesem Buch ein wiederkehrendes Thema. Alles was Sie unternehmen, um diese Verknüpfungen zu festigen, wird Ihr Gedächtnis verbessern. Dies bedeutet, dass Sie zunächst einmal darauf achten sollten, wie Sie die Informationen in Ihr Gedächtnis aufnehmen.

Studien haben gezeigt, dass Sie neue Informationen zu mehr als 90 Prozent behalten werden, wenn Sie beim Aufnehmen des neuen Materials wenigstens drei der fünf Sinne nutzen. Wenn Sie etwas behalten möchten, sollten Sie daher so viele Ihrer Sinne beteiligen wie möglich.

Lassen Sie uns annehmen, dass Sie eine Reihe von Zahlen für eine Präsentation in Ihrem Gedächtnis behalten müssen. Wenn Sie die Zahlen ansehen, nutzen Sie den ersten Sinn – das Sehvermögen. Sie können die Zahlen dann auf ein Blatt Papier schreiben und somit den zweiten Sinn berücksichtigen – den Tastsinn. Ihre Fähigkeit zum Behalten dieser Zahlen wird stark vergrößert, wenn Sie wenigstens einen weiteren Sinn beteiligen. Vielleicht können Sie sich die Zahlen laut vorlesen jemanden bitten, Ihnen die Zahlen vorzulesen oder sie aufzeichnen und das Tonband abspielen. Hierdurch berücksichtigen Sie einen dritten Sinn – das Hörvermögen. Jeder einzelne Sinn bildet verschiedenartige Verknüpfungen, Verbindungen und Assoziationen, was zu einer großen Verbesserung Ihrer Fähigkeit zum Behalten der Zahlen führt.

Neben unseren fünf Sinnen verfügen wir über zehn geistige Fähigkeiten, was in Kapitel 4 erläutert wurde. Diese geistigen Fähigkeiten haben für das Gedächtnis einen immensen Wert. Je größer die Anzahl der von Ihnen eingesetzten geistigen Fähigkeiten, desto mehr Verknüpfungen, Verbindungen und Assoziationen werden Sie in Ihrem Gehirn bilden. Gedächtniskarten machen diese geistigen Fähigkeiten nutzbar, weshalb sie angewendet werden können, um das Gedächtnis und Erinnerungsvermögen zu verbessern.

Wenn Menschen versuchen, neue Informationen zu behalten, dann nutzen sie eine Vielzahl von Techniken: Sie machen sich vielleicht

Notizen an Zeitungs- oder Buchrändern, heben wichtige Passagen hervor oder fertigen in einem gesonderten Notizbuch detaillierte, dem Aufbau des Textes folgende Notizen an. Die ersten beiden Methoden funktionieren gut, weil sie dazu beitragen, Assoziationen klarzustellen. Beim Lesen oder Durcharbeiten dem Aufbau des Textes folgende Notizen anzufertigen ist aber relativ wirkungslos, weil hierdurch keine Assoziationen klargestellt werden. Gedächtniskarten bauen andererseits auf der natürlichen Fähigkeit des menschlichen Gehirns auf, Konzepte zu verknüpfen, weshalb sie uns nicht nur beim Aufnehmen von Informationen helfen können, sondern auch beim Behalten, so dass wir die Informationen besser benutzen können.

Gedächtniskarten

Jim Deiner ist Projektmanager bei einem Unternehmen der Pharmazeutischen Industrie, das in der Liste der 500 größten US-Unternehmen der Zeitschrift Fortune enthalten ist. Deiner hatte sich kürzlich auf eine zermürbende ganztägige Prüfung zur Zertifizierung durch das Project Management Institute (PMI) vorzubereiten. Das Problem beim Vorbereiten auf eine solche Prüfung besteht darin, dass das Verständnis des Kandidaten für das gesamte Gebiet des Projektmanagements getestet wird. Die entsprechenden Informationen lassen sich nicht in ein umfassendes Dokument integrieren, weil es sich hierbei um das gesamte Wissen aller Praktiker und Akademiker handelt, die derartige Erkenntnisse anwenden und weiterentwickeln. Deiner sagt: „Ich verwendete Gedächtniskarten als Hilfsmittel, um zu organisieren, was ich wusste und dazulernte und um eine Vielzahl von verschiedenen Quellen auszuwerten. Dies funktionierte sehr gut."

Deiner hatte auf acht Wissensgebieten bewandert zu sein. Er fertigte für jedes Gebiet eine separate Gedächtniskarte an und nutzte Blätter im A3-Format.

Als grundlegende Quelle benutzte er das PMI-Buch *A Guide to the Project Management Body of Knowledge.* Zur Ergänzung zog Deiner zahlreiche andere Bücher heran. Wenn er in einer seiner Quellen neue Informationen entdeckte, dann fügte er dies der Gedächtniskarte zum zugehörigen Wissensgebiet hinzu: „Als ich mich durch die von mir gefundenen Bücher arbeitete, nahm ich die Gedächtniskarte und ergänzte das neue Material. Ich integrierte Informationen aus verschiedenen Quellen, die nicht alle nach dem gleichen Prinzip organisiert waren. Mit den Gedächtniskarten konnte ich die Informationen aber nach einem einheitlichen Prinzip organisieren."

Nachdem er sämtliche Informationen, die er lernen musste, in der Anfangsphase seiner Prüfungsvorbereitung in Gedächtniskarten eingetragen hatte, war Deiner in der Lage, die Gedächtniskarten als leicht zugängliches und umfassendes Hilfsmittel zum Wiederholen zu nutzen: „Es waren nur acht Blatt Papier. Manche Leute nutzen Lernbücher und Karteikarten. Es gibt sogar Software für 150 US-$, die Ihr Grundwissen testet. Karteikarten sind in Ordnung, weisen aber nur einen Satz pro Karte auf. Sie fragen sich: ‚Womit steht dies im Zusammenhang?' Wenn Sie dies aber in einer Gedächtniskarte organisiert haben, dann können Sie den Kontext sehen. Dies ist aussagekräftiger und bleibt Ihnen besser vertraut."

Als der Prüfungstermin näher rückte, nutzte Deiner seine Gedächtniskarten zur täglichen Wiederholung: „Ich beschäftigte mich pro Tag mit einem Blatt. Ich setzte mich jeden Tag als erstes hin und las es nur durch und erfrischte mich mit einer Tasse Kaffee."

Als Deiner die Prüfung absolvierte, wurde klar, wie wertvoll die Gedächtniskarten gewesen sind: „Manchmal konnten Sie nicht sagen, welches Prüfungsgebiet gerade getestet wurde. Aber in meinem Gedächtnis tauchte es plötzlich auf: Ich sah die Gedächtniskarte und las sie vom Anfang bis zum Ende." Deiner bestand die Prüfung bei seinem ersten Versuch. Er hält seine Gedächtniskarten sogar noch jetzt bereit: „Ich nutze sie bei meiner Arbeit als Informationsquelle. Ich habe sie auch beim Verfassen von einigen Projektmanagementberichten verwendet."

Timing und Reihenfolge

Das Gedächtnis ist eine komplexe Erscheinung, und Wissenschaftler machen permanent neue Entdeckungen über seine Funktionsweise. Betrachten Sie den Themenbereich des Timings und der Reihenfolge. Wir behalten gewöhnlich die erste Sache, die wir in einem Durchgang lesen und das zuletzt Gelesene, bevor wir eine Pause einlegen. Wir behalten gewöhnlich auch alle zwischendurch auftretenden Dinge, die ungewöhnlich oder bemerkenswert sind. Wir behalten das Übrige aber nicht so gut. Wir bezeichnen diese Tendenz zum Behalten der ersten und letzten Dinge, die aufgenommen werden als den „Vorrang-von-Neuheiten-Effekt“.

Dies legt einen nützlichen Ansatz beim Lernen von neuen Informationen nahe: Machen Sie viele Pausen. Wenn Sie zusätzliche Anfangs- und Endpunkte hinzufügen, dann erhöhen Sie die Menge an Material, die Sie wahrscheinlich behalten – und verkleinern den Zeitraum, in dem Dinge eher vergessen werden. Beim Lernen von neuem Stoff sollte ein Durchgang maximal 45 Minuten lang sein; eine halbe Stunde ist aber besser. Am Ende jedes Durchgangs sollten Sie eine fünfminütige Pause zum Bewegen und Entspannen einlegen, um Ihrem Gehirn Zeit zu geben, damit es das von Ihnen Gelernte verarbeiten kann.

Der Vorrang-von-Neuheiten-Effekt ist ein wichtiger Aspekt, an den Sie denken sollten, wenn Sie eine Unterrichtseinheit oder ein Seminar vorbereiten. Wenn Sie zwei Stunden unterrichten müssen, sollten Sie nach Möglichkeit keine zweistündige Veranstaltung ansetzen, sondern den Zeitraum in vier halbstündige Unterrichtseinheiten aufspalten. Dies ist leider nicht die Norm. Zu viele Seminare und Workshops sind als zweistündige Sitzungen konzipiert. Der natürliche Rhythmus des menschlichen Gehirns beinhaltet Zyklen von 30 bis 50 Minuten. In diesem natürlichen Rhythmus zu arbeiten verbessert die Fähigkeit zum Behalten des Erlernten. Gegen den Rhythmus zu arbeiten macht das Behalten wesentlich schwerer.

Denken Sie an den natürlichen Rhythmus des menschlichen Gehirns, wenn Sie einen Kunden anrufen. Ein Verkäufer aus New York City beklagte sich kürzlich, dass er einem Kunden schriftliches Material und Informationen gegeben hatte. Als er den Kunden einen Monat später wieder besuchte, hatte der jedoch alles vergessen, was ihm präsentiert wurde. „Der Besuch erfolgte nur 30 Minuten vor der Mittagspause. Der Kunde hatte gleichzeitig mit vier Sachen zu tun, und ich konkurrierte mit allen, die versuchten, ihn zu erreichen, bevor er zum Mittagessen ging“, sagte der Verkäufer. Damit der Kunde Ihre Präsentation möglichst gut behält, müssen Sie die letzte Person sein, die er vor dem Mittagessen sieht oder die erste Person, die er nach dem Mittagessen sieht.

Es gibt einen weiteren Rhythmus Ihres Gehirns, der einen beträchtlichen Einfluss auf das Gedächtnis ausübt: Das Muster und die Häufigkeit Ihrer Wiederholung des Materials. Um Ihre Fähigkeit zum Behalten von neuen Informationen zu maximieren, sollten Sie das Material eine Stunde später wiederholen, dann wieder einen Tag später, dann eine Woche später und schließlich einen Monat später. Nach dieser vierten Wiederholung werden die neuen Informationen in Zukunft nur noch ein Minimum an Wiederholung erfordern, um in Ihrem Gedächtnis gespeichert zu bleiben.

Wir entdecken permanent neue Tatsachen über unser bemerkenswertes Gedächtnis. Leser, die dies weiter erkunden möchten, finden reichhaltige Informationen über Techniken zum Verbessern des Gedächtnisses im Buch *Use Your Memory* von Tony Buzan.

Anwenden von Information

Wir haben Möglichkeiten zum schnelleren und effektiveren Aufnehmen von Informationen diskutiert. Außerdem haben wir Möglichkeiten diskutiert, um diese Informationen besser im Gedächtnis zu behalten. Die nächste Etappe besteht im Anwenden der Informationen, um Werte für Ihr Unternehmen und Ihre Kunden zu schaffen. Dies beinhaltet u. a. das Weiterleiten der relevanten Informationen in Ihrem Unternehmen, so dass jeder Mitarbeiter und jede Abteilung hiervon profitieren kann. Marshall Tarley von ASCAP (American Society of Composers, Authors and Publishers) bietet uns ein exzellentes Beispiel dafür, wie genau dies mit Hilfe von Gedächtniskarten erreicht werden kann.

Tarley, Director für Teamentwicklung in der ASCAP-Division für Musiklizenzen, hat Gedächtniskarten für das Anfertigen von Aufzeichnungen genutzt, beim Brainstorming, um einen Gruppenkonsens zu bilden, zum Planen und zum Übermitteln von Ideen an andere Abteilungen seiner Organisation. „Erfolg beruht auf guter Kommunikation", sagt Tarley, „und Worte sind oft nicht genug. Gedächtniskarten sind wegen ihrer Nutzung von vielen geistigen Fähigkeiten wie Farbe, Bilder, Symbole und Sprache ein exzellentes Kommunikationsmittel."

Tarleys Team wurde um eine Präsentation für eine Arbeitsgruppe gebeten, die damit beschäftigt war, eine Division des Unternehmens zu reorganisieren. Die Arbeitsgruppe hatte eine Reihe von Fragen über die von Tarleys Team verrichtete Arbeit und warum hierfür so viele Mitarbeiter benötigt wurden gestellt.

„Das von mir gemanagte Geschäftsfeld ist ziemlich komplex. Es umfasst Lizenzierung, Verkauf, Kundenservice, Inkasso und viel Analyse und Datenverarbeitung. Es war kein leichtes Vorhaben, dies der Arbeitsgruppe schnell und klar zu demonstrieren. Wir dachten, dass die

Anfertigung einer Gedächtniskarte die effektivste Möglichkeit der Präsentation bietet. Wir entwickelten eine Gedächtniskarte, die ungefähr 1,80 m hoch und 1,80 m breit war. Wir begannen mit einem zentralen Bild von einer Note und nutzten verschiedenfarbige Klebebilder, um Teammitglieder zu repräsentieren. Die Note stand für die Musiklizenz, die verschiedenfarbigen Klebebilder repräsentierten das breite Spektrum der vom Team ausgeübten Funktionen, die kulturelle Vielfalt der Teammitglieder und ihre verschiedenartigen Qualifikationsprofile. Dann hatten wir spontan Bilder von Fernsehgeräten kreisförmig angeordnet, weil wir Musik für das Fernsehen lizenzieren. Die Bilder wirkten wie das Getriebe einer gut ausgerüsteten Maschine." Die Gedächtniskarte beinhaltete mit verschiedenen Farben gezeichnete Äste für die vom Team bewältigten Arbeitsprozesse, die Systeme, die den jeweiligen Prozess unterstützen und ihre Auswirkung auf interne und externe Kunden.

Tarleys Team war sich nicht sicher, wie die Präsentation von den nicht mit Gedächtniskarten vertrauten Mitgliedern der Arbeitsgruppe aufgenommen würde: „Wir führten eine relativ kurze Präsentation durch, bei der sich drei von uns abwechselten. Am Ende unserer Präsentation war die Arbeitsgruppe verblüfft. Sie sagten: ‚Toll, Sie scheinen die Sachen in Ihrem Team zu verwirklichen, die wir für die gesamte Division erreichen wollen. ... Wir waren uns nie darüber im Klaren, was und wie viel Sie machen.' Die Arbeitsgruppe übernahm daher unsere Organisationsstruktur für die gesamte Division." Nun, *das* ist effektive Kommunikation.

Führungsverhalten in einem Unternehmen: Rosenbluth International

Wissen und Information

Wenn ein Unternehmen in den USA von einem nie endenden Strom von Informationen gequält wird, dann handelt es sich um Rosenbluth International, ein auf Geschäftsreisen spezialisiertes Unternehmen. Flugpreise, Automieten und Hotelpreise ändern sich täglich, und bei jedem Lieferanten gibt es Tausende von Änderungen, die sowohl den von

Kunden zu zahlenden Preis als auch den Gewinn des Unternehmens beeinflussen.

Informationen über Lieferanten sind aber nicht die einzigen Informationen, die das Unternehmen bewältigen muss. Rosenbluth International muss auch viel über seine Kunden wissen, z.B. wie die Zeit- und Budgetbeschränkungen der Kunden aussehen und was Einzelpersonen von ihren Reiseprogrammen erwarten. Das Sammeln dieser Informationen und ihre Umwandlung in nützliches Wissen hat sich bei Rosenbluth International zu einer Wissenschaft entwickelt. Seit 1994 hat das Personal eine DACODA (Discount Analysis Containing Optimal Decision Algorithms) genannte Software verfeinert, die große Mengen von komplizierten Informationen aufnimmt und auswertet, um die beste Einkaufsstrategie für Kunden zu ermitteln. Die Agenten haben dann mit ihren Computern nicht nur Zugang zu den aktuellsten Flugpreisen: Sie können auch das Profil jedes einzelnen Kunden aufrufen, um zu sehen, was seine Bedürfnisse und Anforderungen sind. Hierdurch erhalten die Agenten die Möglichkeit, das Passende auszuwählen.

„Dieses System eröffnet Kunden die Möglichkeit, das auszuwählen, was ihnen das Meiste für ihr Geld bietet", sagte Mike McCormick, Vice President für den Einkauf bei Rosenbluth International. „Vorher waren wir auf das beschränkt, was Sie mit einer Kalkulationstabelle und einigen geschickten Mitarbeitern leisten können. Mit dieser innovativen Technologie können wir Unternehmen jetzt helfen, ihr Reisebudget intelligent einzusetzen, so dass sie mehr Gegenleistung erhalten."

Der größte Teil der Datenverarbeitung ist automatisiert. Informationen werden aus einer Vielzahl von Quellen elektronisch eingespeist. Grundlage ist ein bei Rosenbluth in Mikes Abteilung entwickeltes Modell, das unwichtige Daten und Informationen herausfiltert. Mikes Personal bewertet diese Informationen permanent und passt das System bei Bedarf an, so dass es so umfassend wie möglich wird. „Wir versuchen das Netz breit zu machen", sagte Mike, „wir wollen unser Blickfeld nicht beschränken und nur einige Bereiche betrachten." Das Unternehmen legt großen Wert darauf, die Reisebranche zu studieren anstatt sich auf externe Experten zu verlassen.

„Wir haben viele Spezialisten im Unternehmen" sagte Hal Rosenbluth, President und CEO. „Mit unseren Kunden im Hinterkopf studieren wir Lieferanten mit einer Tiefe, in der eine Wall-Street-Firma den Aktienmarkt für ihre Investoren untersucht. Wir finden alles Wissenswerte über jede Fluglinie, jede Hotelkette und jede Autovermietung heraus. Wir erfahren das Verhalten und gewinnen Informationen über die Unternehmenskultur, die Unternehmensleitung und die Ziele. Für jedes Unternehmen haben wir jeweils einen Mitarbeiter, der für die Analyse und Beobachtung dieses Unternehmens zuständig ist. Ich verlasse mich auf diese Menschen, die richtigen Informationen herauszusieben."

Rosenbluth International hat sich zu einem Nachrichtendienst für die Reisebranche entwickelt, dessen Publikationen Trends im Reisegeschäft beschreiben und auch tägliche Nachrichten über Veränderungen bieten. Die Produkte werden *Market*PLACE und *Market*WATCH genannt. *Market*PLACE ist ein Nachrichtendienst über Aspekte der Reisebranche, die von zentraler Bedeutung für die Kunden von Rosenbluth sind und wird per E-Mail an Kunden und Agenten versendet. *Market*WATCH erscheint monatlich und beinhaltet Informationen über Trends in Bereichen wie den Flugpreisen. Die Sammlung und Distribution der Informationen ist automatisiert und wird von einem Redakteur beaufsichtigt. „Das Zusammenwirken dieser Technologien und unserer Partner ist kraftvoll", sagte Mike, „dies unterscheidet uns von anderen Reiseunternehmen."

Wenn Sie Informationen sammeln, die Sie in Wissen umwandeln möchten, dann empfiehlt Ihnen Mike, dass Sie sich an eine einfache Regel halten: Suchen Sie für jede Information, die Sie zu nutzen beabsichtigen, die Originalquelle. „Es ist nicht gut, Entscheidungen auf Basis der Zusammenfassungen von anderen Leuten zu treffen", sagt Mike. „Informationen von einem Dritten können ungenau oder unvollständig sein. Wir gehen direkt an die Originalquelle."

Schlussfolgerung und Aktivitäten

In diesem Kapitel untersuchten wir nur einige Beispiele von Leuten, die gelernt haben, sich Zugang zur natürlichen Kraft ihres Gehirns zu verschaffen und hierdurch enorme Veränderungen in ihren Unternehmen bewirken konnten. Wir alle können dies lernen. Wir alle können lernen, uns Zugang zur riesigen Kapazität der menschlichen Intelligenz zu verschaffen und einen Feuersturm der Kreativität und Innovation entfesseln.

Aktivitäten

1. Führen Sie Besprechungen durch, an denen sämtliche Mitarbeiter teilnehmen, die mit spezifischen Unternehmensprozessen zu tun haben. Lassen Sie jedes Teammitglied kritische Einzelheiten über seine Arbeit mitteilen.

2. Alle drei Monate stattfindende Treffen können wirkungsvolle Katalysatoren zur Förderung der Kommunikation sein. Strukturieren Sie diese Treffen, so dass sie interessant und aufregend sind und spezifische Lernziele beinhalten.

3. Fertigen Sie von Ihrer nächsten Geschäfts- oder Arbeitsbesprechung eine Gedächtniskarte an.

4. Nehmen Sie an einem Kurs zum Erhöhen Ihrer Lesegeschwindigkeit teil. Messen Sie im Laufe der nächsten sechs Monate Ihre Verbesserungen beim Lesen.

5. Besuchen Sie ein Seminar zum Verbessern Ihres Gedächtnisses. Nutzen Sie die erlernten Fertigkeiten zum Verbessern Ihrer Arbeitsabläufe.

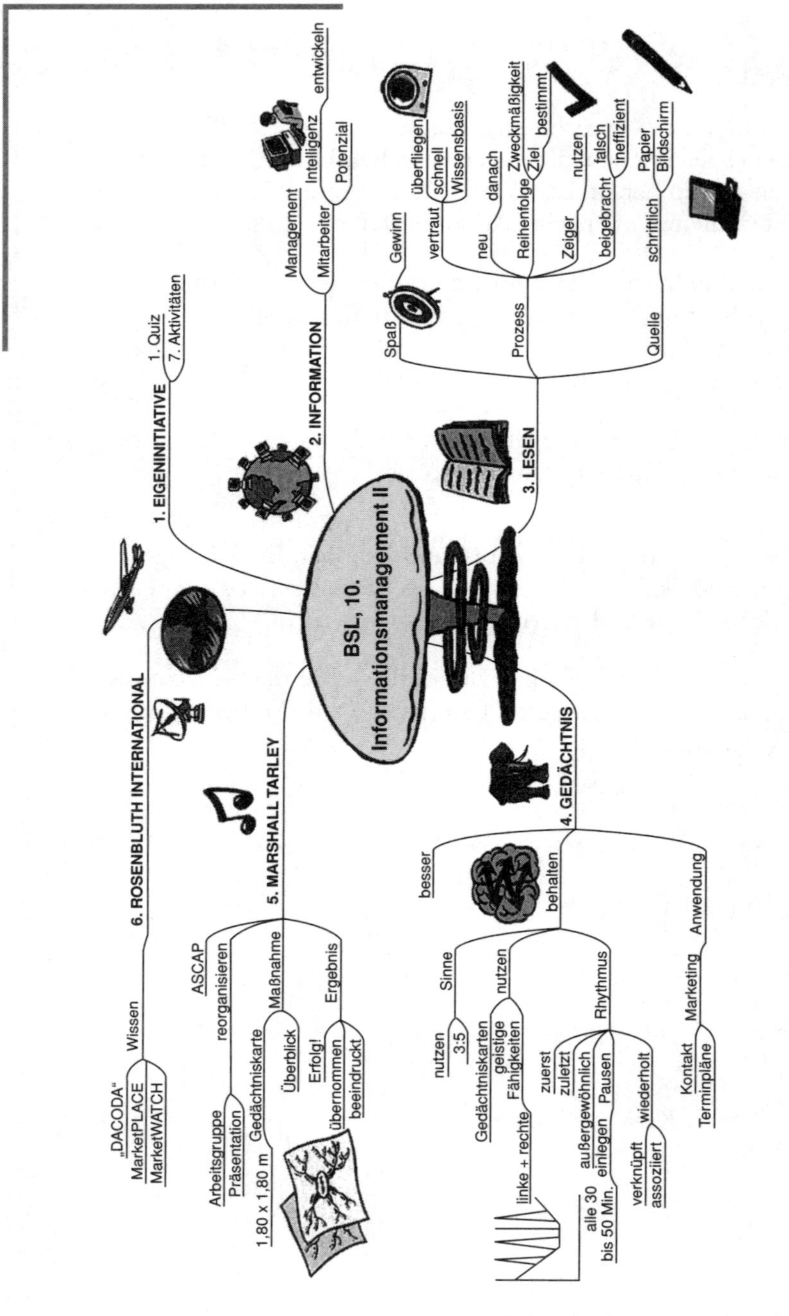

Abbildung 19: Gedächtniskarte zu „10. Informationsmanagement II"

11. Prozessinnovationen durch Teams

Test

Nr.	Frage	J	N
1	Führen Sie für Aktivitäten, die Sie zurzeit täglich oder wöchentlich durchführen eine Liste oder Gedächtniskarte?		
2	Haben Sie eine Methode, um den Wert dieser Aktivitäten für Ihr Unternehmen einzuschätzen?		
3	Haben Sie eine Methode, um Ihre Performance bei diesen Aktivitäten zu messen?		
4	Ist es überflüssig, die Verwendung der von Ihnen geleisteten Arbeit zu verstehen, wenn Sie Ihre Sache gut machen?		
5	Haben Sie ein Verfahren, um Prioritäten beim Verbessern Ihrer Aktivitäten zu setzen?		
6	Wissen Sie, welches die entscheidenden Mitarbeiter sind, die den konkreten Ablauf dieser Aktivitäten beeinflussen?		
7	Wissen Sie, wer bei diesem Verbesserungsprozess Ihre Verbündeten sind und wer Sie nicht unterstützt?		
8	Haben Sie für jede Aktivität Ihre Performance mit derjenigen von jemand anderem verglichen, der das Gleiche macht?		
9	Verfügen Sie über einen fortlaufenden Prozess, um Ihr Wissen über die Kundenbedürfnisse auf dem neuesten Stand zu halten?		
10	Können Sie annehmen, dass alles in Ordnung ist, wenn sich die Kunden nicht beschweren?		

Bewertung

Geben Sie für jede mit „Ja" beantwortete Frage 2 Punkte. Die Ausnahmen sind Frage 4 und 10, bei denen es 2 Punkte für „Nein" gibt.

Wenn Sie 18 oder mehr Punkte erhalten haben, dann verstehen Sie sehr viel vom Thema, und dieses Kapitel wird Ihnen beim Verfeinern Ihrer Fertigkeiten helfen. Wenn Sie weniger als 18 Punkte erhalten haben, dann wird dieses Kapitel die Entwicklung Ihres Führungsverhaltens stark fördern.

Wir haben uns mit vielen der neuesten Erkenntnisse über die menschliche Intelligenz beschäftigt und untersucht, wie uns dies helfen kann, im täglichen Leben effizienter und effektiver zu sein. Dieses Kapitel wird Ihnen zeigen, wie diese Informationen in ein umfassendes Programm integriert wurden, mit dem Unternehmen bemerkenswerte Erfolge erzielen. Hierbei handelt es sich um die Methode, die hinter der Erfolgsgeschichte von Rich Bannon steht (siehe Kapitel 1).

Stellen Sie sich vor, Ihr Manager erweist Ihnen eines Morgens die Ehre eines unangemeldeten Besuchs. Er oder sie bietet Ihnen seine oder ihre Hilfe dabei an, das wichtigste Problem zu identifizieren, mit dem Sie zurzeit bei der Arbeit konfrontiert sind. Sie wählen das ärgerlichste und frustrierendste Problem, das jeden Monat auftritt und viele Stunden Ihrer Arbeitszeit mit langweiligen, abstumpfenden Tätigkeiten wegfrisst. Ihr Manager lacht und sagt: „Sehen Sie es als erledigt an!" Eine Rauchwolke verzieht sich und Sie sind von vertrauten Gesichtern umgeben. Ihnen war nicht klar gewesen, dass dasselbe Problem, das Sie zum Verzweifeln bringt, auch fünf Mitarbeiter aus anderen Bereichen Ihres Unternehmens plagt.

Ihr Manager veranstaltet eine Gruppendiskussion und verwendet dabei einen Kommunikationsstil, der Sie und Ihre fünf Kollegen so zum Reden und Zuhören bringt, als ob alle Wände und Barrieren plötzlich weg sind. Während des Treffens nehmen Sie neues Wissen auf, und Ihr Gehirn bildet neue Verknüpfungen und Assoziationen. Ihnen kommen Ideen, wie diese Verfahrensweise auf viele andere Probleme übertragen werden kann. Gleichzeitig denken Sie an die vielen Möglichkeiten, wie diese Hilfsmittel zum Verbessern der Lebensqualität von Ihnen und den Sie umgebenden Mitmenschen genutzt werden können. Gegen Ende der Besprechung haben Sie und Ihre Kollegen ein klar definiertes, erreichbares Ziel, konkrete Zeitvorgaben, einen Plan und die Hilfsmittel zum Erreichen des Ziels. Ihre Gruppe hat Kameradschaft und Begeisterung wieder entdeckt und weiß, dass dies erst der Anfang ist. Sie wissen, dass sich eine Tür geöffnet hat: Die Fragen, die Sie einst als Probleme einstuften, sehen Sie jetzt als Möglichkeiten. Sie haben die Kraft, miteinander zu kommunizieren, verstehen den Gesamtzusammenhang und sind in der Lage, Lösungen zu entwickeln, die Ihren Kunden und Ihrem Unternehmen zugute kommen. Sie erkennen auch Ihren eigenen Wert für Ihr Unternehmen.

Halten Sie dies für eine Phantasie? Tatsache ist, dass sich dies durch das Anwenden des Prozessinnovationen-durch-Teams-(PITT-) Workshops schon oft ereignet hat. Eine der zentralen Eigenschaften des PITT-Workshops besteht darin, dass der Arbeitsalltag der Teilnehmer den Ansatzpunkt zum Anwenden von neuen Fertigkeiten und zum Erreichen des Wandels bildet. Mitarbeiter, die am Workshop teilnehmen, werden kreative Leistungsträger ihres Unternehmens, die geschäftliche Angelegenheiten einschätzen können, nach Möglichkeiten suchen und permanente Innovation zum Standard machen.

Ein weiterer Vorteil der Workshops besteht in einer Reduktion der für Anpassungen und zur Fehlerkorrektur benötigten Zeit. Mitarbeiter benötigen hierfür normalerweise 25 bis 30 Prozent ihrer Arbeitszeit. Wir werden dies weiter unten im Kapitel wieder aufgreifen.

Die Bedeutung der Teamarbeit

Wir beschäftigten uns in Kapitel 6 mit den Vorteilen, die sich durch das Anwenden des TEFCAS-Modells bei unserer Arbeit ergeben. Wir werden diesen Ansatz jetzt auf die Arbeit des gesamten Unternehmens und sämtliche Arbeits- und Geschäftsprozesse anwenden.

Sie werden sich daran erinnern, dass TEFCAS ein Ansatz ist, der beim Arbeiten ein Maximum an Effizienz ermöglicht. TEFCAS steht für Versuch („**T**rial"), **E**reignis, **F**eedback, Überprüfen („**C**heck"), **A**npassen und Erfolg („**S**uccess"). Wir eröffneten unsere Diskussion des TEFCAS-Modells mit dem letzten Buchstaben, dem „S", das für den Erfolg beim Erreichen eines Ziels steht. Wir werden dieses „S" hier das Endprodukt oder die für den Kunden erbrachte Dienstleistung repräsentieren lassen. Wenn wir das „S" aus dieser Perspektive betrachten, dann ist sofort klar, dass *jeder* Mitarbeiter – vom Trainee bis zum Vorstandsvorsitzenden – die Kundenbedürfnisse kennen sollte, damit der gesamte Prozess möglichst effizient abläuft.

Allerdings haben die meisten Mitarbeiter in zu vielen Unternehmen nur eine unklare Vorstellung davon, wie ihre Arbeit in den Gesamtzusammenhang passt. Ein großer Teil der von ihnen geleisteten Arbeit ist daher fehlgeleitet und gewöhnlich ineffizient.

Weil sich das menschliche Gehirn nach Vollständigkeit sehnt, wird es bestrebt sein, alle weißen Flecken mit Annahmen auszufüllen – was wir in Kapitel 3 gelernt haben. Diese Annahmen können völlig daneben liegen. Wenn Sie hören, wie Leute z.B. sagen: „Ich dachte ...“, „Ich glaube ...“, „Ich nehme an ...“, dann wissen Sie, dass nur weiße Flecken ausgefüllt werden. Wer wirklich etwas weiß oder versteht, würde sagen: „Ich weiß ...“. Wenn diese Leute etwas wüssten, wären sie in der Lage, Details zu ergänzen und das Gesamtbild zu bereichern. Dies passiert in Teams, die mit Gedächtniskarten arbeiten.

Effiziente Prozesse erfordern eine klare Erfolgsdefinition.

Der Output eines Unternehmens ist in mancherlei Hinsicht wie ein gigantisches Puzzlespiel, das zum Nutzen eines bestimmten Kunden zusammengesetzt wird, wobei jeder Mitarbeiter eine Anzahl von Teilen des Puzzlespiels beisteuert. (Wir verwenden den Begriff „Kunde“ hier nicht nur, um externe Kunden zu bezeichnen, sondern auch für interne Nutzer von Outputs beliebiger Unternehmensprozesse).

Mitarbeiter hantieren ziemlich oft mit ihren persönlichen Teilen des Puzzlespiels, ohne jemals zu wissen, wie das Gesamtbild aussehen wird. Dies ist eine häufige Ursache für ineffiziente Prozesse. Was sind die Konsequenzen? Mitarbeiter und Manager sind vorwiegend mit der Überwindung von Krisen beschäftigt, die durch fehlende Kommunikation, Defizite beim Konzentrieren auf die wesentlichen Ursachen von Problemen und einen Mangel an Fertigkeiten zum Entwickeln von Lösungen erzeugt werden. Der ganze Prozess funktioniert am besten, wenn jeder Mitarbeiter genau weiß, wie seine Teile der Arbeit mit den angrenzenden Teilen und mit dem gesamten Puzzlespiel verknüpft sind.

Sobald Mitarbeiter und Manager ihre Kommunikation verbessern, kann jeder den gesamten Prozess verstehen. Diese Teamarbeit entwickelt sich zu einer außergewöhnlichen Kraft, die Lösungen entwickelt, die der Ablauforganisation des Unternehmens und allen Mitarbeitern zugute kommen. Teammitgliedern sollte beigebracht werden, wie die Anforderungen an den Output ihrer Aktivitäten zu definieren sind und wie diese

Aktivitäten mit dem gesamten Prozess zusammenhängen. Gedächtniskarten können sehr effektiv für die Prozessanalyse genutzt werden. Das Klarstellen der Kundenbedürfnisse führt zu einer automatischen Arbeitsverbesserung, weil das menschliche Gehirn erfolgsgeleitet ist und weil die Zusammenhänge zwischen verschiedenen Aktivitäten und Aufgaben offengelegt werden.

Mit den Worten von Rich Bannon: „Wenn Sie einen beliebigen Prozess nehmen und in seine einzelnen Bestandteile aufspalten, dann haben Sie einen Koffer voller Instrumente unter Ihrem Arm, die Sie verwenden können, um alle Probleme mit Unternehmensprozessen zu lösen, mit denen Sie jemals konfrontiert werden."

Fallstudie

Vincent Liuzza Jr.

Die Details, die das Bild von einem positiven Ergebnis bereichern, können von jedem Mitarbeiter eingebracht werden, was der Inhaber eines Restaurants in Louisiana entdeckte. Vincent Liuzza Jr., President von CuCo's Mexican Restaurants, verwendete Gedächtniskarten, um ein schwieriges Problem zu lösen, mit dem er konfrontiert war. Im Umfeld des Restaurants gab es eine hohe Kriminalitätsrate, die Gäste fernhielt. Vince entwarf eine umfassende Gedächtniskarte, die allen Mitarbeitern – vom Küchenchef bis zum Hilfskellner – zugänglich gemacht wurde. Die Gedächtniskarte ermöglichte allen, den Gesamtzusammenhang zu sehen (die hohe Kriminalitätsrate und ihre Auswirkung auf den Restaurantbetrieb) und Ideen zur Lösung des Problems beizutragen.

Einer der Kellner regte an, dass Personal die Gäste beim Verlassen des Restaurants auf dem Weg zurück zum Auto begleiten sollte, um hierdurch ein Gefühl der Sicherheit zu vermitteln. Sein Vorschlag wurde umgesetzt. Die Anzahl der Gäste stieg an und das Geschäft boomte.

Prozessanalyse

Beim Analysieren von Arbeitsprozessen sind Mitarbeiter oft verwirrt, weil sie nicht den Unterschied zwischen einem Prozess, einem *Teilprozess*, einer *Aktivität* und einer *Aufgabe* verstehen. Mitarbeiter verwenden diese Begriffe oft wie Synonyme, was sie aber nicht sind.

Aufgaben

Aufgaben sind spezifische Schritte, die ein Mensch bei der Transformation von Input zu Output ausführt. Eine Aufgabe ist die kleinste Teileinheit der Arbeitsabläufe oder Verhaltensweisen eines Menschen, die studiert, quantifiziert oder analysiert werden kann. Die Aufgaben einer Bürokraft, die für den Außendienst Termine vereinbart, könnten das Anrufen von potenziellen Kunden, die Vereinbarung von Terminen sowie die Erfassung der Termine in einem Terminkalender sein.

Aktivitäten

Zusammengehörige Aufgaben werden zu einer Aktivität zusammengefasst (siehe Abbildung 20). Eine Aktivität wird normalerweise 15 bis 20 Aufgaben beinhalten.

Jeder Mitarbeiter verrichtet im Rahmen seiner täglichen Arbeit mehrere Aktivitäten. Jede Aktivität beinhaltet, dass ein Mitarbeiter etwas von einem anderen Mitarbeiter oder einer anderen Abteilung erhält (Input), dies transformiert und es an jemand anderen weitergibt (Output). Es kann sich hierbei um alles Mögliche handeln – vom Legen von Teilen auf ein Fließband bis hin zur Eingabe von Informationen in eine Datenbank. Ein Angestellter erhält z.B. häufig Informationen aus anderen Funktionsbereichen des Unternehmens (Lieferanten) und verrichtet eine Reihe von Tätigkeiten, um die Daten in eine gehaltvolle Analyse umzuwandeln. Die Analyse (Output) wird dann an einen internen Kunden gesendet, der sie nutzen könnte, um einen monatlichen Finanzbericht zu erstellen. Beispiele für Aktivitäten eines Verkäufers könnten die Suche nach neuen Kunden, das Durchführen von persönlichen Gesprächen mit Neukunden, das Informieren von Bestandskunden über neue Produktangebote oder das Anfertigen eines Monatsberichts für den zuständigen Vice President sein, in dem die Kundenkontakte zusammenfassend dargestellt werden.

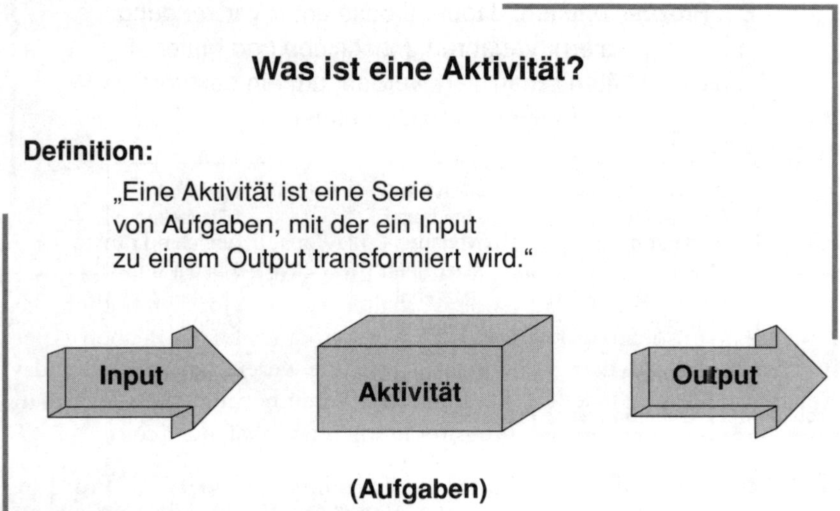

Abbildung 20: Definition einer Aktivität

Subprozesse

Ein Subprozess ist eine Gruppe von mehreren miteinander verbundenen Aktivitäten, die Teil eines größeren Prozesses sind.

Prozesse

Aktivitäten werden miteinander verknüpft, um einen Prozess zu bilden. Ein Prozess beinhaltet das Verknüpfen oder Anordnen von Aktivitäten, um für eine bestimmte Kundengruppe einen bestimmten Output zu erzeugen (siehe Abbildung 21). Das Verknüpfen und Anordnen zählen zu den Fähigkeiten des menschlichen Gehirns, die wir in Kapitel 4 diskutiert haben.

Verknüpfen Sie Arbeitsaktivitäten zu einem Prozess, um optimale Ergebnisse zu erhalten

Ein Prozess entsteht dadurch, dass unter Verwendung von Mitarbeitern, Verfahren, Maschinen und Material Arbeitsaktivitäten organisiert werden, um ein bestimmtes Endergebnis zu erzeugen.

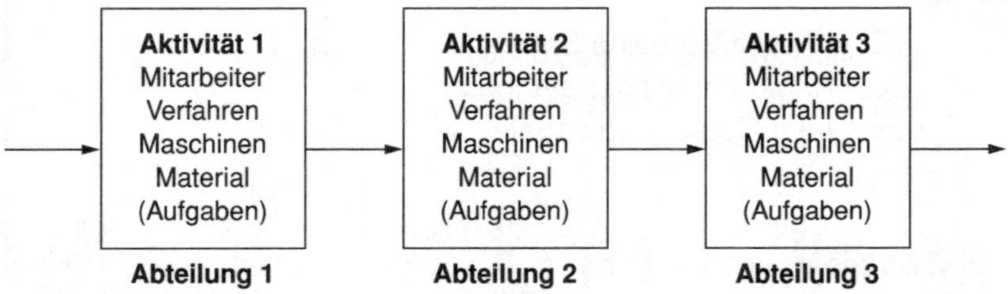

Abbildung 21: Definition eines Prozesses

In einem Unternehmen können gleichzeitig 30 oder 40 Prozesse ablaufen, die gewöhnlich von verschiedenen Abteilungen und Mitarbeitern ausgeführt werden.

Die Beziehung zwischen Arbeit und Organisationsstruktur

Bei fast allen Unternehmen umfasst die Organisationsstruktur drei Ebenen:

1. *Mitarbeiter, die ihre Arbeit verrichten.* Auf dieser Ebene werden Aufgaben und Aktivitäten ausgeführt. Hier gibt es oft nur wenig Verständnis für die im Unternehmen vorhandenen Prozesse und den Bezug, den die Aktivitäten der einzelnen Mitarbeiter hierzu haben.
2. *Das mittlere Management.* Manager der mittleren Führungsebene betrachten die Arbeit typischerweise aus der Perspektive von Aktivitäten und Subprozessen. Manager der mittleren Führungsebene müssen Aufgaben, Aktivitäten und Prozesse verstehen, weil sie für die Abstimmung der Sichtweise auf der höheren Prozessebene mit dem Wissen auf der Ebene der Aufgaben und Aktivitäten verantwortlich sind.

3. *Das höhere Management.* Führungskräfte des höheren Managements betrachten die Arbeit auf dem Prozessniveau und haben oft nur wenig oder überhaupt keine Kenntnisse der Aktivitäten oder Aufgaben.

Wenn das Unternehmen erfolgreich sein soll, dann müssen alle drei Ebenen zusammenarbeiten. Dies ist aber viel zu oft nicht der Fall, was zu unzufriedenen Kunden und Ineffizienz führt.

> **Kommunikationsprobleme können bei der Arbeit verheerende Konsequenzen haben.**

In einem leistungsfähigen Unternehmen kommunizieren alle drei Ebenen, indem sie die gleichen Begriffe verwenden und dieselben Verknüpfungen und Verbindungen zu den vorgegebenen Zielen bilden. Ist dies der Fall, dann besteht im Unternehmen ein Konsens über die zum Erreichen der Ziele angemessene Ressourcenzuweisung.

Abbildung 22: Getriebe-Chart

Ebene des höheren Managements (Prozessebene)

Das Top-Management hat Ziele, Orientierungen und Strategien zu formulieren – z.B. Erhöhung des Marktanteils, zunehmende Gewinne, weiterhin zufriedene Kunden – und anschließend zu entscheiden, welche Prozesse durchgeführt werden müssen und welche Ressourcen hierzu bereitzustellen sind. Das Top-Management muss den Blick für das Ganze, das vollständige Puzzlespiel haben.

Führungskräfte des höheren Managements wissen oft aber nicht, welche Arbeit auf niedrigeren Ebenen geleistet wird und wie ihre Entscheidungen die entsprechenden Mitarbeiter beeinflussen. Das Top-Management muss sicherstellen, dass Informationen und Wissen an die richtigen Mitarbeiter auf allen Ebenen des Unternehmens weitergegeben werden, so dass intelligentere Entscheidungen getroffen werden können. Mitarbeiter können dann insbesondere auch die Auswirkungen ihrer Entscheidungen berücksichtigen.

Ebene des mittleren Managements (Aktivitäten-/Subprozessebene)

Zwischen dem Top-Management und dem Personal sind die Manager der mittleren Führungsebene angesiedelt, die manchmal von allen die schwierigste Aufgabe haben. Das mittlere Management muss die Entscheidungen der obersten Führungsebene interpretieren, selbige in Aktivitäten und Aufgaben übersetzen, dies den Mitarbeitern kommunizieren und dann sicherstellen, dass alles umgesetzt wird.

Die Interpretation kann Fehler verursachen. In einem Unternehmen unterhielten sich der President und ein Vice President in der Cafeteria. Der President brachte seine Verwunderung über die in einigen Dienstleistungsverträgen angesetzten Wartungskosten zum Ausdruck. Nachdem der Vice President in sein Büro zurückgekehrt war, gab er eine umfassende Analyse der Wartungskosten der gesamten Produktlinie des Unternehmens in Auftrag. Als der President den Bericht erhielt, fragte er den Vice President, was das alles soll. Der Vice President antwortete, dass er die Analyse wegen des Gesprächs in der Cafeteria in Auftrag gegeben hatte. Hierauf entgegnete der überraschte President, das Gespräch in der Cafeteria sei belanglos gewesen. Er hätte nicht damit gerechnet, dass er einen Bericht erhält, der zwei Wochen Arbeit in Anspruch nimmt.

Ebene der Mitarbeiter (Aufgaben-/Aktivitätenebene)

Auf der Aufgaben- und Aktivitätenebene wissen die Mitarbeiter oft nicht, wie ihre Arbeit in den Prozess integriert ist. Sie wissen nicht, welchen Bezug ihre Arbeit zum nächsten Mitarbeiter in der Kette hat. Sie wissen nicht genau, welche Konsequenzen sich ergeben, wenn ihre Arbeit Fehler enthält, nicht rechtzeitig fertig oder überhaupt nicht abgeschlossen wird. Sie wissen auch nicht, welches die Ziele und Strategien des Unternehmens sind – sie kennen nicht das zusammengesetzte Puzzlespiel, wissen nicht, wie das große Bild aussehen soll. Dies liegt nicht am mangelnden Interesse der Mitarbeiter. Meistens haben sie einfach nicht die Zeit, weil sie mit ihren Aufgaben zu beschäftigt sind, um Fragen über Dinge zu stellen, die für ihre Arbeit scheinbar nicht relevant sind. Solange kein entsprechendes Ausbildungsprogramm eingeführt wird, kann dieses Wissen manchmal nur durch langjährige Betriebszugehörigkeit erlangt werden.

Unternehmen, die ein Downsizing durchführen, verlieren oft die Erfahrung ihrer älteren Mitarbeiter. Neue Arbeitnehmer müssen viel Zeit aufwenden, um ihre Teile des Puzzlespiels so gut kennen zu lernen, dass sie ihren Beitrag zum Prozess richtig einschätzen können. Dies führt oft zu unangenehmen Rückschlägen, höheren Stückkosten und einer niedrigeren Servicequalität als bei einem Unternehmen, in dem die Mitarbeiter ein gutes Verständnis der Beziehung zwischen den Aufgaben, Aktivitäten und Prozessen haben.

Ein Unternehmen erlitt einen schmerzhaften Rückschlag, weil ein neuer Mitarbeiter nicht die Bedeutung eines Blatt Papiers erkannte, das er in der Hand hielt. Der Mitarbeiter nahm den Computerausdruck, legte ihn auf einen Berg mit Papieren und machte dann Feierabend. Der Ausdruck war der Quartalsbericht über die Ertragslage des Unternehmens, den der President am nächsten Morgen auf seinem Schreibtisch erwartete. Weil der Bericht nicht rechtzeitig eintraf, war der President in Verlegenheit und nicht in der Lage, einer Gruppe von Wall-Street-Analysten die aktuellste Gewinnschätzung zu präsentieren. Dies zeigt, dass ein Mangel an Kommunikation vieles bedeuten kann – von einem belanglosen Ärgernis (im Fall der unerwünschten Wartungskostenanalyse) bis hin zum totalen Desaster (Versagen bei der Übermittlung von finanziellen Ergebnissen an den President).

> Der Prozessinnovationen-durch-Teams-Workshop trägt dazu bei, die Kommunikationslücke zu schließen.

Der PITT-Workshop hilft Unternehmen beim Schließen der Kommunikationslücke. Im PITT-Workshop lernen die Mitarbeiter, wie sie ihre Arbeitsaufgaben verständlich erläutern können. Der Workshop trägt auch dazu bei, dass die Mitarbeiter in der Lage sind, die bei ihren Tätigkeiten auftretenden Probleme zu definieren. Auf diesem Weg können sie den Gesamtzusammenhang erkennen (siehe Abbildung 23).

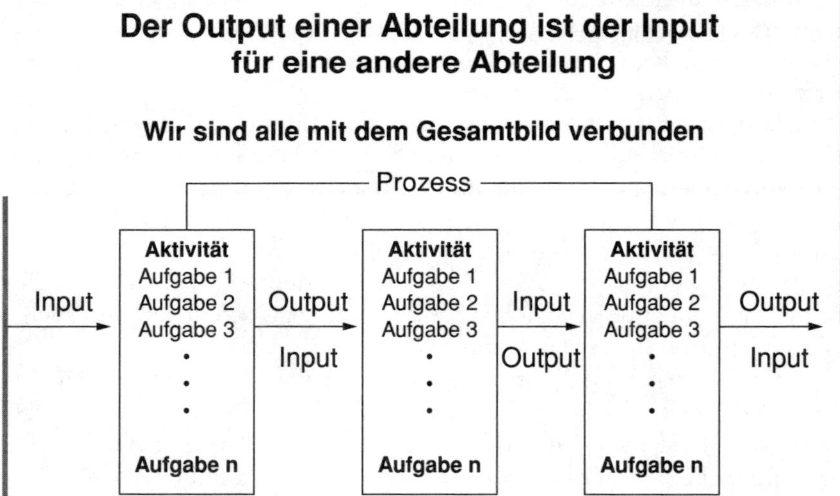

Abbildung 23: Das Gesamtbild

Das PITT-Programm nutzt die weiter oben in diesem Buch besprochenen Intelligenzprinzipien sowie die Tatsache, dass das menschliche Gehirn gern in Bildern und bildhaften Vorstellungen denkt, was in Kapitel 4 diskutiert wurde. Nach dieser Theorie sollte ein Mitarbeiter, wenn er mit jemandem redet, der seine Aufgabe oder täglichen Aktivitäten nicht kennt, Worte verwenden, die in der Vorstellung des Zuhörers ein Bild von den betreffenden Aufgaben erzeugen. Der Mitarbeiter sollte ein Verb in Verbindung mit einem Substantiv benutzen und die Beschreibung spezifisch und nachvollziehbar machen (siehe „Aktivitäten“, Seite 237).

Brain Smart!

Ein kreativer Prozess beinhaltet gewöhnlich:

- Das Anfertigen einer Gedächtniskarte zur Definition des Problems und des Ziels (siehe Kapitel 4).
- Das Erzeugen von Vorstellungen oder Ideen über die Ursachen des Problems und wie es zu lösen ist, woran sich alle relevanten Mitarbeiter beteiligen (siehe Kapitel 3 und 4).
- Den Austausch dieser Ansichten (siehe Kapitel 10).
- Das gemeinsame Entwickeln von Lösungen im Team (siehe Kapitel 4).
- Die Bewertung der Lösungen.
- Das Planen von konkreten Maßnahmen.
- Das Bewerten des Ablaufs (siehe Kapitel 6, Anwendung von TEFCAS).

Die Fähigkeit der Mitarbeiter, ihre Arbeitsaktivitäten mit einer bildhaften Sprache darzustellen, eröffnet die Möglichkeit zum Einführen eines Prüfungsprozesses. Dieser Prüfungsprozess kann dazu beitragen, dass das Unternehmen in der Lage ist, seine Arbeitsaktivitäten zu verstehen und zu messen. Hierdurch bilden sich neue Verknüpfungen und Assoziationen, die zu kreativen Lösungen für Probleme bei den Unternehmensprozessen führen. Wie nutzen wir diese Denkweise zum Behandeln von organisatorischen Fragen und wie verbinden und bringen wir die vielfältigen Ansichten in einem Team zusammen?

Die Durchführung einer Aktivitätenanalyse

Schritt 1: Erstellen Sie eine Aktivitätenliste

Der erste Schritt beim Durchführen einer Aktivitätenanalyse besteht darin, dass Sie alle Arbeitsaktivitäten auflisten, die Sie bei Ihrer Tätigkeit durchführen. Die Beschreibung der Aktivitäten sollte so detailliert wie möglich sein und ein Substantiv in Verbindung mit einem Verb beinhalten. Eine gut beschriebene Aktivität ermöglicht einem hiermit nicht vertrauten Zuhörer, sich von der verrichteten Arbeit eine bildhafte Vorstellung zu machen.

Nach dem Erstellen der Aktivitätenliste besteht der nächste Schritt im Bewerten der einzelnen Aktivitäten:

1. Schätzen Sie das Verbesserungspotenzial ein, das sich insbesondere durch das Streichen von Aktivitäten ergeben kann, die zu Fehlern oder Mehrarbeit führen.
2. Schätzen Sie den zum Erreichen der Verbesserung notwendigen Aufwand ein: Hoch, Mittel oder Niedrig. „Hoch“ könnte z.B. bedeuten, dass sechs Mitarbeiter sechs Monate Vollzeit arbeiten müssen, „Mittel“, dass drei Mitarbeiter drei Monate Teilzeit arbeiten müssen und „Niedrig“, dass zwei Mitarbeiter zwei Monate lang zwei Stunden pro Woche aufwenden müssen.
3. Stellen Sie fest, wer der Veränderung von bestimmten Aktivitäten oder Aufgaben zustimmen muss.
4. Schätzen Sie die Zeit, die verstreichen wird, bis Maßnahmen zu spürbaren Verbesserungen führen.

Brain Smart!

Tipps zum Anfertigen von Aktivitätenlisten:

- Die Aktivitätenliste sollte das beschreiben, was zurzeit gemacht wird und nicht das, was im Idealfall zu tun ist.
- Wenn Sie auf Ihrer Liste Prioritäten setzen, um Veränderungen oder Verbesserungen zu erreichen, dann sollten Sie sicherstellen, dass die Verbesserungsmöglichkeiten für jede dieser Aktivitäten klar artikuliert werden können.

Schritt 2: Aufgabenanalyse

Der nächste Schritt der Aktivitätenanalyse besteht darin, dass eine Aktivität für die Aufgabenanalyse ausgewählt wird. Eine hierzu ideale Aktivität weist ein großes Verbesserungspotenzial auf, erfordert nur wenig Zeit zum Erreichen von Verbesserungen, weist eine für Veränderungen aufgeschlossene Entscheidungsinstanz auf und erfordert nur wenig Zeit, bis die Vorteile von Verbesserungen realisiert werden.

Das konsequente Ausführen einer Aufgabenanalyse der gegenwärtigen Arbeitsprozesse ermöglicht Ihnen, die Arbeit so zu sehen, wie sie zurzeit tatsächlich ausgeführt wird. Hiervon ausgehend kann Ihr Gehirn dann dazu übergehen, die Reihenfolge und Anordnung der ausgeführten Arbeitschritte zu hinterfragen. Ihr Gehirn kann unter Umständen weiße Flecken erzeugen, die es dazu bringen, eine neue Abfolge der Arbeitsschritte zu entwickeln.

Eine detaillierte Aufgabenanalyse trägt dazu bei, dass Mitarbeiter nicht wie Automaten funktionieren, die Tätigkeiten auswendig verrichten, weil sie dies schon immer so gemacht haben.

Schritt 2.1: Einteilen von Aufgaben und Prioritäten setzen

Nachdem die im Rahmen einer Aktivität durchgeführten Aufgaben komplett aufgelistet sind, besteht der nächste Schritt im Setzen von Prioritäten unter Berücksichtigung von Bedeutung, Aufwand und Inhalt der Aufgaben. Zum Bewerten der Inhalte von Aufgaben (warum sie ausgeführt werden) unterscheiden wir vier Kategorien:

Brain Smart!

Tipps zur Aufgabenbeschreibung:

- Die detaillierte Liste sollte so aufgestellt werden, dass die Reihenfolge der zurzeit ausgeführten Arbeitsschritte berücksichtigt wird.
- Stellen Sie sicher, dass alle Maßnahmen zur Überarbeitung und Korrektur erfasst werden.

- Erforderlich
- Fehlerbeseitigung
- Bewertung
- Vorbeugend

Erforderliche Aufgaben sind unverzichtbar. Selbst wenn wir in einer perfekten Welt ohne Fehler leben würden, blieben diese Aufgaben notwendig, um Input in einen Output zu transformieren. Ein Beispiel wäre die Übersendung von Unterlagen an eine Regierungsbehörde, um bestimmten Vorschriften zu entsprechen.

Fehlerbeseitigungsaufgaben werden verrichtet, wenn etwas schief gegangen ist, weil jemand einen Fehler gemacht hat, der korrigiert werden muss. Angesichts der starken Zwänge zur Kostensenkung bietet sich hier die Möglichkeit zum Reduzieren von Aufwand bei gleichzeitiger Erhöhung der Effizienz. Erfahrungen mit dem PITT-Programm haben gezeigt, dass auf der Ebene der Mitarbeiter 25 bis 30 Prozent der Arbeitszeit für Tätigkeiten verwendet werden, die mit dem Anpassen, Korrigieren, Überarbeiten oder Vernichten von bereits geleisteter Arbeit zu tun haben. Die häufigste Ursache für eine Fehlerbeseitigungsaufgabe ist eine unklare oder falsche Definition des Kundenbedürfnisses. Wenn Ihr Informationslieferant nicht weiß, welches das für Sie günstigste Dateiformat ist, dann könnten Sie Inputs erhalten, die von Ihnen viel zusätzliche Arbeit erfordern. Wenn Sie nicht genau wissen, was *Ihr* Kunde benötigt, dann könnten Sie unbeabsichtigt Output liefern, der

Brain Smart!

Mehr als ein Viertel der von Mitarbeitern verrichteten Arbeit beinhaltet das Beheben von Fehlern. Eine Reduktion dieser verschwendeten Mühe kann einem Unternehmen offenbar große Vorteile bringen. Wenn sich die von einem Downsizing bedrohten Unternehmen auf die 25 bis 30 Prozent der für das Korrigieren von Fehlern verschwendeten Arbeitszeit konzentrieren würden und nicht auf willkürliche Personalkürzungen, dann könnten sie sehr große Verbesserungen beim Kundenservice erreichen. Eine eindeutige Win-Win-Situation.

überarbeitet oder vernichtet werden muss. Ein Beispiel wäre ein neues Verfahren, das eingeführt wird, ohne genau zu verstehen, welches die Bedürfnisse der Mitarbeiter sind, die es anzuwenden haben.

*Bewertungs*aufgaben sind zu verrichten, wenn vermutet wird, dass Fehler unterlaufen sind oder der Output nicht zuverlässig genug ist, um ohne vorherige Prüfung versendet zu werden. Eine Bewertungsaufgabe beinhaltet das Inspizieren oder Prüfen von Output, um das Gute vom Schlechten zu trennen. Wenn wir z.B. einen Brief schreiben, muss ihn jemand Korrektur lesen, bevor wir ihn absenden. Oder jemand erstellt einen Finanzbericht, der vor seiner Verbreitung mit dem internen Rechnungswesen abgeglichen werden muss. Im Durchschnitt hängen fünf bis zehn Prozent der Kosten eines Unternehmens mit Bewertungsaufgaben zusammen.

Vorbeugende Maßnahmen sind bereits im Vorfeld ergriffene Maßnahmen, die schon vor der Erzeugung von Output bewusst darauf abzielen, einen Fehler zu vermeiden oder zu verhindern. Es liegt auf der Hand, dass die Zuweisung von Ressourcen für präventive Aufgaben effizienter und kostengünstiger sein wird als die nachträgliche Fehlerkorrektur (siehe Abbildung 24). Es reicht nicht, nur Fehler zu finden und zu korrigieren. Wichtiger ist die Suche nach den Ursachen der Fehler, um Veränderun-

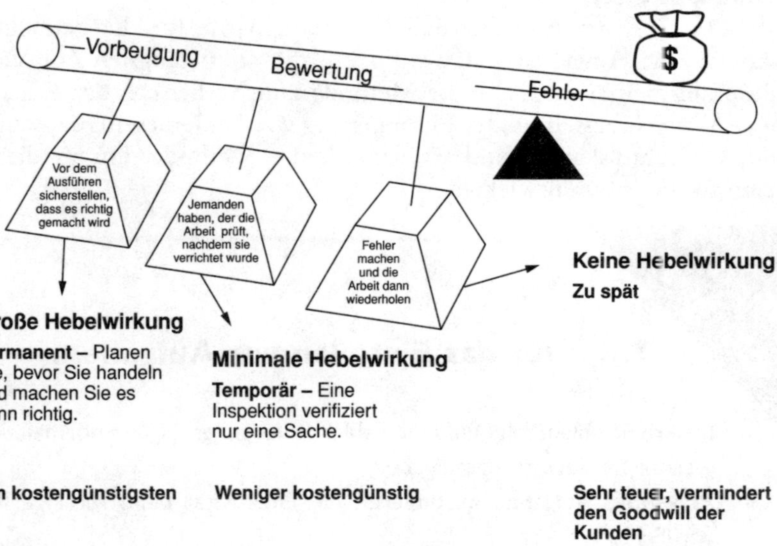

Abbildung 24: Vergleich der Hebelwirkung von drei Arten von Aufgaben

gen bei unseren Aufgaben und Aktivitäten durchzuführen, die das Auftreten von ähnlichen Fehlern in Zukunft verhindern.

Unsere Erfahrung deutet leider darauf hin, dass sehr oft *keine* Zeit mit präventiven Aufgaben verbracht wird – wir sind zu beschäftigt, um uns mit den Problemen von Gestern auseinanderzusetzen. Wie wir in Kapitel 3 gelernt haben, verfügt unser Gehirn über eine unbegrenzte Kapazität zum Erzeugen von neuen Ideen. Wir müssen lernen, diese Fähigkeit auf die Suche nach Wegen zur Problemvermeidung auszurichten und nicht so viel Mühe zum Finden von Möglichkeiten zur Fehlerkorrektur aufwenden, nachdem die Fehler bereits aufgetreten sind.

Dies bedeutet nicht, dass das Investieren von Zeit für präventive Aufgaben leicht sein wird. Sie werden Ihre Arbeitsbelastung in Wirklichkeit vorübergehend *erhöhen*, weil Sie zur gleichen Zeit Fehler korrigieren und zusätzliche Schritte unternehmen, damit die Fehler nicht wieder auftreten. Wegen der erhöhten Arbeitsbelastung besteht die natürliche Tendenz im Konzentrieren auf das Beseitigen von Fehlern bei Vernachlässigung von präventiven Maßnahmen. Wenn präventive Maßnahmen keine sofortigen Verbesserungen bewirken, dann geben Mitarbeiter oft auf, bevor die Ursachen der Fehler beseitigt sind und leben mit den Problemen weiter. Für den langfristigen Erfolg ist es daher von entscheidender Bedeutung, wie Mitarbeiter auf ihrer Aktivitätenliste die Prioritäten setzen.

Das Ziel der Aufgabenanalyse besteht darin, für die betrachtete Aktivität die Aufgaben herauszufinden, die am wenigsten zur Wertschöpfung beitragen. Die beste Methode zum Verbessern der Effizienz einer Aktivität besteht in der Eliminierung von Fehlerbeseitigungsaufgaben. Gedächtniskarten sind eine exzellente Methode, um in diesem Stadium Ideen zu entwickeln.

Brain Smart!

Tipps für das Einteilen von Aufgaben:

- Im Arbeitsablauf folgt auf eine Fehlerbeseitigungsaufgabe normalerweise eine Bewertungsaufgabe.
- Präventive Aufgaben maximieren die Effektivität beim Verringern von Fehlern.

Schritt 3: Treffen mit Kunden und Lieferanten

Der nächste Schritt der Aktivitätenanalyse besteht im Einholen von Feedback zu Ihrer Aktivitäten- und Aufgabenliste (das „F" in TEFCAS – siehe Kapitel 6). Das Feedback kann von einem Manager oder Aufseher gegeben werden, von einem Mitarbeiter mit ähnlichen Aufgaben, dem vorherigen Mitarbeiter in der Kette (dem Lieferanten) oder dem Mitarbeiter, der den Output erhält (dem Kunden). Feedback kann auch auf einem Treffen eingeholt werden, bei dem mehrere Mitarbeiter Ideen austauschen. Sie müssen entscheiden, was Sie mit dem Feedback messen wollen, so dass Sie die angemessenen Quellen auswählen und entsprechend handeln (siehe Abbildung 25).

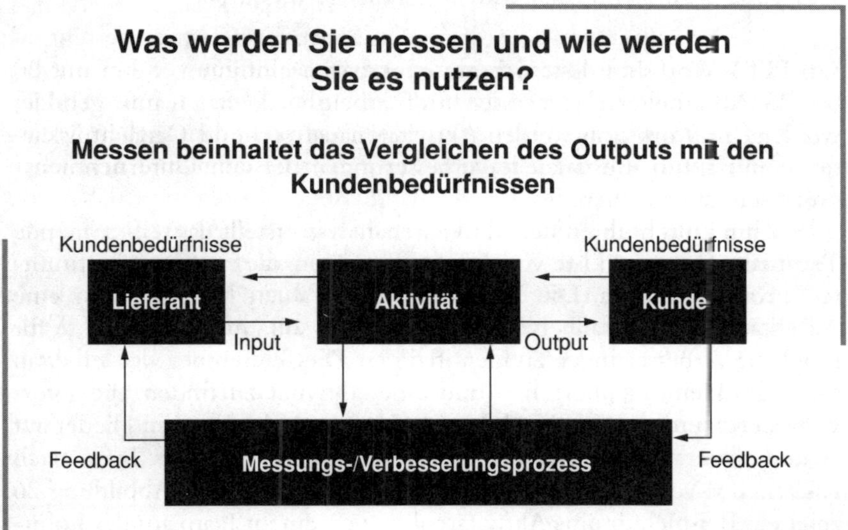

Abbildung 25: Input-/Output-Feedback-Chart

Das Feedback wird eine Reihe von mit dem Prozess verbundenen Faktoren berücksichtigen, u.a. die Kosten des Unternehmens beim Umsetzen der Lösung, die zum Verbessern notwendige Zeitspanne und welche Mitarbeiter oder Vorgesetzte Veränderungen zustimmen müssen. Der beste Ansatz zum Eliminieren von Fehlerbeseitigungsaufgaben besteht darin, dass Sie sich mit Ihren Kunden und Lieferanten treffen und gemeinsam die entsprechenden Anforderungen oder Bedürfnisse definieren.

Brain Smart!

Tipp für den Kunden und den Lieferanten:

- Wenn Sie mit Ihren Kunden über seine Anforderungen oder Bedürfnisse reden, dann sollten Sie offen sein – dies kann zu Produktinnovationen führen.

Der Prozessinnovationen-durch-Teams-Workshop

Ein PITT-Workshop lässt sich am effektivsten einführen, wenn mit 20 bis 25 Mitarbeitern vier oder fünf arbeitsbezogene Teams gebildet werden. Im Workshop werden Aktivitätenanalysen und Gedächtniskarten genutzt, um substanzielle Verbesserungen bei den Unternehmensprozessen zu erreichen.

Zum Durchführen der Aktivitätenanalyse erstellt das teilnehmende Team zunächst eine Liste von Arbeitsaktivitäten, die zu einem bestimmten Prozess gehören. Die Teammitglieder wählen hiervon dann eine Aktivität aus, die detailliert analysiert werden soll, um Ansatzpunkte für mögliche Verbesserungen zu identifizieren. Die Teilnehmer werden dann ermutigt, klein anzufangen – und eine Aktivität zu finden, die sofort verbessert werden kann. Nachdem das Vertrauen der Teammitglieder auf Grund ihres anfänglichen Erfolges gestiegen ist, kann das Team nach zusätzlichen Verbesserungsmöglichkeiten Ausschau halten. Abbildung 26 zeigt ein Beispiel für eine Aktivitätenliste von einem Team aus der Lohn- und Gehaltsabrechnung bei IBM.

Probleme auf der Aufgabenebene werden zu oft verschärft, weil es nicht gelingt oder unterlassen wird, sie in allgemeinere Fragen des Prozessmanagements zu übersetzen. Dies führt letztlich zu Kommunikationsdefiziten, einer schlechten Arbeitsmoral, Ineffizienz und zusätzlichen Prozesskosten auf Grund von unnötigen Aufwendungen. Um Teams beim Überwinden des Kommunikationsdefizits zu helfen, demonstrieren PITT-Workshops, wie Gedächtniskarten zum Organisieren von Denk- und Problemlösungsprozessen genutzt werden können und wie sich die Kommunikation im Brain-Blooming-Prozess verbessern lässt.

Jedes Team muss sich auf ein zu lösendes Schlüsselproblem einigen. Dies spiegelt sich im zentralen Bild einer Gedächtniskarte wieder. Im Brain-Blooming-Prozess entwickelt jedes Teammitglied zunächst sein individuelles zentrales Bild des zu lösenden Problems. Dann entwickelt das Team aus den individuellen Bildern ein zentrales Bild der Team-Gedächtniskarte. Wenn sich ein Team nicht auf ein zentrales Bild einigen kann, dann ist dies ein Warnsignal, das darauf hindeutet, dass das Team nicht erfolgreich sein wird. Es ist aber sehr aufschlussreich, die verschiedenen Perspektiven zu vergleichen, die zu Tage gefördert werden, wenn Teammitglieder ihre Zeichnungen vergleichen.

Die Kommunikation, die beim Entwickeln des zentralen Bildes der Gedächtniskarte stattfindet, ist kraftvoll und für das Entwickeln von kreativen Lösungen unverzichtbar. Der gemeinsame Bezugspunkt dient auch zum Aufbau des für die Umsetzung der kreativen Lösungen notwendigen Gruppenkonsenses.

Aktivitätenliste

✔ Substantiv
✔ Verb
✔ spezifisch
✔ beobachtbar

Teil von welchem Prozess? Lohn- und Gehaltsabrechnung

Allgemeine Beschreibung Ihrer Arbeit in Ihrer Abteilung oder in Ihrem Prozess (Angabe aller oder zumindest der Hauptaktivitäten)	J/N	H/M/N	☺ 😐 ☹	1 Monat 3 Monate 1 Jahr?
Analyse von Problemen bei Zahlungen an Mitarbeiter	J	M	☺	3 Monate
Umgang mit Ärger und Unzufriedenheit der Prozesskunden	J	M	☺	3 Monate
Umgang mit Prozesskunden bei Fragen der Lohn- und Gehaltsabrechnung	J	M	☺	3 Monate
Ausstellen von Gehaltsschecks	J	M	☺	1 Monat
Prüfen und Unterzeichnen von Gehaltsschecks	J	M	☺	3 Monate
Controlling der Einlösung von Gehaltsschecks	J	M	☺	1 Monat

J/N – Gibt es eine Möglichkeit zum Verbessern oder Eliminieren einer Fehlerbeseitigungsaufgabe?
H/M/N? – Wie groß ist der zur Beseitigung des Fehlers notwendige Aufwand?
☺😐☹ – Sieht die Instanz, die der Veränderung zustimmen muss, das Vorhaben positiv, neutral oder negativ?
1 Monat (usw.) – Wie lange wird es dauern, bis sich Erfolge einstellen?

Abbildung 26: Beispiel einer Aktivitätenliste

In Abbildung 27 sind für jedes Element der Prozessdefinition – Mitarbeiter, Verfahren, Ausrüstung und Material – vom zentralen Bild ausgehende Hauptäste gezeichnet worden. Die Äste wurden nicht nacheinander eingefügt, sondern zufällig – in Abhängigkeit von den Ideen, die Teammitgliedern bei der Suche nach den Ursachen des Problems kamen.

Durch das Anfertigen einer Gedächtniskarte erhält das Team eine klare Vorstellung der verfolgten Ziele. Weil die Gedächtniskarte ein Gesamtbild des Problems zeigt, werden die Teammitglieder gezwungen, das gesamte Problem – und nicht nur Teilaspekte – zu betrachten. Nachdem sich das Team auf ein zentrales Bild geeinigt hat, tragen die verschiedenen Äste dazu bei, dass die Teammitglieder ihre Gedanken logisch strukturieren und die Interdependenz sämtlicher Elemente erkennen.

Beim Entwickeln des zentralen Bildes kann das Team lernen, wie die einzelnen Mitglieder ein Problem in einer jeweils einzigartigen individuellen Weise sehen und wie sich jeder dieser Standpunkte in das Ganze integrieren lässt. Die durch die Gedächtniskarte erhaltenen Einsichten können dazu beitragen, dass Teammitglieder die gewöhnlich zwischen dem Personal und Führungskräften bestehenden Kommunikationsdefizite überwinden. Die Bilder und Äste machen es für jeden selbst dann leicht, das gesamte Problem zu verstehen und Unterstützung zu geben, wenn er nicht mit den einzelnen Details der täglichen Routineaufgaben vertraut ist.

Betrachten wir als Beispiel einen PITT-Workshop bei IBM, der Gedächtniskarten und Aktivitätenanalysen mit Erfolg nutzte, um Synergieeffekte im Team zu erzeugen. Beachten Sie das zentrale Bild „Eine große Menge US-$“ in Abbildung 27. Das Bild spiegelt die Meinungsverschiedenheiten wider, die im Team bestanden, als es darum ging, die vom Unternehmen zum Bearbeiten von Gehaltsschecks benötigten Ressourcen zu bewerten. Die Aktivitätenanalyse hatte dem Team gezeigt, dass täglich 90 Minuten damit verbracht wurden, um Schecks zusätzlich zu bearbeiten. Kosten zum Korrigieren eines Schecks in Höhe von 50 US-$, multipliziert mit den 20 pro Monat zusätzlich zu bearbeitenden Schecks, ergeben Fehlerbeseitigungskosten in Höhe von 1 000 US-$ pro Monat.

Die vom Team entwickelte Gedächtniskarte zeigte den Teammitgliedern in einer Phase des Workshops, dass sich 30 Minuten pro Tag einsparen ließen, indem einfach die *Reihenfolge* der mit einer Aktivität verbundenen Aufgaben geändert wurde. Das Team setzte dies um und informierte die zuständigen Manager über die Änderung der Verfahrensweise. Die Anzahl der nachzubearbeitenden Gehaltsschecks wurde sofort um 90 Prozent gesenkt, und das Team sparte pro Monat 30 Arbeitsstunden ein und 1 000 US-$.

Kreative Ideen zum Verbessern von Prozessen kommen in kleinen Schritten.

Es ist weise, daran zu denken, dass wichtige Forschritte normalerweise nicht durch große unerwartete Sprünge erzielt werden, sondern von der Eindeutigkeit der Zieldefinition abhängen und davon, wie viel Zeit für das Entwickeln von kreativen Ideen aufgewendet wird.

Um die Kreativität des Teams zu maximieren, sollten Sie daher nicht die Zeit für das Anfertigen von Gedächtniskarten beschneiden – weder für die einzelnen Teilnehmer noch für die Gruppe als Ganzem. Die häufigste Ursache für Fehlschläge beim Entwickeln von kreativen Ideen besteht darin, dass die Gruppe zu schnell von der Entwicklung zur Bewertung von Ideen übergeht. Dies mag offensichtlich sein – passiert aber immer wieder. Wenn alle zum ersten Mal glauben, das Entwickeln von neuen Ideen sei abgeschlossen, dann sollte auf jeden Fall noch zusätzliche Zeit und Anstrengung aufgewendet werden. Hierdurch erhöht sich die Wahrscheinlichkeit, dass eine von Außen kommende Anregung eine Einsicht hervorruft – ein „Aha!".

Kreatives Denken ist ein repetitiver Prozess. Der beste Weg zum Verbessern der Kreativität besteht darin, dass für jede der erzeugten Ideen die Anzahl der kleinen Verbesserungen erhöht wird. Dies führt zu Ideen, die Schritt für Schritt innovativer werden.

Zu Beginn eines Anlaufs zum Entwickeln von Lösungen muss das Team *beschließen*, kreativ zu sein. Einige Mitarbeiter könnten mit diesem Konzept Probleme haben, weil sie nicht verstehen, wie man „beschließen" kann, kreativ zu sein. Zu viele Mitarbeiter denken, dass sie entweder kreativ sind – oder nicht. Kreativität ist aber eine Frage des Willens. Wenn Sie beschließen, kreativ zu sein, dann werden Sie – vielleicht zu Ihrer Überraschung – entdecken, dass Ihre Kreativität zunimmt. Warum ist dies richtig? Viele Leute werden weniger kreativ, wenn sie erfolgreicher werden, weil sie abgeneigt sind, den Status quo zu hinterfragen, der sich in der Vergangenheit bewährt hat. Die Energie dieser Leute wird darauf ausgerichtet, nichts zu verlieren anstatt neue Ideen zu kreieren. Anstatt am Entwickeln von neuen Verknüpfungen und Assoziationen zu arbeiten, verwenden sie ihre Zeit mit dem Kritisieren von anderen Ideen oder erläutern, warum „das einfach nicht funktioniert."

Erfahrung und Gedächtnis spielen im kreativen Prozess eine entscheidende Rolle. Beides sind die Ansatzpunkte, mit denen neue

Abb. 27: Gehaltsscheck-Gedächtniskarte

Ideen verknüpft, assoziiert und verbunden werden. In einer Gruppe kann die kombinierte Erfahrung aller anwesenden Einzelpersonen die Anzahl der erzeugten kreativen Ideen exponentiell erhöhen, was in Kapitel 7 diskutiert wurde. Im Idealfall wird eine Gruppe aus „Linke-Kortex"-Leuten bestehen – mit starken analytischen, logischen und verbalen Fertigkeiten – und auch aus „Rechte-Kortex"-Leuten – mit Vorstellungsvermögen, in der Lage, das Gesamtbild zu sehen und mit guten Fertigkeiten zum Visualisieren.

Dies wurde von Sandy Hahn bei IBM (siehe Kapitel 7) berücksichtigt, als sie ein Team zusammenstellte, das den Prozess der internationalen Steuerabstimmung vereinfachen und zusätzlich die Kundenzufriedenheit verbessern sollte. Hahn identifizierte für jedes Teammitglied seine stärksten geistigen Fähigkeiten und nutzte den unterschiedlichen Background der einzelnen Mitarbeiter, um Kreativität und Innovation zu erzeugen. Bei Abschluss des Projekts übertraf Hahns Team alle bestehenden Performanceziele und erreichte alle seine übrigen Ziele – ein Rückstand bei der Steuerabstimmung in Höhe von Null, 100-prozentige Erledigung und eine Kundenzufriedenheit von mehr als 90 Prozent.

Die große Vielfalt von persönlichen Erfahrungen und Einstellungen kann eine Synergie erzeugen, mit der die Gruppe zu einem Springbrunnen kreativer Ideen wird. Wird die Gruppe hingegen schlecht gemanagt, dann wird die Vielfalt trennend, so dass die Gruppe erörtert, wessen Standpunkt „richtig“ ist.

PITT-Erfolgsgeschichten

IBM war beim Nutzbarmachen der Energie und Kreativität von Teamarbeit extrem erfolgreich. Angewendet wurden Gedächtniskarten und andere auf den Fortschritten der Intelligenzforschung basierende Hilfsmittel.

Andy Guerrieri

Andy Guerrieri nutzte sein Verständnis von Prozessen, um ein beschwerliches Problem zu lösen, bei dem es um die Bezahlung von ausländischen Händlern ging.

IBM experimentierte Anfang der 90er Jahre beim Import von Komponenten, die IBM-Fabriken außerhalb der USA herstellten. Das Unternehmen hatte früher Exporteure im Land der jeweiligen IBM-Fabrik beauftragt und Importeure in den USA. 1994 beschloss das Unternehmen jedoch, die Importe in eigener Regie abzuwickeln.

Die Veränderung hatte unbeabsichtigte Konsequenzen. Nach einigen Monaten berieten die Abteilungen für Lieferantenbuchhaltung und Import, warum die ausländischen Exporteure nicht sofort bezahlt wurden. Wie Guerrieri entdeckte, trat das Problem auf, weil die Importabteilung anfangs nicht erkannt hatte, dass die ausländischen Exporteure ihre Rechnungen in ihrer Muttersprache schrieben und in ihrer Heimatwährung bezahlt werden wollten. Die Lieferantenbuchhaltung hatte kein Personal mit den zum Übersetzen der Rechnungen notwendigen Sprachkenntnissen und erkannte auch nicht die mit der Bezahlung in ausländischer Währung verbundenen Komplikationen.

Guerrieri traf sich mit Vertretern beider Abteilungen und analysierte den Prozess. Im ersten Schritt war zu definieren, was der Kunde wollte. Dies war einfach genug: Die Kunden – die ausländischen

Exporteure – wollten unverzüglich in ihrer Heimatwährung bezahlt werden. Guerrieri und das Prozessverbesserungsteam fragten sich: „Wo können wir die benötigten Sprachkenntnisse und die notwendigen Geldbeträge in ausländischer Währung am einfachsten erhalten?“ Die Antwort lautete: In den ausländischen IBM-Fabriken, wo die in die USA zu importierenden Komponenten hergestellt werden! Die Lösung war offensichtlich – die ausländischen Exporteure konnten ihre Rechnungen an die IBM-Fabriken in den jeweiligen Ländern schicken, und die Fabriken würden IBM auf Dollar lautende Rechnungen in die USA schicken. Problem gelöst.

Dies war aber nicht alles. Weil die ausländischen Exporteure jetzt so schnell bezahlt wurden, waren sie bereit, ihre Gebühren zu senken: „Eine schwierige Situation und ein komplizierter Prozess wurden durch das Konzentrieren auf die Kundenbedürfnisse und ihre optimale Befriedigung verbessert, modernisiert und effizienter gemacht“, sagt Guerrieri.

Suzie Lupo

Eine weitere verzwickte Situation bei IBM betraf fehlende Rechnungen. Die Lieferantenbuchhaltung wurde hierfür kritisiert und war entschlossen, ihre Unschuld zu beweisen. Es wurde ein Team gebildet, um das Problem zu untersuchen und zu lösen. Das Team entdeckte, dass die pro Monat eingehenden 200 000 oder mehr Rechnungen auf sieben verschiedenen Schreibtischen landeten. Jedes Teammitglied erhielt die Aufgabe, einen dieser Schreibtische zu untersuchen.

Teammitglieder entwarfen Kontrollbögen, um den Weg der Rechnungen nachvollziehen zu können und entdeckten, dass es für eine Rechnung mehrere Möglichkeiten gab, sich zu verlaufen. Suzie Lupo: „Leute senden z.B. Rechnungen, Durchschläge und Duplikate im selben Packet. Sie könnten uns sagen, sie hätten acht Rechnungen geschickt. Aber nur fünf der acht Rechnungen könnten relevant sein, weil der Rest aus Aufstellungen, Durchschlägen und Duplikaten von Rechnungen besteht, die wir bereits im System erfasst haben.“

Das Team traf sich, um seine Befunde zu diskutieren und arbeitete anschließend Lösungen aus. Entwickelt wurden neue Methoden zum Verfolgen von Rechnungen. Das Team entwarf Formbriefe, um Kunden gewöhnliche Fehler beim Fakturieren zu erläutern und nahm auch

Änderungen in der EDV vor, so dass Rechnungen nicht mehr doppelt im System erfasst werden konnten. Das Team entwickelte außerdem einen neuen Bericht, der doppelte Zahlungen erfasst, bevor sie ausgeführt werden, wodurch das Unternehmen pro Monat eine Million Dollar sparte. Der Teamansatz war beim Lösen von Prozessproblemen so erfolgreich, dass er auch in anderen Bereichen angewendet wird: „Wenn wir ein Problem lösen wollen, stellen wir ein Team zusammen", sagt Suzie Lupo. „Dies ist bei uns zum Lebensstil geworden."

Paul Casey

Auch Paul Casey von IBM versteht den Wert von Prozessinnovationen, Teams, Gedächtniskarten und insbesondere dem Studium von Aufgaben auf der allerniedrigsten Ebene, der Granulatebene. „Unter ‚Granulat' verstehe ich etwas, das auf der allerniedrigsten Ebene eines Prozesses angesiedelt ist. Beim Telefonieren lauten die Schritte z.B.: Erstens denken Sie ans Telefonieren. Dann suchen Sie die Telefonnummer. Anschließend drücken Sie die Tasten des Telefons mit dem Finger usw. Wir haben unsere Mitarbeiter trainiert, über ihre Arbeitsabläufe bis ins kleinste Detail nachzudenken."

Casey merkt in einem PITT-Workshop an, dass die Mitarbeiter gelernt haben, im Team zu arbeiten: „Wir erstellten Aktionspläne – spezifische Aktionspläne mit Namen, Daten, Schritten, Orten, welche wir nutzten, um uns zu orientieren. Wir registrierten sogar die hierdurch erzielten Einsparungen, die gewöhnlich in Stunden gemessen wurden. Wir erzielten große Einsparungen, weil wir die für bestimmte Prozesse erforderlichen Arbeitsstunden senkten. Sie können diese Stunden dann nehmen und nutzen für was Sie wollen – Abbau von Überstunden, Freisetzen von Mitarbeitern für andere Projekte, Mitarbeitern ermöglichen, andere Tätigkeiten aus ihrem Aufgabenbereich zu verrichten."

Casey berichtet, dass eine Veränderung 93 Stunden pro Monat eingespart hat: „Durch die Prozessarbeit brachten wir unsere Mitarbeiter dazu, auf der Granulatebene sehr konkret darüber nachzudenken, was sie machen – nicht Vermutungen darüber anzustellen, was sie zu tun glauben."

Caseys Worte sagen aber mehr als auf den ersten Blick deutlich wird. Sie spiegeln wider, was er durch das Anwenden von Intelligenzprinzipien und der im vorliegenden Buch erläuterten Techniken erreicht hat. Er hat seinen Mitarbeitern dabei geholfen, das enorme Potenzial ihrer Intelligenz zu nutzen, um effektiver zu werden und dazu beizutragen, dass ein effizientes, wettbewerbsfähiges Unternehmen geschaffen wird. Kurz: „Wir bringen unsere Mitarbeiter zum Denken. Was will ein Unternehmen, was will ein Manager mehr?"

Casey besuchte einen dreitägigen PITT-Workshop und arbeitete mit einer Gruppe aus dem Rechnungswesen des Unternehmens. Der Workshop veränderte seine Organisation.

Das Management wollte herausfinden, für was *tatsächlich* Ressourcen aufgewendet werden – und nicht das, für was das Management *glaubte*, dass Ressourcen hierfür aufgewendet werden. Diese Differenz zwischen Wahrnehmung und Realität wird als „Lücke" bezeichnet. Die Ergebnisse verdeutlichten den Bedarf für Prozessverbesserungen und legten neue Ansätze für die aus 500 Mitarbeitern bestehende Organisation nahe. Casey sagte: „Wir haben erlebt, dass allen Unternehmen mit Prozessanalyse geholfen werden kann. Die Prozessanalyse ist aber für alle Unternehmen besonders wichtig, in denen eine hohe Personalfluktuation besteht, ein Downsizing stattgefunden hat, die Unternehmensführung verändert wurde und Veränderungen im Bereich der Informationssysteme vorgenommen wurden, was damals alles bei IBM passierte. Das Management wollte die verbreitete Mode ‚Unternehmenswandel durch Fachbegriffe' vermeiden. Wir beschlossen stattdessen, den Mitarbeitern Fertigkeiten zu vermitteln, die sie sofort bei ihrer Arbeit zum Lösen der dort auftretenden Probleme nutzen konnten. Zwei Aspekte des Programms interessierten mich besonders: Erstens befähigt zu werden, Geldbeträge anzugeben, die durch Prozessverbesserungen eingespart werden. Der zweite Aspekt war das Erlernen eines mächtigen Hilfsmittels – Gedächtniskarten."

Im Rahmen des Workshops arbeiteten die Teilnehmer an aktuellen Problemen, mit denen sie bei ihrer täglichen Arbeit konfrontiert waren. Gedächtniskarten wurden verwendet, um das Herausfinden von Ursachen und möglichen Lösungen zu erleichtern. Der Workshop bestand aus fünf jeweils fünfköpfigen Teams. Einige Teams bestanden nur aus Mitarbeitern einer einzigen Abteilung. Andere Teams waren aus Mitarbeitern verschiedener Abteilungen zusammengesetzt.

Das Rechnungswesen war geografisch zersplittert. Bob Hughes, ein gleichrangiger Manager aus Endicott und Paul Casey spielten beim Training die Rolle von Fürsprechern, Administratoren und Lehrern. Das erste Problem von Caseys Team wurde von unvollständigen Datensätzen verursacht, die aus vielen verschiedenen Quellen an die Datenbank des

Zahlungssystems übermittelt wurden. Jeder Datensatz beinhaltete für einen bestimmten Geschäftsvorfall im Verkauf den Verkaufspreis und die Produktnummern. Oft fehlten bestimmte Angaben. Die fehlerhaften Datensätze wurden entweder von der Software zur automatischen Verarbeitung zurückgewiesen oder „suspendiert". Der jedem Händler zustehende Geldbetrag wurde genau berechnet. Es war aber sehr arbeitsaufwendig, die suspendierten Datensätze zu verbessern oder zu ergänzen, damit sich der korrekte Zahlbetrag ergab.

Das Team erstellte eine Gedächtniskarte und begann mit dem „Suspendierungsbericht" als dem zentralen Bild. Die Teammitglieder zeichneten Äste, die den Input der regionalen Teilbereiche von IBM, das Datenverarbeitungssystem, die für das Verarbeiten zuständigen Mitarbeiter und den Vertrag zwischen IBM und den Lieferanten der Software repräsentierten. Als die Gedächtniskarte vollständig war, lag auf der Hand, dass das Problem auf eine spezifische Ursache zurückgeführt werden konnte. Nachdem jetzt die entscheidende Ursache für das Problem bestimmt war, konnte eine Lösung entwickelt werden.

Die Lösung erforderte die Zusammenarbeit mit Programmierern, um ein Verfahren zu entwickeln, mit dem Daten aus der Problemquelle mit anderen Daten verglichen werden, die Informationen über den Zeitpunkt der Installation enthalten und das anschließend zu einer Änderung der fehlerhaften Daten führt. Das Ergebnis war unter dem Strich eine große Reduktion der vom Personal für den Vergleichsprozess aufgewendeten Arbeitszeit.

Die Gedächtniskarte ermöglichte allen, den Gesamtzusammenhang zu sehen. Als die verschiedenen Bestandteile des Prozesses zusammen betrachtet wurden, war die Fehlerursache für alle offensichtlich. Die Gedächtniskarte war in diesem Fall nicht komplex, ermöglichte dem Team aber trotzdem, das Problem sofort zu identifizieren. Zahlreiche andere Gedächtniskarten wurden später für andere Prozesse genutzt.

Der Workshop war dazu gedacht, den Mitarbeitern neue Hilfsmittel an die Hand zu geben, die Effizienz der Prozesse und die Taktzeit zu verbessern. Der Workshop sollte auch dazu beitragen, dass die Mitarbeiter lernen, als Team zu arbeiten. Mit dem Workshop wurde alles erreicht und sogar noch mehr. Die Anzahl der eingesparten Arbeitsstunden war messbar – und beeindruckend. Die Ressourcen konnten effizienter eingesetzt werden und die Überstunden wurden weniger.

Entsprechende Workshops fanden weiterhin statt, und das Programm wurde auf andere Bereiche des Unternehmens erweitert. Casey sagte: „Ich glaube an die Kraft von Teams, Gedächtniskarten und der

Aktivitätenanalyse, weil die Ergebnisse unwiderlegbar sind. Dies sind mächtige Hilfsmittel für Mitarbeiter am Arbeitsplatz, für die Karriere und sogar im Privatleben."

Schlussfolgerung und Aktivitäten

Der PITT-Workshop hilft ein in vielen Unternehmen verbreitetes Problem zu lösen: Derart starke Konzentration auf die Gesamtzusammenhänge, dass alle den Blick für Details verlieren – oder in Details gefangen bleiben, so dass der Gesamtzusammenhang nicht gesehen wird. Stellen Sie sich die Kraft vor, die von einem Unternehmen erzeugt wird, das die Einzigartigkeit seiner einzelnen Mitarbeiter anerkennt und in der Lage ist, seine Mitarbeiter mit der Präzision eines Laserstrahls auf gemeinsame Ziele auszurichten. Jedes Unternehmen ist trotz der einzelnen Kästchen im Organisationsplan in Wirklichkeit eine Kollektion von Individuen, die alle persönliche Stärken besitzen. Um sich im heutigen Geschäftsleben von der Konkurrenz abzusetzen, muss ein innovatives Unternehmen das kreative Potenzial sämtlicher Mitarbeiter nutzbar machen und auf die Ziele der Unternehmensleitung ausrichten.

Aktivitäten

1a Listen Sie sechs Aktivitäten auf, die Sie in Ihrem Beruf durchführen. Eine Aktivität muss mit einem Verb und einem Substantiv bezeichnet werden, so dass sich der Leser die von Ihnen durchgeführte Aktivität klar vorstellen kann. Eine Aktivität könnte z. B. lauten: „Ich verarbeite (Verb) einen Kundenauftrag (Substantiv) im Zeitplanungssystem."

1b Prüfen Sie, ob sich auf Ihrer Liste Aktivitäten befinden, die zu mindestens 50 Prozent mit der Bearbeitung von Fehlern oder Korrekturen zu tun haben.

2 Zeigen Sie anderen Leuten Ihre Aktivitätenliste und bitten Sie darum, dass die Leser die von Ihnen beschriebenen Aktivitäten mit eigenen Worten beschreiben.

3 Treffen Sie sich mit einem internen oder externen Kunden einer Aktivität und fragen Sie, wie der Output dieser Aktivität genutzt wird.

4 Wählen Sie eine der in Aufgabe 1a beschriebenen Aktivitäten aus. Entwickeln Sie eine Gedächtniskarte, aus der die Gründe für alle bestehenden oder denkbaren Fehlerbeseitigungsaufgaben hervorgehen.

5 Listen Sie alle Vorteile auf, die Sie erreicht haben, indem Sie die Übung bis zum jetzigen Stand durchgeführt haben

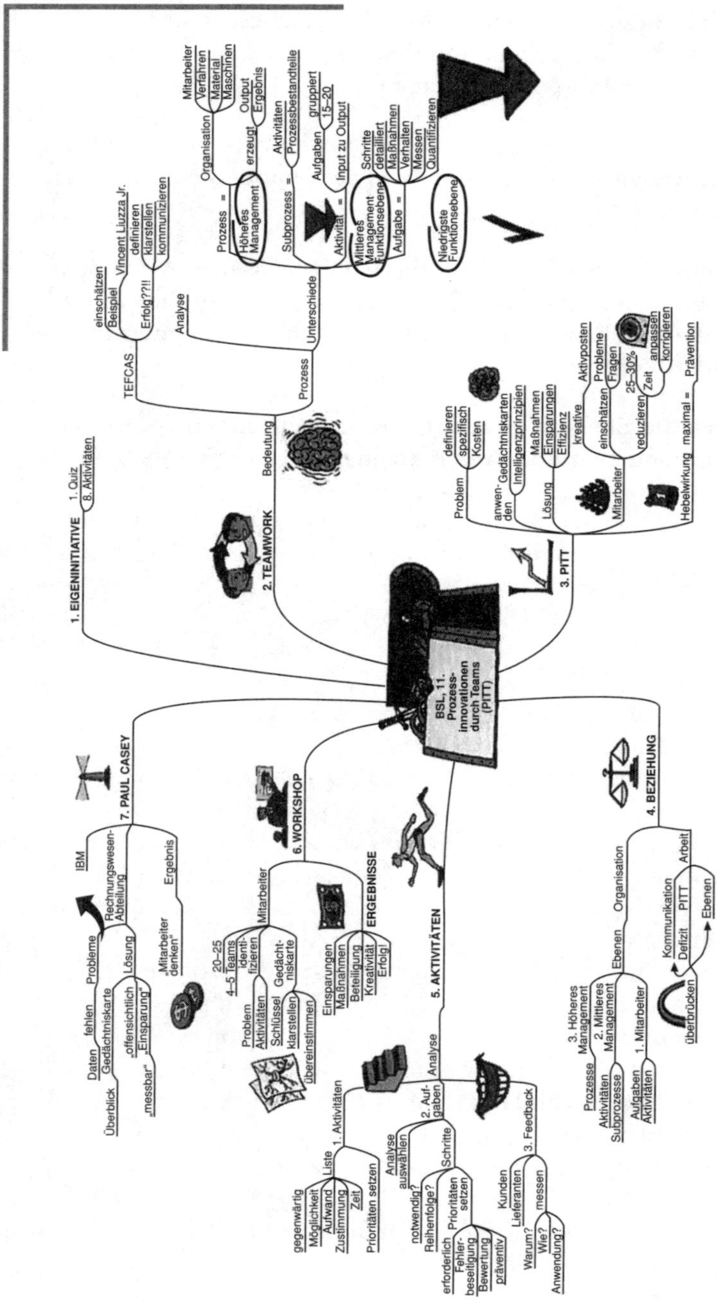

Abbildung 28: Gedächtniskarte zu „11. Prozessinnovationen durch Teams"

Epilog

Tony Angelos Erfolgsgeschichte

Tony Angelo ersetzte 1996 Rich Bannon (vorgestellt in Kapitel 1) und ist zurzeit Projektleiter für weltweite Mitarbeiterentlohnung bei IBM. Der Grundstein wurde schon gelegt, um die IBM-Organisation für weltweite Mitarbeiterentlohnung so gut wie nie zuvor zu machen. Angelo konnte sofort sehen, wie erfolgreich die PITT-Workshops beim Verbessern der Effizienz gewesen sind und wie hierdurch die Voraussetzungen geschaffen wurden, um permanente Innovation zum Normalfall zu machen.

Nach dem Antritt seiner neuen Stelle erkannte Angelo schnell, dass seine Organisation bereit war, die nächste Stufe zu erklimmen. Dank der von seinem Vorgänger geleisteten Arbeit waren alle sorgfältig geschaffenen Bausteine für eine Weltklasse-Organisation vorhanden. Angelo hatte jetzt die Aufgabe, mit den Bausteinen eine einheitliche Struktur zu schaffen.

Um diese Struktur zu schaffen, konzentrierte er sich darauf, kritische Schnittstellen von Arbeitsprozessen zu identifizieren, analysierte Redundanzen, suchte die effizientesten Wege zum Anordnen und Ausführen von Aktivitäten und bildete durch den gesamten Prozess laufende Kommunikationskanäle. An den kritischen Schnittstellen wurden Messungen eingeführt, die ein Schlüsselelement des Management-Feedbacksystems sind. Für Angelos Team bildete das Management-Feedbacksystem die Grundlage, um die durch die PITT-Workshops bereitgestellten Hilfsmittel sogar noch effektiver zu nutzen. Dies hat zu starken Verbesserungen der Effizienz von Prozessen geführt.

In jedem der letzten beiden Jahre sind die von Angelos Organisation geleisteten Zahlungen wegen dieser Verbesserungen gesunken – trotz Lohn- und Gehaltserhöhungen, höheren Bonuszahlungen für die Belegschaft und einer mehr als 20-prozentigen Zunahme der zu verarbeitenden Transaktionen. Die Organisationen von Bannon und Angelo waren so effektiv, dass IBM für das Reengineering der Reisekostenabrechnung 1996 den prestigeträchtigen Reach Award des *CFO Magazine* erhielt. 1997 war die IBM-Abteilung für Reisekosten-, Lohn- und Gehaltsabrechnung wegen ihrer Prozessverbesserungen von

20 bis 50 Prozent gegenüber dem vorherigen preisgekrönten Niveau wieder im Finale des gleichen Wettbewerbs. Es war das erste Mal, dass Prozesse der Lohn- und Gehaltsabrechnung als Auswahlkriterien für die Preisverleihung berücksichtigt wurden.

Im Aufbauprozess besteht ein kritischer Aspekt darin, dass die entscheidenden Mitarbeiter einer Teilorganisation des Unternehmens mit ihren Kollegen aus anderen Teilorganisationen kommunizieren, bevor sie bestimmte Entscheidungen treffen. Dies stellt sicher, dass die Auswirkungen einer anvisierten Änderung keinen unbeabsichtigten Schaden in anderen Unternehmensbereichen anrichten oder Konsequenzen für andere Unternehmensbereiche haben, denen dort nicht vorab zugestimmt wurde.

Im bisherigen System könnte die Personalabteilung z.B. beschließen, verdienten Mitarbeitern einen Bonus in Form von Geschenkgutscheinen zukommen zu lassen, für die sich die Mitarbeiter Produkte aus einem bestimmten Sortiment aussuchen können. Diese Änderung wäre in der Vergangenheit einfach bekannt gegeben worden – ohne diejenigen zu konsultieren, deren Arbeitsbelastung hierdurch höchstwahrscheinlich erhöht wird. Das Problem bestand darin, dass niemand berücksichtigt hatte, was diese scheinbar gute Idee für die Mitarbeiter im Bereich der Lohn- und Gehaltsabrechnung bedeutet. Die Mitarbeiter hatten jetzt – ohne jede Mitsprache im Entscheidungsprozess – die Aufgabe, die Prämien angemessen zu versteuern und als Einkommen auszuweisen. Egal wie effizient die zusätzlichen Aufgaben bewältigt werden: Es entsteht zusätzliche Arbeit für die Abteilung. Weil sie nicht konsultiert wurden, bevor die zu einer spürbaren Zusatzbelastung führende Entscheidung umgesetzt wurde, werden Mitarbeiter der Lohn- und Gehaltsabrechnung frustriert und ärgerlich sein. Wäre die Lohn- und Gehaltsabrechnung um eine Stellungnahme gebeten worden, so hätte sie die Personalabteilung vielleicht davon überzeugt, auf dieses spezielle Programm zu verzichten. Vielleicht hätte die Lohn- und Gehaltsabrechnung auch Möglichkeiten vorgeschlagen, mit denen das angestrebte Ziel – verdiente Mitarbeiter zu belohnen – ohne unnötigen Stress oder zusätzlichen Aufwand im Rechnungswesen erreicht werden kann.

„Im neuen System setze ich mich mindestens einmal pro Quartal mit meinen Kollegen aus verschiedenen Unternehmensbereichen zusammen und erkundige mich über ihre kurz- und langfristigen Pläne. Anschließend treffen wir Entscheidungen wie ein Team", erklärt Angelo. „Auf diese Weise finden wir die besten und kostengünstigsten Wege, um unsere Pläne umzusetzen. Jeder, der von den Auswirkungen betroffen ist, weiß von den Plänen und kann bei ihrer Ausführung mitreden. Wichtig ist, dass wir die richtige Lösung für IBM als Gesamtunternehmen finden – und nicht nur die richtige Lösung für einen einzelnen Funktionsbereich."

Angelo entwickelte auch ein anderes Verfahren zum Konsolidieren von Prozessen: „Wir kamen bis zu dem Punkt, an dem wir von bestimmten Aktivitäten wie Dienstreisen wussten, die in einem Unternehmensbereich bearbeitet werden und dem ähnelten, was beim Bearbeiten der Umzugskosten zu tun war. Wir erkannten auch, dass dieselben Aktivitäten von identischen oder sehr ähnlichen Abteilungen in verschiedenen geografischen Regionen unterschiedlich ausgeführt wurden. Wir prüften dies und kamen zu dem Ergebnis, dass die Prozesse alle identisch sein könnten."

Angelo rief Vertreter von allen Abteilungen zusammen. Gemeinsam entwickelten sie standardisierte Verfahren, mit denen die Abteilungen über ihre Aktivitäten berichten und mit Angelo und seinem Personal kommunizieren konnten. Wegen dieses neuen Systems verwendet Angelo weitaus weniger Zeit zum Entschlüsseln von Berichten. Außerdem hat er ein genaueres Bild von dem, was in seiner Gesamtorganisation vorgeht.

Bevor festgelegt wird, wie ein neuer Prozess aussehen soll, verbringen Angelo und sein Team viel Zeit mit dem Analysieren der Systeme in sämtlichen Abteilungen. Aus allen Systemen werden die besten Verfahrensweisen extrahiert, um den neuen standardisierten Prozess zu entwerfen. Die Lohn- und Gehaltsabrechnung hat z.B. die Aufgabe, Überzahlungen an Mitarbeiter wieder einzuziehen. Die Mitarbeiter der Lohn- und Gehaltsabrechnung für internationale Anspruchsberechtigte in Mt Pleasant, New York, haben für diesen Zweck eine Reihe von Standardbriefen entwickelt, die effektiv und verbindlich sind. Diese Briefe werden aber manuell erstellt und nicht besonders effizient verfolgt. Die Mitarbeiter der Lohn- und Gehaltsabrechnung in Endicott, New York, haben andererseits den Prozess der Einziehung von Überzahlungen automatisiert, versenden aber Briefe, mit denen die Empfänger verärgert werden. Jetzt versenden beide Abteilungen für Lohn- und Gehaltsabrechnung Briefe im Stil der in Mt Pleasant entworfenen Vorbilder und verwenden zum Erstellen und Verfolgen der Briefe den in Endicott entwickelten effizienten Prozess.

Weil Angelo und seine Teams Möglichkeiten zum Anwenden der sich entwickelnden Technologien erkunden, wird einem noch größeren Maß an Standardisierung und Effizienz der Weg bereitet. Angelo geht davon aus, dass sich Mitarbeiter in absehbarer Zeit auf der Homepage von IBM einloggen und dort die Buchung ihrer Geschäftsreisen abwickeln. Die Mitarbeiter werden dort ihren Bedarf eingeben – Reiseziel, Aufenthaltszeitraum, bevorzugtes Hotel – und die Reise wird auf Basis der von IBM mit Reiseveranstaltern und Hotels abgeschlossenen Abkommen unter Berücksichtigung der internen Vorschriften automatisch gebucht. Sie werden dort auch nützliche Informationen erhalten: Landkarten, Stadtpläne, empfohlene Restaurants und Hinweise zur persönlichen Sicherheit. Die Vorgesetzten werden gleichzeitig automatisch über die Geschäftsreise, die Konditionen und alle Abweichungen von den internen Richtlinien informiert.

Wenn der Mitarbeiter von seiner Geschäftsreise zurückkehrt, wird er sich wieder auf der Homepage von IBM einloggen. Jetzt werden sämtliche mit der Kreditkarte des Unternehmens finanzierten Ausgaben bereits automatisch in den entsprechenden Feldern der Eingabemaske erfasst sein, wodurch sich der zum Auflisten der Ausgaben erforderliche Zeitaufwand stark reduziert. Wenn die erfassten Ausgaben im Einklang mit den internen Richtlinien des Unternehmens stehen, dann muss der Bericht nicht vom zuständigen Vorgesetzten genehmigt werden. Auf Grund der vom Computer durchgeführten Analyse wird die Kreditkartenrechnung dann automatisch bezahlt. Hierdurch reduziert sich die für das Verarbeiten und Kontrollieren von Reisekostenberichten aufgewendete Zeit. Diese Vision lässt sich nur verwirklichen, indem das Personalwesen, die Beschaffung, die IBM-Reisevermittler und die verschiedenen Abteilungen der Informationstechnologie bereichsübergreifende Teamarbeit leisten.

Angelo ruht sich trotz der Erfolge in seinen verschiedenen Abteilungen nicht auf seinen Lorbeeren aus. Seine innovativen Managementmethoden stellen das von IBM bevorzugte Führungsverhalten dar. Angelo ist zurzeit dabei, die Lohn- und Gehaltsabrechnung und die Reisekostenabrechnung weltweit zu verbessern. Zum Verbreiten der Hilfsmittel und Techniken des PITT-Workshops hat im Rahmen von Angelos weltweiter Organisation das aus Bill Lyons (Nationale Lohn- und Gehaltsabrechnung), Jim Fedorchak (Reise- und Umzugskosten), John Rosato (Change Management) und Jim Callahan (Internationale Zurechnung von Forderungen) bestehende Management-Team beigetragen.

„Was wir machen sehe ich als dynamisch an – und nicht als statisch“, erklärte Angelo, „wir modernisieren und verbessern den Prozess und betreiben Reengineering. Das Reengineering ist viel leichter, wenn Sie relativ genau wissen, wie Ihr bestehender Prozess aussieht und wie gut die Performance ist. Zielvorgaben für Verbesserungen sind viel leichter zu definieren, wenn Sie wissen, wo Sie stehen. Dies ist einer der ausschlaggebenden Faktoren, der auch unsere Auswahl von IT-Lösungen erleichtert.“

Die von Tony Angelo erreichten Erfolge und anhaltenden Verbesserungen sind ein erstklassiges Beispiel dafür, wie groß die Kraft der sieben Intelligenzprinzipien sein kann, wenn sie alle implementiert werden. Angelo lernte die Intelligenzprinzipien in einem PITT-Workshop kennen. Er nutzte die hier erworbenen Kenntnisse, um zu prüfen, welche Intelligenzprinzipien er bereits anwendete und was hiervon sonst noch zu berücksichtigen war, damit er sich zum BrainSmart Leader entwickeln konnte. Nachfolgend wird skizziert, wie er sich beim Anwenden der Intelligenzprinzipien sieht. Als wir Angelo zum ersten Mal interviewten, war er der Ansicht, dass sein Unternehmensbereich nur sechs der sieben Prinzipien nutzt.

Intelligenzprinzip 1: Das menschliche Gehirn lässt Informationen zusammenwirken, so dass Eins plus Eins größer oder gleich Zwei ist

Um Probleme anzupacken, Lösungen zu finden oder Verfahrensweisen festzulegen, bildet Angelo oft mit Mitarbeitern aus verschiedenen Fachrichtungen und Abteilungen Teams. Angelo ist der Auffassung, dass diese „Querbestäubung“ zu mehr Kreativität führt. Ein Fachmann aus dem Rechnungswesen kann z.B. eine gute Idee für einen internen Reiseveranstalter haben oder vice versa – obwohl sie zunächst nicht mit der Arbeit des jeweils anderen vertraut sind.

„Die Kreativität, die sich ergibt, wenn das Personalwesen, Informationstechnologie, Beschaffung und Verkauf zusammenkommen, ist erstaunlich. Wir entwickeln einen viel breiteren Denkstil.“

Intelligenzprinzip 2: Das menschliche Gehirn ist ein erfolgsgeleiteter Mechanismus

„Jeder kleinere Fortschritt hat uns zu größeren und noch größeren Fortschritten getrieben. Die Fortschritte vergrößern sich, weil sie aufeinander aufbauen."

Intelligenzprinzip 4: Das menschliche Gehirn sehnt sich nach Vollständigkeit (es möchte die weißen Flecken ausfüllen)

„Ich muss sehen, wie alle Teile zusammenpassen. Ich suche nach vollständigen Definitionen von Arbeitsprozessen, wozu auch der Input und Output jeder einzelnen Aktivität gehört. Dies ist der Grund, warum ich so mit meinen Abteilungen umgehe – um das vollständige Bild zu sehen."

Intelligenzprinzip 5: Das menschliche Gehirn sucht permanent nach neuem Wissen und Informationen

„Wegen unserer Nutzung von modernen Technologien ist es zwingend notwendig, dass die Mitarbeiter permanent lernen. Wir konfrontieren sie deshalb immer wieder mit Schulungsmaßnahmen. Dies ist die einzige Möglichkeit, um an der Spitze der Entwicklung zu bleiben."

Intelligenzprinzip 6: Das menschliche Gehirn sucht die Wahrheit

„Ich bestehe darauf, die wichtigen Faktoren zu erfahren. In einer konkreten Situation können Sie nicht auf der Basis von Meinungen entscheiden. Um die bestmöglichen Entscheidungen zu treffen, müssen

Sie sich auf die richtigen Details konzentrieren – vom Ablauf der Prozesse bis hin zu Messwerten."

Intelligenzprinzip 7: Das menschliche Gehirn ist beharrlich

„Alle die mich kennen, werden zustimmen, dass ich beharrlich bin. Ein ‚Nein' werde ich nur dann als Antwort akzeptieren, wenn ich eine ausführliche Begründung erhalte und davon überzeugt bin, dass die Situation der gegebenen Schilderung entspricht. Wenn ich mir nicht sicher bin, ob mir jemand alles erzählt, dränge ich so lange, bis ich den ganzen Sachverhalt zu hören kriege. Ich habe auch ein sehr gutes Gedächtnis für das, was andere machen sollen, und ich lasse nicht nach, bis ich weiß, dass die Aufgaben erledigt sind."

Intelligenzprinzip 3: Das menschliche Gehirn ist in der Lage, Tätigkeiten perfekt nachzuahmen

„Ich war mir zuerst nicht sicher, ob wir dieses Prinzip anwendeten. Ich erkannte aber, dass das Identifizieren und Übernehmen der besten Verfahrensweisen aus anderen Bereichen das Prinzip der Nachahmung nutzt. Ich glaube, wir wenden *alle* sieben an!"

Angelo ist sich vor dem Hintergrund der in seiner Organisation erzielten Erfolge sicher, dass mit begeisterten Mitarbeitern, die ihre Ideen weitergeben und zum schnellen Aufbau von geistigem Kapital befähigten Führungskräften immer der beste Weg zum Bewältigen einer Aufgabe gefunden wird.

Angelo hat für uns als Zusammenfassung die folgende Botschaft: „Erfolgreiche Unternehmen erkennen heutzutage an, dass das einzig Beständige der Wandel ist. Wir legten bei uns den Grundstein, um unsere Prozesse schnell verändern zu können. Unsere Mitarbeiter haben ein sehr mächtiges Hilfsmittel, das ihnen nicht nur erlaubt, mit dem Wandel fertig zu werden, sondern ihn zu befördern. Um an der Spitze der Entwicklung zu stehen, müssen Sie Innovationen durchführen und die Sache besser machen als alle anderen. Dies ist keine Raketentechnik. Dies ist nur eine gradlinige Auffassung von Führungsverhalten."

Schlussfolgerung

In diesem Buch haben wir Menschen beschrieben, die wir für BrainSmart Leader halten, für die neuen Agenten des wirtschaftlichen Wandels. Führungskräfte, die den Respekt ihrer Mitarbeiter gewinnen, deren Mitarbeiter engagiert und loyal sind. Führungskräfte, denen es gelingt, die Begabung ihrer Mitarbeiter zu entfalten und auf die Unternehmensziele auszurichten. Rich Bannon, Tony Angelo, Tiger Vessels, Tom Bering, Bob Hughes, Sandy Hahn, Jim Kalinowski, Candace Jones, Mary Vasso-Ortega und Bruce Wagner sind nur einige der BrainSmart Leader, die uns in die Zukunft führen werden.

Anhand von Tony Angelo, der bei IBM das Steuer von Rich Bannon übernahm, konnten wir sehen, dass der Prozess sein starkes Wachstum aufrechterhalten konnte, weil Angelo sein Team mit einer langfristigen Perspektive entwickelt und sowohl die fachliche als auch die psychologische Dynamik fördert.

Sie können dies alles selber erreichen. Sie haben jetzt die Hilfsmittel – die Techniken zum Entwickeln einer auf die Ziele Ihres Unternehmens ausgerichteten loyalen Belegschaft mit hoher Eigenmotivation, die dazu beiträgt, dass die Erträge Ihrer Investitionen immer größer werden.

Wir wünschen Ihnen viel Glück auf dieser spannenden Reise.

Nachtrag

Tony Angelo und Bob Hughes haben die CFO (Chief Financial Officer) Magazine Reach Awards für das Jahr 1998 erhalten, mit denen sie für ihre hervorragenden Leistungen im Rechnungswesen und das Reengineering im Bereich der Lohn- und Gehaltsabrechnung und der Lieferantenbuchhaltung ausgezeichnet wurden. Dies ist die höchste Form der offiziellen Anerkennung, die beide BrainSmart Leader erhalten können.

Weiterführende Literatur

Buzan, T./Buzan, B.: Das Mind-Map Buch. Die beste Methode zur Steigerung Ihres geistigen Potentials. mvg 1999.
Buzan, T.: (K)eine Frage des Alters. Das geistige Potential und die Leistungsfähigkeit erhalten und stärken. mvg 1999.
Buzan, T.: Speed Reading. Schneller lesen – mehr verstehen – besser behalten. mvg 1998.
North, V./Buzan, T. (1996), *Get Ahead*, Poole: BBC Books.
Buzan, T.: Kopftraining. Anleitung zum kreativen Denken. Tests und Übungen. Goldmann 1999.
Buzan, T./Keene, R.: Der Weg zum Verkaufsgenie. Ungenutzte Potenziale ausschöpfen, verborgene Talente entdecken, ungeahnte Erfolge erzielen. verlag moderne industrie 2000.
Buzan, T./Israel, R.: BrainSelling. verlag moderne industrie 1993.
Buzan, T./Stanek, W.: Memory Power. Die Gebrauchsanweisung für Ihr Gehirn. Augustus Verlag 1999.
Buzan, T./Israel, R.: Die Genie-Formel. Das Tony-Buzan-Programm zur Entfesselung Ihres geistigen Potentials. mvg 1998.

Kontaktadressen

Tony Buzan
c/o Buzan Centres Ltd
54 Parkstone Road
Poole
Dorset BH15 2PG
England
Telefon: (0044) 1202 674676
Telefax: (0044) 1202 674776
E-Mail: Buzan@Mind-Map.com
Website: www.Mind-Map.com

Tony Dottino
14 Lafayette Road
Larchmont
NY 10538
USA
Telefon: (001) 201 666-5804
Telefax: (001) 201 666-2728
E-Mail: Adottino@aol.com
Website: www.qsilvertlc.com

Richard Israel
900 NE 195th Street, Suite 606
Miami
FL 33179
USA
Telefon: (001) 305 655-2675
Telefax: (001) 305 770-0926
E-Mail: Brainsell@aol.com
Website: www.qsilvertlc.com

Ressourcen

Für Informationen über Buzan-Mental-Literacy-Kurse wenden Sie sich bitte an:

In Nordamerika
Buzan Centres Inc.
415 Federal Highway
Lake Park
FL 33403
USA
Telefon: (001) 516 881 0188
Telefax: (001) 516 845 3210
E-Mail: Buzan000@aol.com
Website: www.Mind-Map.com

In Europa
Buzan Centres Ldt
54 Parkstone Road
Poole
Dorset BH15 2PG
England
Telefon: (0044) 1202 674676
Telefax: (0044) 1202 674776
E-Mail: Buzan@Mind-Map.com
Website: www.Mind-Map.com

Informationen über Workshops zum BrainSmart-Leader-Führungsverhalten erhalten Sie von den Verfassern.

Informationen über PITT-Workshops erhalten Sie von Tony Dottino.

Stichwortverzeichnis